Performancemessung von Lebenszyklusfonds

D1734537

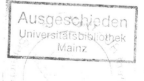

Erstgutachter: Prof. Dr. Siegfried Trautmann
Zweitgutachter: Prof. Dr. Dietmar Leisen

Tag der mündlichen Prüfung: 14.08.2018

Manuel Mergens

Performancemessung von Lebenszyklusfonds

Manuel Mergens
Mainz, Deutschland

Dissertation des Fachbereichs Rechts- und Wirtschaftswissenschaften der Johannes Gutenberg-Universität Mainz, 2018

D77

ISBN 978-3-658-25265-6   ISBN 978-3-658-25266-3   (eBook)
https://doi.org/10.1007/978-3-658-25266-3

Die Deutsche Nationalbibliothek verzeichnet diese Publikation in der Deutschen National-bibliografie; detaillierte bibliografische Daten sind im Internet über http://dnb.d-nb.de abrufbar.

Springer Gabler
© Springer Fachmedien Wiesbaden GmbH, ein Teil von Springer Nature 2019

Springer Gabler ist ein Imprint der eingetragenen Gesellschaft Springer Fachmedien Wiesbaden GmbH und ist ein Teil von Springer Nature
Die Anschrift der Gesellschaft ist: Abraham-Lincoln-Str. 46, 65189 Wiesbaden, Germany

Für Helena und Lisa

Vorwort

Diese Arbeit wurde im Januar 2018 unter dem Titel „Performancemessung von Lebenszyklusfonds" als Dissertation des Fachbereichs Rechts- und Wirtschaftswissenschaften der Johannes Gutenberg-Universität Mainz angenommen. Sie entstand im Rahmen meiner Tätigkeit als wissenschaftlicher Mitarbeiter am Lehrstuhl Finanzwirtschaft von Prof. Dr. Siegfried Trautmann.

Mein größter Dank gilt meinem Doktorvater Herrn Prof. Dr. Siegfried Trautmann für die hervorragende Betreuung und die angenehme Zusammenarbeit am Lehrstuhl. Er stand immer mit den richtigen, kritischen Fragen als Diskussionspartner zur Verfügung. Diese konstruktiven Diskussionen haben zum Entstehen dieser Arbeit einen großen Beitrag geleistet. Herrn Prof. Dr. Dietmar Leisen danke ich für die Übernahme des Zweitgutachtens. Herrn Prof. Dr. Oliver Heil danke ich für die Übernahme des Vorsitz der Prüfungskommission und die angenehme Atmosphäre während der Disputation durch seine hervorragende Moderation.

Herzlich danken möchte ich auch meiner Familie, meinen Freunden und meinen ehemaligen Kollegen für die schönen Momente während meiner Promotionszeit. Besonders zu nennen sind: Meinen Eltern Alfred und Monika Mergens danke ich für ihre unentwegte Unterstützung seit meiner Geburt. Ralf-Martin Windolf, Patrick Kroemer, Thomas Wernig, André Nam Berger, Bruno Rothacker, Nicolas Georgopoulos und Christian Diehl danke ich für ihre freundschaftliche Zusammenarbeit und die vielen anregenden Diskussionen – den beiden Letztgenannten auch für das Korrekturlesen von Teilen dieser Arbeit. Unserer Sekretärin Marita Lehn danke ich für die herzliche Arbeitsatmosphäre. Heinrich Leithoff, Johannes Licht, Regina Molitor, Christoph Uebersohn, Martin Unold, Christophe Straub und Lena Weber danke ich ebenfalls für das Korrekturlesen dieser Arbeit – insbesondere den beiden Letztgenannten für das Lesen der gesamten Arbeit.

Mein letzter Dank gilt meiner Frau Lisa und meiner Tochter Helena: Meiner Frau danke ich für ihren Beistand bei all den schwierigen Momenten während der Promotion und das Korrekturlesen der gesamten Arbeit. Meiner Tochter danke ich dafür, dass sie durch ihre Geburt die Terminfindung der Disputation beschleunigt hat.

Mainz, November 2018   Manuel Mergens

Inhaltsverzeichnis

Abbildungsverzeichnis

Tabellenverzeichnis

Symbolverzeichnis

α	Drift der riskanten Anlagemöglichkeit *oder* Erwartungswertparameter der MC-Simulation
α_P^J	Jensens Alpha eines Portefeuilles P
$\alpha_{t,T}$	Gewichtungsfaktor in den Rekursiven Performancemaßen/Lebenszyklusfonds-Performancemaßen
$\bar{\alpha}_{t,T}$	$1 - \alpha_{t,T}$
BM^c	Benchmark basierend auf Campbell et al. (2001)
BM^{eu}	Benchmark basierend auf Merton (1969) (deutsche Daten)
BM^{us}	Benchmark basierend auf Merton (1969) (US-Daten)
β_i	Sensitivität eines Wertpapiers i bzgl. des Marktportefeuilles
β_P	Sensitivität eines Portefeuilles P bzgl. des Marktportefeuilles
c_t	Konsumwert zum Zeitpunkt t
$\tilde{c}_t$	stochastischer Konsumwert zum Zeitpunkt t
$\mathcal{C}$	Konsumwertebereich
$\mathcal{C}_t$	Konsumwertebereich zum Zeitpunkt t
$\text{Cov}(.,.)$	Kovarianzoperator
γ	konstante relative Risikoaversion
γ_t	konstante relative Risikoaversion in Periode $[t, t+1)$
DIV_t	Dividende zum Zeitpunkt t
δ	Zeitpräferenzparameter/konstanter Diskontierungsfaktor
δ_x	Dirac-Maß mit Einheitsmasse x
Δt	Länge der Perioden [in Jahren]
$E[.]$	Erwartungswertoperator
$E_t[.]$	Erwartungswertoperator zum Zeitpunkt t
ε_P	Residuum der Marktmodellregression bzgl. Portefeuille P
g_{ct}	Konsumwachstum von Zeitpunkt $t-1$ auf t
g_{ct}^r	Konsumwachstumsrate von Zeitpunkt $t-1$ auf t
g_{dt}	Dividendenwachstum von Zeitpunkt $t-1$ auf t
g_{dt}^r	Dividendenwachstumsrate von Zeitpunkt $t-1$ auf t
g_{et}^r	Wachstumsrate der Ökonomie von Zeitpunkt $t-1$ auf t
GRPM	Generalisiertes Performancemaß
h_t	Konsumhistorie bis exklusive Zeitpunkt t
$\mathcal{H}_t$	Menge der Konsumhistorien bis exklusive Zeitpunkt t
$H(.,.)$	Aggregatorfunktion im Kontext von Nutzenfunktionen
$H_t(.,.,.)$	Aggregatorfunktion im Kontext von Nutzenfunktionen zum Zeitpunkt t

iGRS	intertemporale Grenzrate der Substitution
IR_P	Information Ratio eines Portefeuilles P
$[.,.], (.,.)$	(geschlossenes bzw. offenes) Intervall in $\mathbb{R}$
$[.;.], (.;.)$	Intervall in $\mathbb{R}$ (bei Dezimalzahlen)
log	natürlicher Logarithmus
LZM	Lebenszyklusfonds-Performancemaß
$\mathrm{LZM}_{(\gamma,\psi)}$	Lebenszyklusfonds-Performancemaß mit Parameter γ und ψ
$\mathrm{LZM}^{\mathrm{MRAR}}$	Lebenszyklusfonds-Performancemaß in Anlehnung an MRAR
$\mathrm{LZM}^{\mathrm{MRAR}}_{(\gamma,\psi)}$	Lebenszyklusfonds-Performancemaß in Anlehnung an MRAR mit Parameter γ und ψ
$\mathcal{LN}(.,.)$	Logarithmische Normalverteilung
$\mathcal{L}$	Menge von Wahrscheinlichkeitsmaßen/Lotterien bzgl. einer Borelschen σ-Algebra
$\mathcal{L}_t$	Menge der Lotterien zur Auswahl in einem dynamischen Entscheidungsproblem
$L_t \in x_t \in \mathcal{X}_t$	Lotterie zur Auswahl in einem dynamischen Entscheidungsproblem
$\mathcal{L}_0^*$	Menge der intertemporalen Lotterien
$L_0 \in x_0 \in \mathcal{X}_0^*$	Intertemporale Lotterie
$\mathcal{L}_{h_t}^*$	Menge der intertemporalen Lotterien mit sicherem Konsumstrom h_t bis Zeitpunkt $t-1$
$L_{h_t} \in \mathcal{L}_{h_t}^*$	Intertemporale Lotterie mit sicherem Konsumstrom h_t bis Zeitpunkt $t-1$
$(h_t, L_t) \in \mathcal{L}_{h_t}^*$	Intertemporale Lotterie mit sicherem Konsumstrom h_t bis Zeitpunkt $t-1$
$(s; \alpha; L_{h_t}; L'_{h_t})$	ab Zeitpunkt $s \leq t$ konvexe Kombination zweier intertemporaler Lotterien mit sicherem Konsumstrom h_t (in $\mathcal{L}_{h_s}^*$)
m	zeitlicher Risikostrukturparameter der MC-Simulation
Max	Maximum einer Menge/Funktion
Min	Minimum einer Menge/Funktion
$\mathcal{M}$	Rekursives Performancemaß
$\mathcal{M}^{\mathrm{MRAR}}$	Rekursives Performancemaß in Anlehnung an MRAR
MPPM	Manipulationssicheres Performancemaß von Goetzmann et al. (2007)
MRAR	Morningstar-Maß
μ_i	erwartete (diskrete) Rendite eines Wertpapiers i
μ_M	erwartete (diskrete) Rendite des Marktportefeuilles M
μ_P	erwartete (diskrete) Rendite eines Portefeuilles P
μ_i^-	erwartete Überrendite eines Wertpapiers i (über r_f)
μ_M^-	erwartete Überrendite des Marktportefeuilles (über r_f)
μ_P^-	erwartete Überrendite eines Portefeuilles P (über r_f)
$\mathbb{N}$	Menge der natürlichen Zahlen (ohne 0)
$\nu(.)$	Sicherheitsäquivalent-Funktional
PM(.)	Performancemaß-Funktional
$\widehat{\mathrm{PM}}$	geschätzte Performance anhand einer Renditezeitreihe
P[.]	Wahrscheinlichkeit eines Ereignisses

P_-	Beispielportefeuille mit sinkender Aktienquote im Zeitablauf
$P_=$	Beispielportefeuille mit konstanter Aktienquote im Zeitablauf
P_+	Beispielportefeuille mit steigender Aktienquote im Zeitablauf
ψ	intertemporale Substitutionselastizität
rEP	relative Risikoprämie
r	risikolose (stetige) Zinsrate
r_f	risikoloser (diskreter) Zinssatz
$r_{f,t}$	risikoloser (diskreter) Zinssatz für die Periode $[t, t+1]$
$r_{t,f}$	risikoloser (diskreter) Zinssatz für die Periode $[t-1, t]$
R_i	(diskrete) Rendite eines Wertpapiers i
$R_{t,i}$	Rendite eines Wertpapiers i für die Periode $[t-1, t]$
R_M	(diskrete) Rendite des Marktportefeuilles M
$R_{t,M}$	Rendite des Marktportefeuilles für die Periode $[t-1, t]$
R_P	(diskrete) Rendite eines Portefeuilles P
$R_{t,P}$	Rendite eines Portefeuilles P für die Periode $[t-1, t]$
R_i^-	(diskrete) Überrendite eines Wertpapiers i (über r_f)
$R_{t,i}^-$	Überrendite eines Wertpapiers i für die Periode $[t-1, t]$
R_M^-	(diskrete) Überrendite des Marktportefeuilles (über r_f)
$R_{t,M}^-$	Überrendite des Marktportefeuilles für die Periode $[t-1, t]$
R_P^-	(diskrete) Überrendite eines Portefeuilles P (über r_f)
$R_{t,P}^-$	Überrendite eines Portefeuilles P für die Periode $[t-1, t]$
$(R_t)_{t=1,\dots,T}$	Renditezeitreihe (diskrete Renditen)
$\langle (R_{t,\tau})_{\tau=1}^{n_t} \rangle_{t=1}^T$	mehrperiodige Renditezeitreihe (diskrete Renditen)
$\mathcal{R}_1^T$	mehrperiodige Renditezeitreihe (wie oben)
$\mathcal{R}_t^T$	mehrperiodige Renditezeitreihe ab Teilzeitraum t
$\mathbb{R}$	Menge der rationalen Zahlen
$\mathbb{R}_+^0$	Menge der rationalen Zahlen größer-gleich null
$\mathbb{R}_+$	Menge der rationalen Zahlen größer null
$\mathbb{R}_-$	Menge der rationalen Zahlen kleiner null
$\succcurlyeq, \sim, \preccurlyeq$	Relation (allgemein/im Kontext intertemporaler Entscheidungsprobleme)
$\succcurlyeq_{h_t}, \sim_{h_t}, \preccurlyeq_{h_t}$	Relation im Kontext dynamischer Entscheidungsprobleme
S_t	Wertpapierpreis zum Zeitpunkt t
SPM_U	Statisches Performancemaß (Nutzenfunktionform)
SPM_V	Statisches Performancemaß (Wertefunktionform)
SR_i	Sharpe Ratio eines Wertpapiers i
SR_M	Sharpe Ratio des Marktportefeuilles M
SR_P	Sharpe Ratio eines Portefeuilles P
σ	Standardabweichungsparameter der MC-Simulation *oder* Volatilität der riskanten Anlagemöglichkeit
σ_i	Standardabweichung/Volatilität eines Wertpapiers i
σ_M	Standardabweichung/Volatilität des Marktportefeuilles M
σ_P	Standardabweichung/Volatilität eines Portefeuilles P
t	Zeitvariable
T	letzter Zeitpunkt
TR_i	Treynor Ratio eines Wertpapiers i

TR_M	Treynor Ratio des Marktportefeuilles M
TR_P	Treynor Ratio eines Portefeuilles P
$\mathrm{u} : \mathbb{R}_+^0 \to \mathbb{R}$	monoton steigende, konkave Periodennutzenfunktion
$\mathrm{U}_t(.)$	intertemporale Nutzenfunktion
$\mathrm{U}_{h_t}(.)$, $\mathrm{U}_{h_t}(.,.)$	(rekursive) Nutzenfunktion im Kontext eines dynamischen bzw. intertemporalen Entscheidungsproblems
$\mathrm{V}_t(.)$	intertemporale Wertefunktion
$\mathrm{Var}\,[.]$	Varianzoperator
$\mathrm{W}(.,.)$	Aggregatorfunktion im Kontext von Wertefunktionen
x_M	Anteil des Marktportefeuilles (an einem Portefeuille)
x_{r_f}	Anteil der risikolosen Anlagemöglichkeit
x_0	dynamisches/intertemporales Entscheidungsproblem zum Zeitpunkt $t = 0$
x_t	dynamisches Entscheidungsproblem zum Zeitpunkt t oder Benchmarkgewicht der riskanten Anlage
x_t^{c}	Anteil der riskanten Anlage an Benchmark BM^{c} (Zeitpunkt t)
x_t^{eu}	Anteil der riskanten Anlage an Benchmark $\mathrm{BM}^{\mathrm{eu}}$ (Zeitpunkt t)
x_t^{us}	Anteil der riskanten Anlage an Benchmark $\mathrm{BM}^{\mathrm{us}}$ (Zeitpunkt t)
$\mathcal{X}_0^*$	Menge der intertemporalen Entscheidungsprobleme
$\mathcal{X}_t$	Menge der dynamischen Entscheidungsprobleme zum Zeitpunkt t
Z_L	Zufallsvariable zu einem Wahrscheinlichkeitsmaß $L \in \mathcal{L}$

Abkürzungsverzeichnis

1M	ein Monat
3M	drei Monate
Abb.	Abbildung
Aufl.	Auflage
BIP	Bruttoinlandsprodukt
BRSG	Betriebsrentenstärkungsgesetz
BVI	Bundesverband Investment und Asset Management
bzgl.	bezüglich
bzw.	beziehungsweise
ca.	circa
Cap	Capitalization
CAPM	Capital Asset Pricing Model
CARA	konstante absolute Risikoaversion
	(englisch: constant absolute risk aversion)
CCAPM	Consumption Based Capital Asset Pricing Model
CES	konstante Substitutionselastizität
	(englisch: constant elasticity of substitution)
Co.	Company
CRRA	konstante relative Risikoaversion
	(englisch: constant relative risk aversion)
d. h.	das heißt
DAX	Deutscher Aktienindex
DC	Defined Contribution [Pensionsplan]
DS	[Thomson Reuters] Datastream
EBF	European Banking Federation
EIS	intertemporale Substitutionselastizität
	(englisch: elasticity of intertemporal substitution)
ERPM	„Early Resolution" Rekursive Performancemaße (= LZM)
et al.	und weitere
	(lateinisch: et alii)
ETF	Exchange Traded Fund
EU	Europäische Union
EUR	Euro
EZ	Epstein-Zin
f.	folgende [Seite]
ff.	folgende [Seiten]

Gl.	Gleichung
GMM	Generalized Method of Moments
GRPM	Generalisierte Rekursive Performancemaße
GSCI	Goldman Sachs Commodity Index
Hg.	Herausgeber
IRA	Individual Retirement Account
ISIN	International Securities Identification Number
LLC	Limited Liability Company
LRPM	„Late Resolution" Rekursive Performancemaße
LRRM	Long Run Risk Model
Ltd.	Limited
LZF	Lebenszyklusfonds
LZM	Lebenszyklusfonds-Performancemaße (= ERPM)
max.	maximal
MC	Monte-Carlo
Mio.	Millionen
MpPM	Manipulationssichere Performancemaß
Mrd.	Milliarden
MSCI	ursprünglich: Morgan Stanley [and] Capital [Group] International
p. a.	pro Jahr (lateinisch: per annum)
RBSA	Renditebasierte Stilanalyse
REIT	Real Estate Investment Trust
RPM	Rekursive Performancemaße
S.	Seite
S.A.	Sociedad Anónima
SA	Société Anonyme
SEC	United States Securities and Exchange Commission
SPM	Statische Performancemaße
S&P	Standard and Poors
TER	Total Expense Ratio
TIPS	Treasury Inflation Protected Securities
US	United States [of America]
USA	United States of America
USD	US-Dollar
vgl.	vergleiche
z. B.	zum Beispiel
ZR	Zeitraum

Kapitel 1

Einleitung

„It is called the 'life-cycle fund', and it automatically does the rebalancing and moves to a safer asset allocation as you age."

– Malkiel (2015, S. 370) –

Das Zitat beschreibt den Sinn der Lebenszyklusfonds (im Englischen: „life-cycle funds" oder auch: „target-date funds") treffend. Wie der Begriff „target date fund" ausdrückt, gehört zu einem Lebenszyklusfonds ein Zieljahr (oder ein Zieljahrintervall). Dieses steht für den Renteneintrittszeitpunkt des Anlegers – die Anleger werden also in Gruppen anhand dieses Zeitpunktes eingeteilt. Die Fonds übernehmen für die Anleger die Portefeuilleumschichtungen hin zu sicheren Anlagen im Zeitablauf. Die Idee dahinter ist, dass mit steigendem Alter die zukünftigen Einnahmen sinken und dadurch Verluste schlechter ausgeglichen werden können. Dies wird anhand des folgenden Gedankenexperiments deutlich: Ein Investor besitze mit 23 Jahren ein Vermögen in Höhe von 8.191 EUR und mit 61 Jahren ein Vermögen in Höhe von 524.287 EUR. Würde der Wert des Vermögens des 23-jährigen Investors innerhalb kurzer Zeit auf 4.096 EUR (knapp 50 %) fallen, so könnte der Investor diesen Verlust im Laufe seines Berufslebens mit seinem Arbeitseinkommen und/oder durch Portefeuillegewinne wieder ausgleichen. Würde allerdings der Wert des Vermögens des 61-jährigen Investors innerhalb kurzer Zeit auf 262.144 EUR fallen, so würde dieser kurz vor der Rente nur etwa die Hälfte dessen besitzen, mit dem er eigentlich seine Rente geplant hatte. Zum Ausgleichen des Verlustes würde ihm dann auch nur wenig Zeit zur Verfügung stehen, bevor er in Rente geht. Der junge Geldanleger kann also höhere Risiken eingehen als der Anleger kurz vor der Rente. Dies lässt sich durch eine anfangs hohe und bis zur Rente fallende Aktienquote umsetzen.

In **Kapitel 2** wird die Fondsgattung „Lebenszyklusfonds" näher betrachtet. Zunächst wird die Geschichte der Lebenszyklusfonds seit der Auflage der ersten Lebenszyklusfonds Anfang der 90er Jahre in den USA vorgestellt. Seitdem ist der Markt der amerikanischen Lebenszyklusfonds stark gewachsen. Ein Überblick über diesen zum Stand 31.12.2014 wird ebenfalls gegeben. Der Markt ist geprägt von den drei großen Anbietern Vanguard, Fidelity Investments und T. Rowe Price. In den USA werden die Fonds gezielt für die Altersvorsorge gefördert. Außerdem wird der deutsche Lebenszyklusfondsmarkt seit der Auflage der ersten Lebenszyklusfonds in Deutschland Anfang der 2000er Jahre beschrieben. Unter anderem wird dabei auf das im Vergleich zu den USA schwierigere Marktumfeld eingegangen; Fidelity sieht allerdings ein großes Potenzial der Lebenszyklusfonds in

© Springer Fachmedien Wiesbaden GmbH, ein Teil von Springer Nature 2019
M. Mergens, *Performancemessung von Lebenszyklusfonds*,
https://doi.org/10.1007/978-3-658-25266-3_1

Deutschland. Außerdem werden in diesem Kapitel die Strategien der Lebenszyklusfonds vorgestellt und auf einfache Weise untersucht. Dabei werden einerseits die Gleitpfade, d. h. die Fondszusammensetzungen aus verschiedenen Anlageklassen bzw. die Aktienquoten im Zeitablauf, betrachtet. Der Gleitpfad einer Lebenszyklusfondsreihe wird dabei anhand von Lebenszyklusfonds mit unterschiedlichen Zieljahren dieser Fondsreihe ermittelt. Andererseits wird eine Renditebasierte Stilanalyse nach Sharpe (1992) an ausgewählten Lebenszyklusfonds über rollierende Zeiträume durchgeführt, um mittels dieses Verfahrens die Gleitpfade bzw. Umschichtungen im Zeitablauf zu überprüfen. Abschließend werden Anforderungen an Performancemaße von Lebenszyklusfonds, die auch den Besonderheiten der Fonds Rechnung tragen, formuliert. Das folgende Zitat hebt die Bedeutung von Lebenszyklusfonds als eine der wichtigsten finanzwirtschaftlichen Neuerungen der letzten Zeit hervor.

„Target-date funds are one of the most important financial innovations in recent times.[...] Target-date funds help you diversify across time by ramping down [the proportion invested in stocks] each year."

– Ayres und Nalebuff (2010, S. 23 und S. 25) –

Es wird auch die Hauptaufgabe der Lebenszyklusfonds beschrieben: Für die Anleger wird die Aktienquote im Zeitablauf im Hinblick auf die Rente von Jahr zu Jahr reduziert.[1] Lebenszyklusfonds sind ein aktuelles Thema sowohl bei der Altersvorsorge als auch in der Forschung. Meistens steht bei Letzterem die optimale Lebenszyklusstrategie im Vordergrund, während *adäquate* Performancemessung nicht untersucht wird. Das **Ziel dieser Arbeit** ist es, diese Lücke zu füllen und ein adäquates Performancemaß für Lebenszyklusfonds zu entwickeln. Dabei muss besonders die spezielle Risikostruktur im Zeitablauf bei der Performancemessung berücksichtigt werden. Traditionelle Performancemaße tun dies nicht.

In **Kapitel 3** wird daher auf die Frage eingegangen, warum die im Folgenden genannten traditionellen Performancemaße an der adäquaten Performancemessung von Lebenszyklusfonds scheitern. Es werden die vier auf dem Capital Asset Pricing Model beruhenden Performancemaße Jensens Alpha, Treynor Ratio, Sharpe Ratio und Information Ratio vorgestellt. Jensens Alpha misst Performance in Form der Renditedifferenz bzgl. eines Vergleichsportefeuilles mit gleichem systematischen Risiko. Die Treynor Ratio misst Performance in Form des Verhältnisses von Überrendite über risikolosem Zinssatz zu systematischem Risiko. Die Sharpe Ratio misst Performance in Form des Verhältnisses von Überrendite über risikolosem Zinssatz zu Gesamtrisiko. Die Information Ratio misst Performance in Form des Verhältnisses von Überrendite über risikolosem Zinssatz zu unsystematischem Risiko. Wegen des zugrunde liegenden Capital Asset Pricing Models handelt es sich bei den Maßen um einperiodige Performancemaße. Um diese Kennzahlen zu schätzen, werden zwar Renditezeitreihen benutzt; aber der Zeitpunkt, wann dabei eine Rendite erzielt wird, spielt keine Rolle. Die Renditezeitreihen werden also verwendet, um *eine einzelne* Renditeverteilung zu schätzen. Für die adäquate Performancemessung von Lebenszyklusfonds muss allerdings deren sich im Zeitablauf ändernde Renditeverteilung

---

[1]   Ayres und Nalebuff (2010) gehen in ihrem Buch noch weiter und schlagen vor, dass am Anfang sogar bis zu 200 % – also kreditfinanziert – in Aktien investiert werden sollte.

berücksichtigt werden. Daher sind die traditionellen Performancemaße dafür nicht geeignet. Dies wird in diesem Kapitel anhand eines Beispiels für die vier Maße veranschaulicht. Die Erkenntnis, dass eine mehrperiodige Grundlage benötigt wird, wird in den folgenden Kapiteln als Ansatzpunkt für die Performancemessung von Lebenszyklusfonds dienen.

In **Kapitel 4** werden die rekursiven Epstein-Zin-Nutzenfunktionen, die auf den Arbeiten von Kreps und Porteus (1978), Epstein und Zin (1989) und Weil (1990) beruhen, behandelt. Diese geben den Nutzen bzw. den Wert von *mehrperiodigen*, zeitdiskreten und zufälligen Konsumströmen an und werden in dem folgenden Kapitel als Grundlage für Performancemaße für Lebenszyklusfonds verwendet. Zunächst wird die Arbeit von Kreps und Porteus (1978), die die von Neumann-Morgenstern-Axiomatik in einen mehrperiodigen Kontext überträgt, vorgestellt. Dabei wird insbesondere das Konzept der *Präferenz für frühe Auflösung von Unsicherheit* erläutert. Diese ist verwandt mit der Risikoreduzierung im Zeitablauf der Lebenszyklusfonds. Anschließend wird die bekannte rekursive Form der Epstein-Zin-Nutzenfunktionen

$$V_t(c_t, \tilde{c}_{t+1}, \tilde{c}_{t+2}, \dots) = \left((1 - \delta) \, c_t^{1 - \frac{1}{\psi}} + \delta \, \mathrm{E}_t \left[V_{t+1}(\tilde{c}_{t+1}, \dots)^{1-\gamma} \right]^{\frac{1 - \frac{1}{\psi}}{1-\gamma}} \right)^{\frac{1}{1 - \frac{1}{\psi}}}$$

nach Epstein und Zin (1989) behandelt und unter anderem bewiesen, dass die Präferenz für frühe Auflösung von Unsicherheit genau dann vorliegt, wenn für den Risikoaversionsparameter γ und den Parameter der intertemporalen Substitutionselastizität ψ der Zusammenhang $\gamma > \frac{1}{\psi}$ gilt. Dies wird auch graphisch veranschaulicht. Der Zusammenhang mit den Nutzenfunktionen von Weil (1990) wird ebenfalls dargestellt und ein Überblick über die Entwicklung der rekursiven Nutzenfunktionen um Epstein und Zin (1989) gegeben. Abschließend wird ein Einsatzgebiet der Epstein-Zin-Nutzenfunktionen präsentiert: Im Rahmen des Long Run Risk Model von Bansal und Yaron (2004) können diese zur Lösung des Equity Premium Puzzle nach Mehra und Prescott (1985) beitragen. Bei dieser Lösung wird die Präferenz für frühe Auflösung von Unsicherheit zugrunde gelegt.

Kapitel 5 stellt den Hauptteil der Arbeit dar. Eine Form manipulationssicherer Performancemaße basierend auf Goetzmann et al. (2007) ist mit den zeit- und zustandsseparablen Nutzenfunktionen bzw. dem einperiodigen Erwartungsnutzenkonzept verwand. Daher werden diese in dieser Arbeit als *Statische Performancemaße* bezeichnet und – analog zur Erweiterung der von Neumann-Morgenstern-Nutzenfunktionen zu rekursiven Nutzenfunktionen – zu *(Generalisierten) Rekursiven Performancemaßen* erweitert. Zunächst wird die Herleitung des Manipulationssicheren Performancemaßes nach Goetzmann et al. (2007) skizziert. Dabei wird deutlich, dass die von Morningstar verwendete Kennzahl MRAR ebenfalls ein manipulationssicheres Performancemaß und das Manipulationssichere Performancemaß lediglich eine Stetige-Rendite-Variante dessen ist. Während der Herleitung wird die Form Statischer Performancemaße definiert. Das Beispiel aus Kapitel 3 wird aufgegriffen, um zu zeigen, dass die in diesem Kapitel vorgestellten (manipulationssicheren) Statischen Performancemaße ebenfalls nicht den Anforderungen an Performancemaße für Lebenszyklusfonds genügen, da ebenfalls eine einperiodige, statische Betrachtungsweise zugrunde liegt. Für die Erweiterung wird zunächst der Begriff der „*mehrperiodigen Renditezeitreihe*" eingeführt, d. h. einer in Perioden bzw. Teilzeitreihen

zerlegten Renditezeitreihe. Damit werden dann die Statischen Performancemaße in Form
der Kennzahl MRAR und in der Form

$$
\mathrm{SPM_V}\big((R_t)_{t=1,\ldots,T}\big) = \left(\frac{1}{T}\sum_{t=1}^{T}(1+R_t)^{1-\gamma}\right)^{\frac{1}{1-\gamma}} - 1,
$$

analog zu Epstein und Zin (1989) zu Rekursiven Performancemaßen verallgemeinert. Dabei wird ausgenutzt, dass die Statischen Performancemaße verwandt mit den Epstein-Zin-
Nutzenfunktionen für $\gamma = \frac{1}{\psi}$ sind. Neben den Statischen Performancemaßen unterteilen
sich die Rekursiven Performancemaße noch in die zwei Klassen mit $\gamma < \frac{1}{\psi}$ und $\gamma > \frac{1}{\psi}$. Damit der Risikoreduzierung im Zeitablauf der Lebenszyklusfonds Rechnung getragen wird,
werden die Maße mit $\gamma > \frac{1}{\psi}$ genauer betrachtet. Das Maß

$$
\mathrm{LZM}_t\big(\mathcal{R}_t^T\big) = \left(\frac{1}{n_t}\sum_{\tau=1}^{n_t}\left(\alpha_{t,T}\cdot(1+R_{t,\tau})^{1-\frac{1}{\psi}}\right.\right.
$$
$$
\left.\left.+\bar{\alpha}_{t,T}\cdot\left(1+\mathrm{LZM}_{t+1}\big(\mathcal{R}_{t+1}^T\big)\right)^{\Delta t\cdot(1-\frac{1}{\psi})}\right)^{\frac{1-\gamma}{1-\frac{1}{\psi}}}\right)^{\frac{1}{(1-\gamma)\cdot\Delta t}} - 1
$$

und das auf MRAR beruhende Maß mit $\gamma > \frac{1}{\psi}$ werden dann als *Lebenszyklusfonds-Performancemaße* definiert. Dass dies geeignete Performancemaße für Lebenszyklusfonds sind,
wird abschließend anhand einer numerischen Simulation nachgewiesen, nachdem mögliche
Parameterwerte aus empirischen Veröffentlichungen und mögliche Benchmarkvarianten
aus Merton (1969) bzw. Campbell et al. (2001) abgeleitet werden. Durch die Verbindung zu den Epstein-Zin-Nutzenfunktionen besitzen die entwickelten Maße die Form von
anhand der Präferenz für frühe Auflösung von Unsicherheit über die Zeit geglätteten,
annualisierten Sicherheitsäquivalenten von Renditen.

In **Kapitel 6** wird die Performance von realen Lebenszyklusfonds anhand der entwickelten
Lebenszyklusfonds-Performancemaße untersucht. Da die Lebenszyklusfonds einen langen
Investitionszeitraum besitzen, aber die ersten Fonds Anfang der 90er Jahre aufgelegt wurden, ist eine aussagekräftige Datengrundlage nur bedingt vorhanden. Der Datensatz ist
allerdings geeignet, um einen Eindruck der entwickelten Maße zu vermitteln. Dazu werden nach der Beschreibung der Datengrundlage und der Vorgehensweise der Untersuchung
zunächst die vorhandenen amerikanischen Lebenszyklusfonds ausgewertet. Aufgrund der
geringen Datengrundlage wird die Auswertung auf zwei Arten durchgeführt: Einerseits
werden Fonds mit einer möglichst *langen Zeitreihe* – d. h. mindestens 15 Jahre – und
andererseits möglichst viele Fonds auf einem gleichen Zeitraum (2007−2016, gruppiert
anhand gleicher Zieljahre) untersucht. Dafür stehen insgesamt 13 bzw. 105 Fonds zur
Verfügung. Anschließend werden die vorhandenen europäischen Lebenszyklusfonds auf
die gleichen beiden Arten ausgewertet. Dabei stehen 8 bzw. 53 Fonds zur Verfügung.
Bei der Datenauswertung stehen die entwickelten Lebenszyklusfonds-Performancemaße
im Vordergrund. Es werden daher die beiden entwickelten Varianten mit jeweils den Parameterpaaren ($\gamma = 10$; $\psi = 1$) und ($\gamma = 10$; $\psi = 1{,}5$) verwendet. **Kapitel 7** fasst die
Arbeit abschließend zusammen.

Kapitel 2

Lebenszyklusfonds

Viceira (2009, S. 142 f.) beschreibt die *Grundidee* der Lebenszyklusfonds als altersabhängige Geldanlage. Anleger, deren Renteneintrittszeitpunkt in ferner Zukunft liegt, halten danach eine hohe Aktienquote und sollten diese im Zeitablauf bis zum Renteneintritt reduzieren. Umgesetzt wird dies anhand eines vordefinierten *Gleitpfades*, der die Umschichtung des Portefeuilles von Aktien zu Anleihen und Cash im Zeitablauf beschreibt. Die Idee ist also, dass das Risiko im Zeitablauf gesenkt wird, da jüngere Anleger Verluste aufgrund des längeren Zeithorizonts aussitzen oder durch erhöhtes Sparen besser ausgleichen können. Viceira (2009, S. 154−165) betrachtet zudem modelltheoretische Arbeiten als mögliche Begründung der Gleitpfade und kommt zu dem Schluss, dass das Renteneintrittsalter für die Geldanlage eine Rolle spielt. Die Risikoaversion des Anlegers sollte aber auch berücksichtigt werden. Da aber eine zu personalisierte Anlage mit hohen Kosten verbunden ist, empfiehlt Viceira (2009, S. 168) die Lebenszyklusfonds in wenigen unterschiedlichen Varianten anzubieten. Diese sollten sich an der Risikoaversion der Anleger orientieren: „aggressive", „moderate" und „conservative". So bliebe auch der Vorteil der Lebenszyklusfonds, dass Anleger nicht selbst die Umschichtungen tätigen müssen und Gebühren- und Kostenvorteile erzielt werden, erhalten. Bevor die Performancemessung von Lebenszyklusfonds betrachtet wird, wird zuerst die Fondsart „Lebenszyklusfonds" vorgestellt. Nach einer kurzen Beschreibung des Konzepts wird in Abschnitt 2.1 ein Überblick über die Historie und den Markt in den USA und in Deutschland gegeben. Anschließend werden die Strategien der Lebenszyklusfonds anhand ausgewählter Gleitpfade und anhand Renditebasierter Stilanalysen ausgewählter Lebenszyklusfonds vorgestellt. Das Kapitel wird mit der Formulierung von Anforderungen an Performancemaße für Lebenszyklusfonds abgeschlossen.

2.1 Historie und Marktüberblick

Die ersten Lebenszyklusfonds wurden Ende 1993 bzw. Anfang 1994 in den USA von Barclays Global Investors (mittlerweile BlackRock Fund Advisors) bzw. Wells Fargo Funds Management LLC auf den Markt gebracht.[2] In Abschnitt 2.1.1 wird zunächst die Historie

---

[2] Bei Israelson und Nagengast (2011) steht März 1994. Die am frühesten aufgelegten Fonds des Datensatzes der Auswertung in Kapitel 6.3 wurden ebenfalls im März 1994 aufgelegt. Allerdings geben Marketwire (2008) und Ayres und Nalebuff (2010, S. 23) an, dass der erste Lebenszyklusfonds von Barclays Global Investors bereits Ende 1993 aufgelegt wurde.

© Springer Fachmedien Wiesbaden GmbH, ein Teil von Springer Nature 2019
M. Mergens, *Performancemessung von Lebenszyklusfonds*,
https://doi.org/10.1007/978-3-658-25266-3_2

in den USA vorgestellt und ein Überblick über den amerikanischen Lebenszyklusfonds-markt gegeben. Als erste europäische Lebenszyklusfonds sind 1999 die finnischen LahiTa-piola-Fonds von FIM Asset Management Ltd. aufgelegt worden (siehe Tabelle B.3). Die ersten Lebenszyklusfonds „Allianz Fondsvorsorge" sind in Deutschland nach der Jahrtau-sendwende im Jahre 2002 auf den Markt gekommen.[3] Der Lebenszyklusfondsmarkt in Deutschland wird in Abschnitt 2.1.2 näher beleuchtet.

2.1.1   In den USA

Seit Anfang der 90er Jahre ist zwar bereits das Konzept der Risikoreduzierung im Zeit-ablauf bekannt, es gab damals aber noch eine Marktlücke: Um das Konzept umzuset-zen, mussten Investoren die Portefeuilleumschichtungen zur Risikoreduzierung im Zeit-ablauf selbst durchführen. Diese Marktlücke wurde Ende 1993 bzw. Anfang 1994 von Barclays Global Investors bzw. Wells Fargo[4] mit den Fonds „BlackRock LifePath *Ziel-jahr* Fund" (z. B. Zieljahr 2020 mit der ISIN US0669228738) bzw. „Wells Fargo Dow Jones Tgt *Zieljahr* Fund" (z. B. Zieljahr 2040 mit der ISIN US94975G1408) geschlos-sen. Die ursprüngliche Idee der ersten Lebenszyklusfonds war es also, für die Anleger die „optimale" Risikoreduzierung im Zeitablauf bis zur Rente auszuführen, damit sich diese nicht selbst damit auseinandersetzen müssen. Durch Auflage mehrerer Varianten mit unterschiedlichen Zieljahren wurden die Investoren in Kohorten anhand der Renten-eintrittsalter zusammengefasst. Dahinter steckt die Idee, dass diese gebündelten Renten-Kohorten (theoretisch) ähnliche Portefeuilles im Zeitablauf halten sollten. Zwei Jahre spä-ter folgte Fidelity mit den Lebenszyklusfonds „Fidelity Freedom *Zieljahr* Fund". Weitere bekannte Fondsgesellschaften wie Principal, T. Rowe Price und Vanguard, deren Fonds ebenfalls in Abschnitt 6.3.2 untersucht werden, griffen die Idee in den Folgejahren ebenso auf und emittierten eigene Lebenszyklusfonds. Anschließend führte der Eintritt von immer mehr Fondsgesellschaften in den Lebenszyklusfondsmarkt zu einem größeren Wettbewerb. Daher stand die aktuelle Performance der Fonds mehr im Fokus als die eigentliche Ziel-setzung. Dies führte dazu, dass die Aktienquoten erhöht und − entgegen der eigentlichen Strategie − auch die (verlangsamte) Risikoreduzierung bis über die Zieljahre hinaus fort-geführt wurde. Daraus entstand eine Aufteilung der Lebenszyklusfonds in zwei Klassen: „to"-Fonds (bis zum Zieljahr) bzw. „through"-Fonds (darüber hinaus).[5]

In den ersten Jahren nach der Entstehung der Lebenszyklusfonds wuchs der Markt schnell auf etwa 1 Mrd. USD im Jahre 1996 an. Innerhalb der nächsten 10 Jahre ging die Ent-wicklung des Marktes ähnlich weiter: So wurden Ende 2002 insgesamt 15 Mrd. USD und Ende 2006 sogar schon 120 Mrd. USD durch Lebenszyklusfonds verwaltet. Ein Grund war das günstige Marktumfeld bis zum Platzen der New-Economy-Blase. Der Hauptgrund al-lerdings war die Verwendung der Lebenszyklusfonds zur Altersvorsorge in den Individual Retirement Accounts (IRAs) und den DC-Pensionsplänen − insbesondere den 401(k)-Plänen und den 403(b)-Plänen. Gerade Fidelity, T. Rowe Price und Vanguard haben ihre

---

[3]   Die Fonds wurden anhand des in Kapitel 6 untersuchten Lebenszyklusfondsdatensatzes bestimmt. Es handelt sich um die Fonds, deren ISIN mit „DE" beginnt und die das früheste Auflagedatum vorweisen. Die Fonds sind in der Untersuchung in Kapitel 6.2.2 enthalten.

[4]   Damals gab es noch Verflechtungen zwischen Barclays Global Investors und Wells Fargo.

[5]   Vgl. Israelson und Nagengast (2011).

Abbildung 2.1: Nettovermögen US-Lebenszyklusfonds

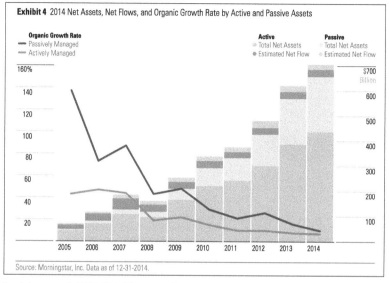

Quelle: Acheson et al. (2015, S. 8; Morningstar).

Die Abbildung zeigt das in US-Lebenszyklusfonds (nach Morningstar-Kategorisierung) investierte Nettovermögen von 2005–2014 aufgeteilt in aktiv und passiv verwaltetes Vermögen (Balken insgesamt). In blau sind die darin enthaltenen Nettomittelaufkommen abgetragen. Die Linien stellen die Wachstumsraten (durch das Nettomittelaufkommen) dar. Sowohl das aktive als auch das passive Nettovermögen steigen an. Allerdings sind die Wachstumsraten rückläufig. Insgesamt betrug das Nettovermögen am 31.12.2014 ca. 705,7 Mrd. US-Dollar.

Lebenszyklusfonds intensiv bei den Arbeitgebern zur Aufnahme in deren Pensionspläne beworben. 2006 unterschrieb Präsident George W. Bush den Pension Protection Act. Dieser förderte Lebenszyklusfonds als eine von drei Qualified Default Investment Alternatives und damit den Verkauf im Rahmen von 401(k)- bzw. 403(b)-Pensionsplänen. Außerdem wurden damit die Steuervorteile der IRAs und der DC-Pläne erhöht und den Investoren mehr Freiheiten bei der Auswahl der Pläne eingeräumt.[6]

Abbildung 2.1 zeigt die Entwicklung des amerikanischen Lebenszyklusfondsmarktes von 2005 bis 2014. Die Balken entsprechen dem verwalteten Nettovermögen in Mrd. US-Dollar zum Ende des jeweiligen Jahres. Die blauen Teile der Balken sind dabei die enthaltenen Nettomittelaufkommen und die grünen Teile der Balken das Nettovermögen, das aus dem vorjährigen Bestand entstanden ist. Dabei wird auch zwischen aktiv verwaltetem Vermögen (dunkler) und passiv verwaltetem Vermögen (heller) unterschieden. Die Linien zeigen für jedes Jahr die Wachstumsraten der aktiv bzw. passiv verwalteten Lebenszyklusfonds

---

[6]　Vgl. Viceira (2009, S. 143) und Israelson und Nagengast (2011).

Abbildung 2.2: Zusammensetzung US-Markt für Lebenszyklusfonds

Exhibit 7 2014 Firm Market Share of Target-Date Mutual Funds

Fund Family	% of Market
Vanguard	27.3
Fidelity Investments	26.5
T. Rowe Price	17.3
JPMorgan	4.0
American Funds	3.9
Principal Funds	3.6
TIAA-CREF	3.1
Other	14.1

Source: Morningstar, Inc. Data as of 12-31-2014.

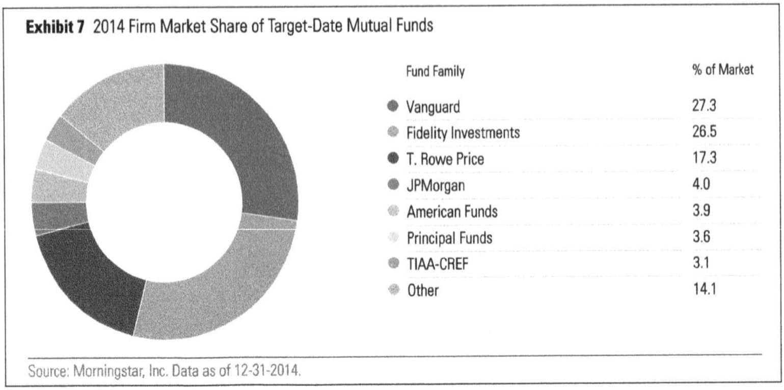

Quelle: Acheson et al. (2015, S. 10; Morningstar).

Die Abbildung zeigt die Anteile der einzelnen Fondsgesellschaften am gesamten US-Markt für Lebenszyklusfonds zum 31.12.2014. Der Markt ist zu diesem Zeitpunkt dominiert von den drei großen Anbietern: Vanguard, Fidelity Investments und T. Rowe Price. Diese haben zusammen einen Marktanteil von über 70 %, wobei Vanguard und Fidelity Investments jeweils über 25 % Marktanteile besitzen.

(hell bzw. dunkel) bzgl. des Wachstums, das durch das Nettomittelaufkommen entsteht. Es ist erkennbar, dass sich das oben angesprochene Wachstum von 1996 bis 2006 auf ca. 120 Mrd. USD bis Ende 2014 weiter fortgesetzt hat. Über knapp 400 Mrd. USD im Jahre 2011 wuchs der amerikanische Lebenszyklusfondsmarkt auf ca. 705,7 Mrd. USD an. Der Markt lag damit 2014 in der Größenordnung des gesamten deutschen offenen Publikumsfondsmarktes (ca. 700 Mrd. USD zu ca. 800 Mrd. EUR; vgl. Tabelle 2.1). In allen Jahren war das Nettomittelaufkommen größer als null – sowohl bei den aktiv als auch bei den passiv verwalteten Fonds. Nur von 2007 auf 2008 sank das verwaltete Nettovermögen, allerdings nicht aufgrund von Kapitalabflüssen, sondern durch die fallenden Aktienkurse während der Subprime-Krise. Das (relative) Wachstum durch Kapitalzuflüsse ist über den Zeitraum von 2005 bis 2014 rückläufig. Bei der Aufteilung des Marktes zwischen aktiv und passiv verwalteten Fonds fällt auf, dass 2005 der Großteil des Nettovermögens aktiv gemanagt wurde. Über die Jahre wuchs das passiv verwaltete Vermögen stärker als das aktiv verwaltete Vermögen an, sodass 2014 etwa ein Drittel des Nettovermögens passiv verwaltet wurde. Die Wachstumsraten haben sich in den letzten Jahre allerdings immer weiter angeglichen.

Abbildung 2.2 zeigt die Zusammensetzung des amerikanischen Lebenszyklusfondsmarktes zum 31.12.2014. Rechts sind die prozentualen Anteile der Fondsgesellschaften Vanguard, Fidelity Investments, T. Rowe Price und den vier marktanteilsmäßig nachfolgenden Fondsgesellschaften angegeben. Links sind diese Anteile in einem Ringdiagramm grafisch dargestellt. Die Marktführerschaft machen Fidelity Investments und Vanguard mit jeweils über 25 % unter sich aus. 2014 hat dabei Vanguard nach 16 Jahren[7] Marktführerschaft von Fidelity Investments den höchsten Marktanteil erreicht. Zusammen mit dem drittgrößten Anbieter von Lebenszyklusfonds T. Rowe Price erreichen diese einen Marktanteil von über 70 % (blau und dunkelrot). Die nachfolgenden Lebenszyklusfondsanbieter besitzen dagegen maximal einen Anteil von 4 %. Die sieben größten Fondsgesellschaften (der nicht-graue Teil des Ringdiagramms) verwalten zusammen über 85 % des amerikanischen Lebenszyklusfondsmarktes. Die beiden Anbieter der ersten Lebenszyklusfonds – Wells Fargo und BlackRock – hatten laut Acheson et al. (2015, S. 14; Morningstar) 2014 nur den acht bzw. elft größten Marktanteil mit ca. 2,4 % bzw. einem Prozent.

2.1.2 In Deutschland

In Deutschland waren die Rahmenbedingungen für Lebenszyklusfonds vor Inkrafttreten des Betriebsrentenstärkungsgesetzes (BRSG)[8] deutlich schlechter. Das lag bzw. liegt hauptsächlich an drei Gründen: Im Gegensatz zu den USA wurden diese nicht als Instrument für die Altersvorsorge staatlich gefördert. Außerdem sind die Lebenszyklusfonds für den Vertrieb nicht attraktiv und ein großer Teil der deutschen Bevölkerung meidet Aktien.[9] Letzteres äußert sich bereits in dem angelsächsischen Begriff „German Angst". Dabei gibt es wissenschaftliche Belege[10] dafür, dass das Risiko bzw. die Volatilität von Aktien über einen längeren Investitionszeitraum geringer ist als über einen kurzen Zeitraum. Für langfristig orientierte Investoren gibt es also Argumente gegen die „German Angst" bezüglich Aktien. Die fehlende Attraktivität für den Vertrieb von Lebenszyklusfonds stammt daher, dass bei diesen nur ein Abschluss zu Beginn der Anlage erfolgt und anschließend die altersbedingten Portefeuilleumschichtungen im Zeitablauf durch den Fondsmanager ohne neuen Abschluss umgesetzt werden. Es kann also keine zusätzliche Provision durch Strategieanpassungen während der Laufzeit der Lebenszyklusfonds erwirtschaftet werden.

In puncto staatlich geförderter Altersvorsorge erfüllten Lebenszyklusfonds vor Inkrafttreten des BRSG nur bedingt die Forderungen für Riesterfondssparpläne, da eine Garantie für die eingezahlten Beiträge bei diesen nicht sinnvoll ist. Eine Garantie für die eingezahlten Beiträge würde dazu führen, dass bei fallenden (Aktien-)Kursen Sicherungsmechanismen angewandt werden müssen, um weitere Verluste zu vermeiden. Das ist nicht Teil des Konzepts von Lebenszyklusfonds. Im Gegenteil weisen Ayres und Nalebuff (2010, S. 165 f.) sogar darauf hin, dass Lebenszyklusfonds bei fallenden Aktienkursen regelmäßig Aktien nachkaufen müssen, um mittels Rebalancing die Gleitpfad-Aktienquote zu halten. Dies führt bei weiter fallenden Kursen zu einem größeren Verlust. Das kann verhindert werden, indem das Rebalancing nur ein oder wenige Male im Jahr erfolgt. Die Fondsgattung Lebenszyklusfonds bietet aber trotz fehlender staatlicher Förderung Vorteile für die Altersvorsorge, da die Risikoreduzierung im Zeitablauf für die Investoren übernommen und gleichzeitig (auch bei geringem Kapitaleinsatz) Diversifikation ermöglicht wird.

---

[7]   Vgl. Acheson et al. (2015, S. 10; Morningstar).

[8]   Der Bundesrat hat dem verabschiedeten Gesetz im Juli 2017 zugestimmt und es trat am 01.01.2018 in Kraft. Vgl. Kirner und Schwintkowski (2017, S. 418).

[9]   Vgl. Claus (2014, Morningstar).

[10]   In Viceira (2009, S. 154 f.) sind beispielsweise mehrere Arbeiten genannt, die sich mit diesem Thema auseinandersetzen.

Laut eigenen Angaben werden die Lebenszyklusfonds von Fidelity unter anderem von
großen deutschen DAX- und Mittelstandsunternehmen in deren Pensionsplänen eingesetzt. Dabei garantieren die Firmen für den Kapitalerhalt der eingezahlten Beiträge und
überlassen die Umsetzung der Lebenszyklusfondsstrategie Fidelity. Der Anteil am Fonds-
vermögen, der aus der betrieblichen Altersvorsorge stammt, macht bei den Lebenszyklusfonds von Fidelity mehr als die Hälfte aus. Die Risikoreduzierung im Zeitablauf macht
sich bei den Lebenszyklusfonds von Fidelity auch an der Gebührenänderung im Zeitablauf bemerkbar. Bei den institutionellen Fonds (Anteilsklasse P) wird bedingt durch die
sinkende Aktienquote die jährliche Managementgebühr von 0,8 % p. a. im Zeitablauf auf
0,4 % p. a. gesenkt. Bei den Fonds für Privatanleger (Anteilsklasse A) sinkt die Gebühr
von 1,5 % p. a. auf 0,85 % p. a.[11]

Institutionelle Versionen der Fidelity-Lebenszyklusfonds „Fidelity Target *Zieljahr* " hat
Fidelity 2008 eingeführt. Die ersten Lebenszyklusfonds für Privatanleger legte Fidelity
ein Kalenderjahr nach den bereits erwähnten ersten deutschen, im Jahre 2002 aufgelegten
Lebenszyklusfonds „Allianz Fondsvorsorge *Geburtsjahrgänge* " von Allianz Global Investors auf. 2005 legte Deka Investments seinen ersten Lebenszyklusfonds „Deka-Zielfonds
Zieljahre " auf. Allianz Global Investors bietet neben den ältesten deutschen Lebenszyklusfonds auch die 2006 eingeführten „Allianz FinanzPlan *Zieljahr* " an. Außerdem
brachte Sauren die Lebenszyklusfonds „Sauren Zielvermögen *Zieljahr* " auf den (deutschen) Markt.[12]

Die Entwicklung des Absatzmarktes für Lebenszyklusfonds in Deutschland ist in Tabelle
2.1 dargestellt. Die Daten der Tabelle sind der Investmentstatistik des Bundesverband Investment und Asset Management (BVI) entnommen. Die erste Zeile zeigt die Nettovermögen der Lebenszyklusfonds von 2014 bis 2017 jeweils zum 31. Januar. Das Nettovermögen
ist in diesem Zeitraum sukzessive von ca. 1,77 Mrd. Euro auf ca. 2,52 Mrd. Euro ange-
wachsen. Dies liegt nicht nur an der Wertsteigerung des bereits investierten Vermögens,
sondern auch an den Nettomittelaufkommen. Diese sind jeweils aggregiert für die vorangehenden zwölf Monate in Zeile zwei angegeben. In allen vier 12-Monatszeiträumen von
Januar bis Januar sind die Nettomittelaufkommen größer null. Es wurde also mehr Kapital in Lebenszyklusfonds investiert als abgezogen. Vor allem in dem Intervall von Januar
2016 bis Januar 2017 wurden netto knapp 10 Mio. Euro neu in Lebenszyklusfonds des Absatzmarktes Deutschland angelegt. Um die Größenordnung des Lebenszyklusfondsmarkt
im Vergleich zu dem gesamten offenen Publikumsfondsmarkt einzuschätzen, ist in Zeile
drei das Nettovermögen aller offenen Publikumsfonds (deutscher Absatzmarkt) angegeben. Dieses Vermögen wächst in Richtung von einer Billion Euro. Die vierte Zeile ist aus
den Zeilen 1 und 3 berechnet und zeigt den Anteil der Lebenszyklusfonds an den offenen
Publikumsfonds von 2014 bis 2017 jeweils zum 31. Januar. Der Lebenszyklusfondsmarkt
macht nur einen geringen, aber konstanten bis leicht wachsenden Anteil in Höhe von ca.
0,25 % aus.

---

[11] Vgl. Fidelity (2014).

[12] Nachfolgend befinden sich jeweils beispielhaft eine zugehörige ISIN: DE0009797209 (Allianz Fonds-
      vorsorge 1947-1951), LU0172516436 (Fidelity Target 2015), DE000DK0A0D1 (Deka-Zielfonds 2015-
      2019), LU0239364531 (Allianz FinanzPlan 2020), LU0313461773 (Sauren Zielvermögen 2020).

Tabelle 2.1: Nettovermögen Lebenszyklusfonds in Deutschland

Absatzmarkt Deutschland	31.01.2014	31.01.2015	31.01.2016	31.01.2017
Nettovermögen LZF in Mio. Euro	1.768,1	2.123,8	2.202,5	2.521,7
Nettomittelaufkommen LZF in Mio. Euro (Januar bis Januar)	6,6	1,9	0,9	9,5
offene Publikumsfonds insgesamt in Mio. Euro	713.567,1	827.269,9	860.075,4	919.394,1
Anteil LZF an offene Publikumsfonds	0,25 %	0,26 %	0,26 %	0,27 %

Quelle: Eigene Darstellung und Berechnung (Daten von BVI (2017)).

Die Tabelle zeigt die Größe und das Wachstum des Absatzmarktes der Lebenszyklusfonds in Deutschland. In den letzten 4 Jahren ist das Nettovermögen auf ca. 2,5 Mrd. Euro angestiegen. Ein Teil des Anstieges stammt von den positiven Nettomittelaufkommen. Im Vergleich zu dem gesamten offenen Publikumsfondsmarkt in Deutschland machen die Lebenszyklusfonds allerdings nur einen kleinen, aber ansteigenden Teil in Höhe von ca. 0,25 % aus.

Dass die Entwicklung der letzten Jahre so weitergeht und der Markt für Lebenszyklusfonds in Deutschland weiter wächst, glaubt die Fondsgesellschaft Fidelity. Begründet wird dies durch die steigende Bedeutung der betrieblichen und privaten Altersvorsorge. Es wird erwartet, dass das mit Lebenszyklusfonds verwaltete Vermögen in Deutschland insgesamt auf über 10 Mrd. Euro bis 2020 ansteigt. Deshalb legte Fidelity 2014 neue Lebenszyklusfonds auf.[13] Dass Lebenszyklusfonds vermehrt in der betrieblichen Altersvorsorge eingesetzt werden, wird ab 2018 durch das BRSG unterstützt. In dem Gesetz ist zum einen über die Einführung eines Garantieverbotes in Kombination mit einer reinen Beitragszusage geregelt, dass die Arbeitgeber nicht mehr eine gewisse Zielrente garantieren müssen, sondern nur noch, dass sie die vereinbarten Beiträge einzahlen. Zum anderen können die Tarifparteien ein „Opting-Out" vereinbaren, d. h., dass die Arbeitnehmer automatisch eine betriebliche Altersvorsorge bekommen, wenn sie nicht aktiv widersprechen.[14] Durch den ersten Punkt werden die Lebenszyklusfonds für die betriebliche Altersvorsorge interessant und durch den zweiten Punkt besteht die Chance, dass auch Arbeitnehmer, die sich nicht mit der Altersvorsorge beschäftigen wollen, in Lebenszyklusfonds investieren.

Nachdem die Entwicklung der Lebenszyklusfonds in den USA und in Deutschland in diesem Abschnitt betrachtet wurde, wird im nächsten Abschnitt auf die Umsetzung der Risikoreduzierung im Zeitablauf − also die Strategie der Lebenszyklusfonds − näher eingegangen.

---

[13] Vgl. Fidelity (2014).

[14] Vgl. Kirner und Schwintkowski (2017, S. 418).

2.2   Strategien

In diesem Abschnitt werden die Umsetzung der Lebenszyklusfondsstrategie bzw. ausgewählte Gleitpfade betrachtet. Zunächst wird in Abschnitt 2.2.1 kurz auf einfache Lebenszyklusstrategien eingegangen und anschließend die Gleitpfade von ausgewählten US-Lebenszyklusfondsreihen großer Lebenszyklusfondsanbieter näher angeschaut. Dabei wird auch der durchschnittliche Gleitpfad der amerikanischen Lebenszyklusfonds dargestellt. Auf die Strategien deutscher Lebenszyklusfonds wird ebenfalls kurz eingegangen. In Abschnitt 2.2.2 werden die Portefeuilleumschichtungen ausgewählter (sowohl amerikanischer als auch europäischer) Lebenszyklusfonds anhand einer dynamischen Renditebasierten Stilanalyse nach Sharpe (1992) geschätzt. Damit wird ein erster, ungenauer Test durchgeführt, der überprüft, ob die Aktienquote im Zeitablauf verringert wird.

2.2.1   Ausgewählte Gleitpfade

Eine einfache Portefeuillestrategie über einen Lebenszyklus ist die Faustregel „Birthday Rule". Die Aktienquote des Portefeuilles wird dabei direkt anhand des Alters des Investors gewählt als[15]

$$\text{Aktienquote} = 110\ \% - \text{Alter}.$$

Eine Variante davon stellt die Lebensformel von Fidelity (2017, S. 38) dar, bei der die Aktienquote gewählt wird als

$$\text{Aktienquote} = 100\ \% - \text{Alter}.$$

In dem „Pocket Guide: Fondsvorsorge" beschreibt Fidelity (2017, S. 39) die Lebenszyklusfonds als eine Möglichkeit, um diese Lebensformel umzusetzen. Die Risikoreduzierung im Zeitablauf erfolgt also anhand der Reduzierung der Aktienquote im Zeitablauf. Neben den vereinfachten Faustregeln gibt es auch theoretische Lebenszyklusmodelle, die als Grundlage der Portefeuilleumschichtungen herangezogen werden können. Das in Abschnitt 5.4.1 vorgestellte Lebenszyklusmodell nach Merton (1969) liefert zwar eine über die Zeit konstante Aktienquote, aber es ist die Grundlage von komplexeren Lebenszyklusmodellen – wie das in Abschnitt 5.4.2 kurz vorgestellte Modell.

Tabelle 2.2 zeigt die Aktienquoten (in Prozent) ausgewählter amerikanischer Lebenszyklusfondsreihen Ende 2014. Für die einzelnen Fondsreihen sind die Aktienquoten der enthaltenen Fonds (jeweils zum Stand 2014) mit den in den Spaltenüberschriften angegebenen Zieljahren dargestellt. Über den Zieljahren steht die Anzahl an Restjahren bis zum Zieljahr. Beispielsweise hatte 2014 der „BlackRock LifePath 2040 Fund" eine Aktienquote in Höhe von 78 %, während der „BlackRock LifePath 2015 Fund" nur noch eine Aktienquote in Höhe von 36 % hat. Bei den angegebenen BlackRock-Fonds handelt es sich um „to"-Lebenszyklusfonds – d. h., dass diese nach dem Zieljahr als (in etwa) Renteneintrittsjahr die Aktienquote konstant halten bzw. die Fonds dann aufgelöst werden. Daher sind auch für die BlackRock LifePath-Fonds mit früherem Zieljahr als 2015 keine Aktienquoten mehr verfügbar. Anhand der Zeile ist der Gleitpfad der BlackRock LifePath-Serie ablesbar. Die

---

[15]   Vgl. Ayres und Nalebuff (2010, S. 23).

Tabelle 2.2: Aktienquoten ausgewählter US-Lebenszyklusfondsreihen (in %)

| Jahre bis Ziel | 40 | 35 | 30 | 25 | 20 | 15 | 10 | 5 | 0 | -5 | -10 | -15 |
Zieljahr	2055	2050	2045	2040	2035	2030	2025	2020	2015	2010	2005	2000
BlackRock LifePath	82	82	81	78	72	64	56	47	36	–	–	–
Fidelity Freedom	90	90	90	90	90	80	65	59	52	43	34	24
Mass Mutual RetireSMART	90	90	87	84	83	80	72	60	48	43	37	32
Vanguard Target Retirement	90	90	90	90	81	75	67	59	50	30	30	30
Wells Fargo Advantage DJ Target	90	90	87	82	72	61	48	37	28	22	20	–

Quelle: Auszug aus Acheson et al. (2015, S. 83 f.; Morningstar).

Die Tabelle zeigt für ausgewählte amerikanische Lebenszyklusfondsreihen die aktuellen (Stand: 31.12.2014) Aktienquoten der in der Reihe enthaltenen Fonds sortiert nach Restjahren bis zum Zieljahr. Die Aktienquoten für Fonds mit über 30 Jahren bis zum Zieljahr liegen bei über 80%. Die Quoten sinken über die Fondsreihen mit fallendem Zieljahr. Bei „through"-Lebenszyklusfonds (z. B. Fidelity Freedom-Fonds) endet die Umschichtung nicht beim Zieljahr, sondern geht sogar teilweise 15 Jahre drüber hinaus.

Gleitpfade allgemein deuten also − anhand der aktuellen Aktienquoten der in der Fondsreihe enthaltenen Fonds − die Aktienquoten der einzelnen Fonds im Zeitablauf an. Die Gleitpfade der BlackRock LifePath-Fondsreihe deuten darauf hin, dass diese bis ca. 25 Jahre vor dem Zieljahr eine Aktienquote von etwa 80 % halten und diese anschließend bis auf ca. 35 % senken. Die Fonds setzen also den Grundgedanken der Lebenszyklusfonds um. Dies machen auch die anderen Fondsreihen. Diese bestehen aus „through"-Lebenszyklusfonds − d. h., dass diese über das Zieljahr als (in etwa) Renteneintrittsjahr hinaus die Aktienquote weiter reduzieren. Dass die Wells Fargo-Fonds mit den BlackRock-Fonds aufgelegt wurden, merkt man auch an den Gleitpfaden: Zwar starten diese bei 90 % Aktienquoten, reduzieren diese aber ähnlich. Allerdings wird die Aktienquote nach dem Zieljahr weiter von 28 % auf 20 % gesenkt. Die anderen drei Fondsreihen weisen im Schnitt auch höhere Aktienquoten auf. Am extremsten ist dabei die Fidelity Freedom-Reihe, die bis 20 Jahre vor dem Zieljahr eine 90 %-Quote hält. Selbst im Zieljahr beträgt diese noch 52 %. Die Verläufe der Gleitpfade sind zwar alle fallend, aber die Geschwindigkeit der Reduzierung ist unterschiedlich. Dies fällt besonders bei den Mass Mutual- und den Vanguard-Fonds im Vergleich auf: Beide starten bei 90 % und enden bei etwa 30 %. Mass Mutual fängt schon zehn Jahre vor Vanguard an, die Aktienquote leicht zu reduzieren. Während Mass Mutual die stärksten Absenkungen in den zehn Jahren vor dem Zieljahr tätigen und anschließend nur moderat weiter reduzieren, senkt Vanguard die Aktienquote bis zum Zieljahr gleichmäßig auf ein ähnliches Niveau. In den nachfolgenden fünf Jahren wird bei Vanguard der Aktienanteil fast halbiert, dann aber konstant gelassen.

Die Risikoreduzierung erfolgt also bei den Lebenszyklusfonds nicht gleich, auch wenn der Kern der Risikoreduzierung die Reduzierung der Aktienquote im Zeitablauf ist. Neben den unterschiedlichen Verläufen der Aktienquoten ist auch die (dynamische) Zusammensetzung der Fondsportefeuilles aus unterschiedlichen Anlageklassen und Investmentstilen interessant. DiJoseph et al. (2015, S. 9 ff.; Vanguard) zählen die folgenden Anlageklassen als mögliche Anlagealternativen auf (und beschreiben, wie Vanguard diese einsetzt): amerikanische Aktien (Large-, Mid- und Small-Cap; Wachstums- und Substanzaktien), internationale Aktien, amerikanische Anleihen (Investment Grade; keine High Yield-Anleihen), internationale Anleihen (Investment Grade − hedged), kurzlaufende TIPS[16], alternative Anlagen (REITs[17], Private Equity, Währungen) und Rohstoffe. Neben der klassischen (theoretischen) Zusammensetzung von Portefeuilles aus Aktien und (sicheren) Anleihen wie bei Merton (1969) werden also in der Praxis auch noch einige weitere Anlageklassen herangezogen, um das Portefeuille möglichst gut zu diversifizieren. Die Portefeuillezusammensetzungen in der Praxis werden im Folgenden anhand Abbildung 2.3 und in Abschnitt 2.2.2 näher erläutert. Ebenfalls spielt die Form der Investition in die Anlageklassen eine Rolle. Dabei ist zwischen einer aktiven Auswahl einzelner Anlagen der jeweiligen Anlageklassen und der passiven Investition mittels Produkten, die einen Index der Anlageklasse replizieren, wie z. B. Exchange Traded Funds (ETFs), zu unterscheiden.

Abbildung 2.3 zeigt den durchschnittlichen Gleitpfad amerikanischer Lebenszyklusfonds (Stand: Ende 2014). Grundlage sind 48 amerikanische Lebenszyklusfondsreihen (ähnlich wie in Tabelle 2.2), wobei der Durchschnitt über die Fonds mit gleichem Zieljahr verschiedener Fondsreihen gebildet wurde. Die mittleren Fondsanteile sind für die Zieljahre (in 5-Jahresschritten) und für die dazwischen liegenden Zeiträume interpoliert angegeben. Dabei sind die Anteile der US-Aktien (blaue Bereiche: weiter aufgeteilt in Large- und Small-/Mid-Cap), weiterer Aktien (rote Bereiche: Emerging Markets, aus entwickelten Ländern und sonstige), der TIPS (dunkeltürkise Bereiche), weiterer Anleihen (orangene Bereiche: nicht-amerikanische, High-Yield und Investment Grade/sonstige) und der Cashanteil (grüner Bereich) dargestellt. Indirekt ist dadurch das typische amerikanische Lebenszyklusfondsportefeuille im Zeitablauf abgebildet: Aus den Zieljahren der Fondsreihen auf der x-Achse lassen sich dabei die Jahre bis zum Zieljahr (als Differenz zu 2015) dieses typischen Fonds − analog zu Tabelle 2.2 − ablesen. Der durchschnittliche Lebenszyklusfonds startet bei einem Aktienanteil von über 80 %, wobei mehr als die Hälfte aus heimischen Aktien besteht und im Zeitablauf konstant bleibt. Der Anteil der TIPS ist sehr gering. Über die Zeit wird der Aktienanteil gesenkt und durch TIPS und andere Anleihen ersetzt. Den Schwerpunkt nehmen dabei die „Core/Other Bonds"[18] ein. Im Zieljahr (d. h. 2015 in der Abbildung) beträgt der Aktienanteil ca. 50 %. Es sind sowohl „to"- als auch „through"-Lebenszyklusfonds enthalten. Daher laufen die Zieljahre über das aktuelle Jahr 2015 hinaus bis 2000 und die Aktienquote wird weiter bis auf unter 40 % reduziert. Der Cashanteil bleibt über die gesamte Zeit bei ca. 10 %. Es scheint, dass der typische amerikanische Lebenszyklusfonds seine Hauptaufgabe erfüllt und das Risiko bzw. die riskanten Anlagen im Zeitablauf reduziert (und dabei sogar über das Ziel(jahr) hinausschießt).

Die Strategie eines der ersten deutschen Lebenszyklusfonds „Allianz Fondsvorsorge 1977-1996" (ISIN: DE0009797241) wird laut der Wesentlichen Anlegerinformationen zum Stand

---

[16]   „Treasury Inflation Protected Securities", d. h. inflationsgesicherte Anleihen.

[17]   „Real Estate Investment Trusts", d. h. Immobilienunternehmen bzw. -kapitalgesellschaften.

[18]   Die Vermutung liegt nahe, dass es sich dabei hauptsächlich um amerikanische Investment Grade-Anleihen (Core) handelt. Warum Acheson et al. (2015) diese und die sonstigen Anleihen in einer Anlageklasse zusammenfassen, bleibt ungeklärt.

Abbildung 2.3: Durchschnittlicher Gleitpfad der US-Lebenszyklusfonds

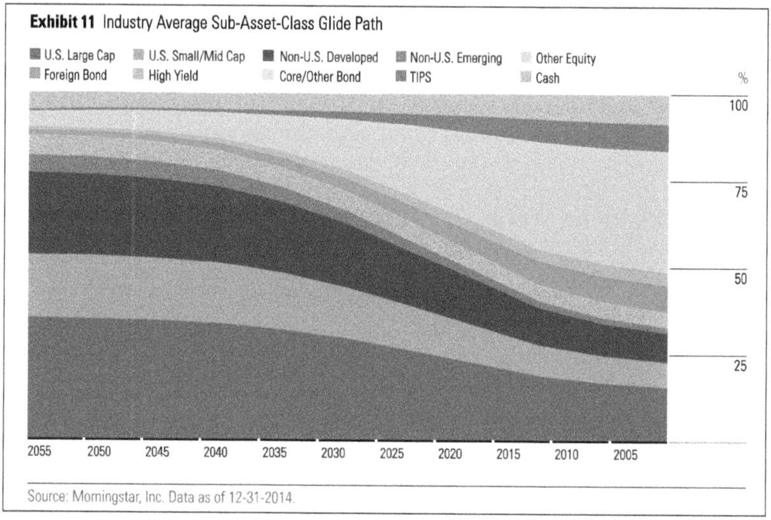

Quelle: Acheson et al. (2015, S. 17; Morningstar).

Die Abbildung zeigt durchschnittliche Gleitpfade von 48 Lebenszyklusfondsreihen. Analog zu Tabelle 2.2 handelt es sich um durchschnittliche Zusammensetzungen von Fonds unterschiedlicher Fondsreihen mit gleichem Zieljahr (x-Achse). Auch wenn dies also aktuelle Zusammensetzungen von „Durchschnittsfonds" mit unterschiedlichen Zieljahren sind, gibt die Darstellung einen Eindruck über die geplante bzw. vergangene (durchschnittliche) Umschichtung der Lebenszyklusfonds im Zeitablauf. Die amerikanischen Aktienanteile sind in blau, die internationalen Aktienanteile in rot, die Anleihenanteile in orange, die Cashanteile in grün und die Anteile der inflationsgesicherten TIPS in dunkeltürkis dargestellt. Der Durchschnittsfonds startet bei über 80 % Aktienanteil, der bis zum Zieljahr auf etwa 40 % reduziert wird. Da auch „through"-Lebenszyklusfonds enthalten sind, sinkt die Aktienquote auch über das Zieljahr hinaus.

16.02.2017 (siehe Allianz Global Investors (2017a)) beschrieben durch: „Wir investieren in verzinsliche Wertpapiere, die über eine gute Bonität verfügen. [...] Zudem investieren wir einen signifikanten Anteil des Fondsvermögens direkt oder über Derivate in Aktien und vergleichbare Papiere. Dieser Anteil beträgt bis 2032 max. 100 % des Fondsvermögens, bis 2033 max. 93 % des Fondsvermögens, [...] und ab 2037 max. 65 % des Fondsvermögens." Dies ist vergleichbar mit den Gleitpfaden der amerikanischen Lebenszyklusfonds und entspricht der Grundidee der Lebenszyklusfonds. Der Wortlaut „max." bietet dabei allerdings einen großen Spielraum. Entgegen der eigentlichen Strategie von Lebenszyklusfonds wird laut dem Factsheet des Fonds zum Stand 31.03.2017 (siehe Allianz Global Investors (2017b)) ein „signifikanter Anteil" in Höhe von exakt 0 % in Aktien (bzw. risikoreiche Anlagen) investiert. Bei Fidelity (2014) wird nach eigenen Angaben zunächst in „wachstumsorientierte Investments" (als Beispiel werden Aktien genannt) investiert. Ab ca. 20 Jahre vor dem Zieljahr werden diese nach und nach durch Anleihen und später auch durch Geldmarktpapiere ersetzt. Dabei können auch Derivate zum Einsatz kommen.

2.2.2 Renditebasierte Stilanalyse

Im vorherigen Unterabschnitt wurden mögliche Strategien von Lebenszyklusfonds und Gleitpfade ausgewählter Fondsgesellschaften vorgestellt. Die Gleitpfade beziehen sich auf aktuelle Aktienquoten von Fondsreihen einer Fondsgesellschaft mit unterschiedlichen Zieljahren und nicht auf Aktienquoten eines Fonds im Zeitablauf. Eine einfache, aber ungenaue Möglichkeit, die Risikoreduzierung bzw. Umschichtung von Aktien zu risikoärmeren Anlageformen zu überprüfen, stellt die Renditebasierte Stilanalyse (im Folgenden: RB-SA) nach Sharpe (1992) dar. Diese wird kurz vorgestellt und auf einen amerikanischen und einen europäischen Lebenszyklusfonds angewandt. Die beiden Fonds sind auch in der Datenauswertung (Kapitel 6) enthalten.

Die Grundlage der Renditebasierten Stilanalyse bildet das folgende Faktormodell der (diskreten) Portefeuille- bzw. Fondsrendite R_P

$$R_P = \beta_{P,1} \cdot R_1 + \beta_{P,2} \cdot R_2 + \ldots + \beta_{P,n} \cdot R_n + \varepsilon_P \qquad (2.1)$$

mit Störterm ε_P und den Portefeuillenebenbedingungen

$$\sum_{i=1}^{n} \beta_{P,i} = 1 \qquad (2.2)$$

$$\beta_{P,i} \geq 0 \quad \text{für alle } i = 1, \ldots, n.$$

Dabei werden als Faktoren R_i die Renditen von ausgewählten Indizes $i = 1, \ldots, n$ verwendet und die Sensitivitäten $\beta_{P,i}$ des Fonds P bzgl. des Indizes i werden als Portefeuillegewichte aufgefasst. Es handelt sich um keine tatsächlichen Portefeuillegewichte, sondern der Fonds P wird *auf Basis der Renditen* als Portefeuille (ohne Leerverkäufe) bestehend aus den Indizes dargestellt. Die tatsächliche Anlage des Fonds in Aktien, Anleihen,... kann ganz anders sein. Daher ist bei der RBSA auch die Wahl der Indizes entscheidend. Diese sollten möglichst unkorreliert untereinander sein und einen möglichst großen Bereich an Anlageformen umfassen. Eine Korrelation nahe null ist in der Praxis – gerade bei mehreren Aktienindizes – nicht zu erreichen, daher sollte möglichst darauf geachtet werden, dass es unter den einzelnen Indizes keine Überschneidungen an Aktien, Anleihen,... gibt.

Um die Sensitivitäten bzw. Portefeuillegewichte $\beta_{P,i}$ zu bestimmen, schlägt Sharpe (1992, S. 10 f.) einen quadratischen Programmierungsansatz, d. h. die Minimierung von Var(ε_P) unter den Nebenbedingungen (2.2), bei Verwendung von 60 Monatsrenditen vor. Es handelt sich also um eine lineare Regression unter den oben genannten Nebenbedingungen. Da die RBSA nur einen ersten Eindruck vermitteln soll, wird dieser Vorschlag umgesetzt. Allerdings ist dies ein statisches Konzept. Daher werden hier rollierende 60-Monatszeiträume ausgewertet, wobei die so bestimmten Portefeuillegewichte $\beta_{P,i}$ jeweils dem letzten Monat des 60-Monatszeitraumes zugeordnet werden. Diese Vorgehensweise wird im Folgenden als *dynamische Renditebasierte Stilanalyse* bezeichnet.

Sharpe (1992, S. 9) wählt für das Faktormodell bei seiner Untersuchung 12 Indizes aus den Anlageklassen: amerikanische Aktienindizes (aufgeteilt in Value ↔ Growth und Large Cap ↔ Mid Cap ↔ Small Cap), internationale Aktienindizes, amerikanische Unternehmens- und Staatsanleihenindizes, ein internationaler Staatsanleihenindex, ein T-Bills-Index und

Abbildung 2.4: Dynamische Renditebasierte Stilanalyse des Fonds WF-20

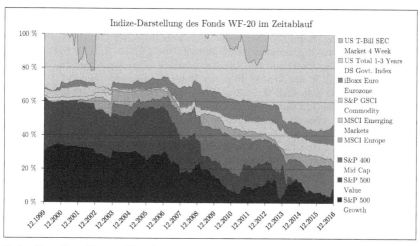

Quelle: Eigene Darstellung und Berechnung.

Die Abbildung zeigt das Ergebnis der dynamischen RBSA nach Sharpe (1992) des Fonds WF-20 (siehe Tabelle B.4) bzgl. der rechts aufgeführten Indizes. Der Fonds wird jeweils (rollierend) basierend auf den vorangehenden 60 Monatsrenditen als Portefeuille bestehend aus den Indizes dargestellt. Die Anteile der Aktienindizes sind in Rottönen und der Anleihenindizes in Blautönen eingefärbt, während die Anteile des Rohstoffindizes gelb und der T-Bills als risikolose Verzinsung grün sind. Die so bestimmte Aktienquote im Zeitablauf lässt sich also anhand des roten Bereichs ablesen. Die RBSA ergibt für WF-20 eine etwa gleich bleibende Aktienquote bis Mitte der 2000er Jahre von ca. 65 % und eine anschließend bis auf knapp unter 35 % fallende Aktienquote. Die Aktienindizes werden durch amerikanische Anleihen ersetzt.

der „Lehman Brothers' Mortgaged-Backed Securities Index". Da es sich um einen europäischen und einen amerikanischen Lebenszyklusfonds handelt, werden zwei verschiedene Faktormodelle (2.1), die sich durch die Wahl der Indizes unterscheiden, herangezogen. Für den amerikanischen Fonds werden die heimischen Aktienindizes „S&P 500 Growth", „S&P 500 Value" und „S&P 400 Mid Cap", die internationalen Aktienindizes „MSCI Europe" und „MSCI Emerging Markets", der Rohstoffindex „S&P GSCI Commodity", die Anleihenindizes „US Total 1-3 Years DS Govt. Index" und „iBoxx Euro Eurozone" und als risikolose Anlagemöglichkeit „US T-Bill SEC Market 4 Week" verwendet. Für den europäischen Fonds sind dies die europäischen Aktienindizes „MSCI Europe Large Cap Growth", „MSCI Europe Large Cap Value" und „MSCI Europe Mid Cap", die internationalen Aktienindizes „MSCI World" und „MSCI Emerging Markets", der Rohstoffindex „S&P GSCI Commodity", die Anleihenindizes „iBoxx Euro Eurozone" und „US Total 1-3 Years DS Govt. Index" und als risikolose Anlagemöglichkeit „EBF Euribor 1M". Die beiden Anleihenindizes werden später ebenfalls in den Benchmarks bei der Datenauswertung (Kapitel 6) verwendet.

In Abbildung 2.4 ist die dynamische Renditebasierte Stilanalyse des amerikanischen Lebenszyklusfonds WF-20 (siehe Tabelle B.4 in Anhang B.3) dargestellt. Der Fonds von Wells Fargo Funds Management LLC wurde für die RBSA aus den amerikanischen Fonds der Datenauswertung (Kapitel 6) ausgewählt, da er einer der ersten Lebenszyklusfonds ist und das nahe Zieljahr 2020 aufweist. Die Sensitivitäten (d. h. die Anteile) bzgl. der Aktienindizes sind in Rottönen und der Anleihenindizes in Blautönen eingefärbt, während die Sensitivitäten (d. h. die Anteile) bzgl. des Rohstoffindizes gelb und der T-Bills als risikolose Verzinsung grün sind. Die ersten Anteile zum Datum 01.1999 wurden dabei anhand der 60 (diskreten) Monatsrenditen 01.1995−12.1999 bestimmt. Es handelt sich also eigentlich um die geschätzte Portefeuillezusammensetzung eines 5-Jahreszeitraumes. Die Aktienquote, die anhand der oberen Grenze des roten Bereichs abgelesen werden kann, beträgt anhand der RBSA bis ca. 2007 zwischen 60 % und 70 %. Dies passt auch zu dem korrespondierenden Wert, der anhand des Gleitpfades der „Wells Fargo Advantages DJ Target"-Reihe aus Tabelle 2.2 ablesbar ist: zwischen 82 % (25 Jahre bis zur Rente) und 61 % (15 Jahre bis zur Rente). Anschließend sinkt die Aktienquote laut RBSA kontinuierlich bis auf 34,52 % für den 5-Jahreszeitraum 01.2012−12.2006. Dies ist ebenfalls zu dem in Tabelle 2.2 angegebenen Wert von 37 % bei 5 Jahren bis zur Rente passend. Der Fonds scheint (anhand der RBSA) also die Aktienquote im Zeitablauf zu reduzieren, um das Risiko im Zeitablauf zu verringern. Bei der späteren Untersuchung in Kapitel 6.3 erzielt der Fonds über den Zeitraum 1995−2016 auch positive Performancewerte zwischen 2 % und 5 % anhand der in dieser Arbeit entwickelten Performancemaße.

In Abbildung 2.5 ist die dynamische Renditebasierte Stilanalyse des französischen Lebenszyklusfonds HSBC-16 (siehe Tabelle B.3 in Anhang B.3) dargestellt. Der Fonds von HSBC Global Asset Management SA wurde für die RBSA aus den europäischen Fonds der Datenauswertung (Kapitel 6) ausgewählt, da er der einzige langlaufende, europäische Lebenszyklusfonds mit dem aktuellen Jahr 2016 als Zieljahr ist. Die Farbwahl erfolgte analog zu der RBSA des Fonds WF-20 und die ersten Anteile zum Datum 12.2005 wurden anhand der 60 (diskreten) Monatsrenditen 01.2001−12.2005 bestimmt. Die Aktienquote, die anhand der oberen Grenze des roten Bereichs abgelesen werden kann, liegt anhand der RBSA bis ca. Ende 2009 über 80 %. Von 09.2006 bis 03.2008 beträgt die Aktienquote sogar 100 %. Anschließend sinkt die Aktienquote laut RBSA kontinuierlich (zunächst flacher, dann steiler) bis auf unter 20 % für den 5-Jahreszeitraum 01.2012−12.2016. Der Fonds scheint (anhand der RBSA) also ebenfalls die Aktienquote im Zeitablauf zu reduzieren, um das Risiko im Zeitablauf zu verringern. Bei der späteren Untersuchung in Kapitel 6.2 erzielt der Fonds allerdings über den Zeitraum 2002−2016 negative Performancewerte zwischen 0 % und -2,01 % anhand der in dieser Arbeit entwickelten Performancemaße.

Das Ergebnis der dynamischen Renditebasierten Stilanalysen der beiden Fonds ist, dass beide der Grundidee der Lebenszyklusfonds folgen und die Aktienquote im Zeitablauf senken. Dass der Fonds HBSC-16 allerdings bei der Performancemessung in Kapitel 6.2 negativ bewertet wird, kann trotz der Umsetzung des Grundgedankens der Lebenszyklusfonds (nach der RBSA) an den hohen Gebühren (TER= 1,48 % p. a., siehe Tabelle B.3) liegen. Andererseits müssen die anhand der RBSA geschätzten Aktienquoten nicht den tatsächlichen Aktienquoten entsprechen. Dynamische Renditebasierte Stilanalysen wurden auch bei weiteren Lebenszyklusfonds aus Kapitel 6 durchgeführt. Der amerikanische Fonds Fid-20 weist eine Aktienquote zwischen 60 % und 80 % auf, die im Zeitablauf

Abbildung 2.5: Dynamische Renditebasierte Stilanalyse des Fonds HSBC-16

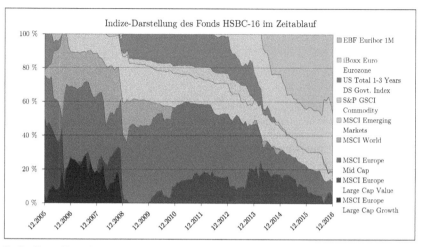

Quelle: Eigene Darstellung und Berechnung.

Die Abbildung zeigt das Ergebnis der dynamischen RBSA nach Sharpe (1992) des Fonds HSBC-16 (siehe Tabelle B.3) bzgl. der rechts aufgeführten Indizes. Der Fonds wird jeweils (rollierend) basierend auf den vorangehenden 60 Monatsrenditen als Portefeuille bestehend aus den Indizes dargestellt. Die Anteile der Aktienindizes sind in Rottönen und der Anleihenindizes in Blautönen eingefärbt, während die Anteile des Rohstoffindizes gelb und des Euribor als risikolose Verzinsung grün sind. Die so bestimmte Aktienquote im Zeitablauf lässt sich also anhand des roten Bereichs ablesen. Die RBSA ergibt für HSBC-16 einen unruhigeren Verlauf als bei dem Fonds WF-20: die Aktienquote wächst anfangs von 80 % auf 100 % bis 2007 und sinkt ab Ende 2008 auf unter 20 %, während die Anteile an europäischen Anleihen und der risikolosen Anlage steigen.

in etwa fallend verläuft. Bei dem finnischen Fonds Lahi-20 schwankt die Aktienquote zwischen 55 % und 75 %, diese verläuft allerdings im Zeitablauf nicht fallend, sondern schwankt. Abschließend ist zu beachten, dass die Renditebasierte Stilanalyse von der Wahl der Indizes abhängt und nur den Gleichlauf der Renditen über einen gewissen Zeitraum untersucht. Die anhand der RBSA bestimmte Aktienquote kann folglich von der tatsächlichen abweichen. Außerdem schätzt die („statische") Renditebasierte Stilanalyse eine feste Aktienquote für den betrachteten Zeitraum, sodass Änderungen der Aktienquoten im Zeitablauf zu Verzerrungen bei der Schätzung führen.

2.3 Anforderungen an Performancemaße

In den vorangegangenen Abschnitten wurde bereits die besondere Risikostruktur von Lebenszyklusfonds im Zeitablauf erläutert: Die Kernaufgabe der Lebenszyklusfonds ist es, das Risiko im Zeitablauf bis zum Zieljahr zu reduzieren. Damit sich also ein Performancemaß zur Messung von Lebenszyklusfonds eignet, muss es − zusätzlich zu bekannten Anforderungen an Performancemaße − die besondere Risikostruktur von Lebenszyklusfonds honorieren. Die folgenden Eigenschaften stellen die Anforderungen an Maße zur Performancemessung von Lebenszyklusfonds dar.

Eigenschaft PMLZ-1 (Vergleichbarkeit). *Ein Performancemaß für Lebenszyklusfonds bildet Renditezeitreihen auf die reellen Zahlen ab.*

Eigenschaft PMLZ-2 (Stetigkeit). *Ein Performancemaß für Lebenszyklusfonds ist eine stetige Abbildung.*

Eigenschaft PMLZ-3 (Höhere Rendite). *Ein Performancemaß für Lebenszyklusfonds weist einem Fonds mit höherer durchschnittlicher Rendite, aber ansonsten gleicher Struktur (d. h. gleiche Volatilität über den gesamten Zeitraum und gleiche Risikostruktur im Zeitablauf) eine höhere Performance zu.*

Eigenschaft PMLZ-4 (Niedrigere Volatilität). *Ein Performancemaß für Lebenszyklusfonds weist einem Fonds mit niedrigerer Volatilität über den gesamten Zeitraum, aber ansonsten gleicher Struktur (d. h. gleiche durchschnittliche Rendite und gleiche Risikostruktur im Zeitablauf) eine höhere Performance zu.*

Eigenschaft PMLZ-5 (Risikoreduzierung im Zeitablauf). *Ein Performancemaß für Lebenszyklusfonds weist einem Fonds, der im Zeitablauf das Risiko reduziert, eine höhere Performance im Vergleich zu einem Fonds mit gleicher durchschnittlicher Rendite und gleicher Volatilität über den gesamten Zeitraum, der im Zeitablauf das Risiko nicht reduziert, zu.*

Eigenschaft PMLZ-1 sorgt für die Vergleichbarkeit zweier Fonds. Vergleichbar damit sind die Vergleichbarkeitsaxiome aus der Nutzentheorie. Darauf wird in Kapitel 4 in Form der Axiome vNM-1, KPdyn-1 bzw. KPmp-1 eingegangen. Eigenschaft PMLZ-2 garantiert, dass „fast gleiche" Renditezeitreihen auch eine „fast gleiche" Performance haben. Es wird also verhindert, dass zwei Lebenszyklusfonds, die sich quasi nicht unterscheiden, eine „signifikant" unterschiedliche Performance aufweisen. Dies ist eine der Bedingungen, die Chen und Knez (1996) an zulässige Performancemaße stellen. Die Eigenschaften der (positiven) zulässigen Performancemaße werden in Kapitel 3 auf Seite 21 kurz vorgestellt. Die Eigenschaften PMLZ-3 und PMLZ-4 leiten sich aus der Erwartungswert-Varianz-Regel ab. Der Kern ist dabei die Optimierung von zwei unterschiedlichen Zielgrößen: Maximierung der Rendite und Minimierung des Risikos.[19] Passend dazu ist das Zitat von Cariño, Christopherson und Ferson (2009) in Kapitel 3 auf Seite 21. Die Eigenschaft PMLZ-5 formuliert die Hauptanforderung zur Messung von Lebenszyklusfonds, nämlich die positive Bewertung der Risikoreduzierung im Zeitablauf. Dabei wird allerdings keine Aussage über die Bewertung des Grades der Risikoreduzierung getroffen.

Im nächsten Kapitel werden nach einem Literaturüberblick über das Thema Performancemessung die vier traditionellen Performancemaße Jensens Alpha, Treynor Ratio, Sharpe Ratio und Information Ratio vorgestellt. Es wird außerdem begründet, warum diese Maße nicht die Eigenschaft PMLZ-5 erfüllen. Ein Beispiel belegt diese Aussage für die traditionellen Performancemaße.

---

[19]   Vgl. Trautmann (2007, S. 125). Dort ist auch die Erwartungswert-Varianz-Regel erklärt.

Kapitel 3

Traditionelle Performancemaße und deren Scheitern

Kapitel 2 endet mit aus der Grundidee der Lebenszyklusfonds abgeleiteten Anforderungen an Performancemaße für Lebenszyklusfonds. Zunächst wird einleitend in dieses Kapitel ein (selektiver) Überblick über die Theorie der Performancemessung gegeben. In den folgenden Abschnitten werden die traditionellen Performancemaße nacheinander vorgestellt und mittels eines geeigneten Beispiels belegt, warum diese nicht den Anforderungen an Performancemaße für Lebenszyklusfonds genügen. Den traditionellen Performancemaßen ist gemein, dass sie alle auf dem CAPM[20] und der Wertpapierkenngeraden bzw. der Finanzmarktgeraden basieren und als Benchmark[21] das zugehörige Marktportefeuille betrachtet wird. In diesem Kontext weist Roll (1978) auf die Problematik bzgl. der Wahl des Benchmarks bzw. der Bestimmung des Marktportefeuilles hin. So wird bewiesen, dass sich das Ranking basierend auf einem Benchmark komplett umkehrt, wenn ein anderer geeigneter Benchmark gewählt wird.

Zunächst wird darauf eingegangen, wie der Begriff „Performance" im Bereich der Finanzwirtschaft definiert wird.

> „Performance is the return or the increase in wealth over time of an investment relative to the amount of risk the investor is taking; that is, the performance measurement provides a risk-adjusted return assessment."
>
> — Cariño, Christopherson und Ferson (2009, S. 3) —

Cariño, Christopherson und Ferson (2009, S. 3) stellen bei ihrer Definition also zwei entscheidende Einflussgrößen von Performance heraus: die erzielte Rendite und das dabei eingegangene Risiko. Diese gemessene Performance sollte dann relativ zu der Performance einer vergleichbaren Anlagemöglichkeit − *des Benchmarks* − betrachtet werden. Chen und Knez (1996, S. 518) formulieren andererseits die vier folgenden (mathematischen) Bedingungen an *zulässige Performancemaße*:[22]

---

[20] Das wohlbekannte Capital Asset Pricing Model (CAPM) nach Sharpe (1964), Lintner (1965) und Mossin (1966) wird beispielsweise in Trautmann (2007, Kapitel 6) vorgestellt.

[21] Auf den Begriff „Benchmark" wird in Abschnitt 5.4 eingegangen. Eine detailliertere Betrachtung findet sich in Cariño, Christopherson und Ferson (2009, ab Kapitel 20).

[22] Die Erklärungen nach den einzelnen Bedingungen beschreiben hier deren intuitive Bedeutung.

© Springer Fachmedien Wiesbaden GmbH, ein Teil von Springer Nature 2019
M. Mergens, *Performancemessung von Lebenszyklusfonds*,
https://doi.org/10.1007/978-3-658-25266-3_3

- statische (passive) Portefeuilles erzielen eine Performance von null,

- Linearität $\hat{=}$ durch statische Kombination von Portefeuilles lässt sich keine bessere Performance (im Vergleich zu den Einzelportefeuilles) erzielen,

- Stetigkeit $\hat{=}$ ähnliche Portefeuilles erzielen eine ähnliche Performance und

- Nicht-Trivialität $\hat{=}$ es ist möglich eine Performance ungleich null zu erzielen.

Über die zusätzliche Bedingung der *Positivität* führen Chen und Knez (1996, S. 523) den Begriff der *positiven zulässigen Performancemaße* ein. Das heißt, es werden Performancemaße ausgeschlossen, die superioren Portefeuilles bzw. Portefeuillemanagern keine positive Performance zuweisen. Auf die Problematik, superiore Portefeuillemanager anhand der Wertpapierkenngeraden zu erkennen, gehen Dybvig und Ross (1985a,b) ein. Es werden Situationen aufgeführt, in denen dies gelingt und in denen dies nicht gelingt. Zu einem ähnlichen Schluss kommen Admati und Ross (1985) im Rahmen des Rational Expectations Equilibrium Models von Admati (1985). Begründet wird dies dadurch, dass zur korrekten Messung der Performance (bei Admati und Ross (1985): der Qualität der privaten Informationen) eines Managers dessen Informationen benötigt werden.

Zusätzlich zur Frage, ob gut oder schlecht performt wurde, ist die Frage nach der *Performance Attribution* − das heißt, wie setzt sich die Performance zusammen − aufgekommen. Eine Möglichkeit ist dabei die Unterteilung in Timing und Selektivität. Timing bezeichnet die Fähigkeit von Portefeuillemanagern, günstige Kauf- und Verkaufszeitpunkte zu erkennen. Meistens bezieht sich dies in Form von Markttiming auf den gesamten Markt − also auf das Marktportefeuille. Selektivität bezeichnet die Fähigkeit von Portefeuillemanagern, einzelne Wertpapiere zu identifizieren, die besser als andere performen. Bei Admati et al. (1986) wird Timing mittels der Reaktion von Portefeuillemanagern auf gewisse Timingportefeuilles bestimmt. Im Falle des Markttimings wird dies das Marktportefeuille und eine risikolose Anlagemöglichkeit. Um davon die Selektivität abzugrenzen, werden zwei unterschiedliche Ansätze angegeben. Mittels des Portefeuilleansatzes wird die Existenz von Selektivitätsfähigkeiten aus den Residuen einer Regression der Renditen der Timingportefeuilles auf die Portefeuillerenditen gewonnen. Bei dem Faktoransatz erfolgt dies auf Basis eines Faktormodells. Bei Letzterem ist auch die Qualität der Selektivitätsfähigkeiten messbar. Reichling und Trautmann (1998) weisen im Rahmen des lokalen Marktmodells nach, dass deren *Exponentielles Performancemaß* in Verbindung mit Jensens Alpha Timing und (davon isoliert) Selektivität rein auf Basis von Renditezeitreihen identifizieren kann. Das Exponentielle Performancemaß ist im Sinne von Chen und Knez (1996) ein positives zulässiges Performancemaß.

Barras, Scaillet und Wermers (2010) untersuchen, ob die gemessene Performance auf Glück oder Können bzw. auf Pech oder Unfähigkeit zurückzuführen ist. Das Problem der meisten Performancemaße ist nämlich, dass sie auf Basis einzelner Zeitreihen gebildet werden. Ein neuerer Ansatz zur Performancemessung stammt von Ferson und Lin (2014). Diese messen die Performance eines Portefeuilles über die erwartete (bedingt auf die öffentlichen

Informationen) Abweichung der mittels stochastischen Diskontierungsfaktors diskontierten Portefeuillerendite von eins.[23]

Die obigen Charakterisierungen betreffen die Performancemessung von aktiv gemanagten
Portefeuilles. Andere Maße − wie z. B. der Tracking Error − sind notwendig, wenn die
Performance von passiv gemanagten Portefeuilles wie z. B. von ETFs gemessen werden
soll. Wieder andere Maße messen die Aktivität der Fondsmanager. Dazu gehört das Maß
„Active Share" von Cremers und Petajisto (2009), das die Abweichungen in den Portefeuillezusammensetzungen der Fonds bzgl. des Benchmarks misst; Herrmann, Rohleder
und Scholz (2016) weisen empirisch nach, dass Performance durch Aktivität − gemessen anhand der Investmentstiländerungen im Zeitablauf basierend auf Herrmann und
Scholz (2013) − vorhergesagt werden kann. Der Investmentstil wird dabei anders als bei
der RBSA in Abschnitt 2.2.2 anhand des 4-Faktor-Modells von Carhart (1997) ohne Nebenbedingungen bestimmt.

3.1   Das Jensens Alpha

Wie bereits angesprochen basieren die traditionellen Performancemaße auf dem CAPM
bzw. der Wertpapierkenngeraden bzw. der Finanzmarktgeraden. Dabei misst das Jensens Alpha den Renditeabstand zwischen geschätzter erwarteter Portefeuillerendite und
von dem CAPM im Marktgleichgewicht vorhergesagter Rendite bei Vernachlässigung des
unsystematischen Risikos. Die Gleichung der Wertpapierkenngeraden lautet für Wertpapier i:

$$\mu_i = r_f + \beta_i \cdot (\mu_M - r_f) \tag{3.1}$$
$$= \beta_i \cdot \mu_M + (1 - \beta_i) \cdot r_f.$$

Dabei bezeichnet $\mu_i = \mathrm{E}[R_i]$ die erwartete (diskrete) Rendite eines Wertpapiers i, r_f den
(diskreten) risikolosen Zinssatz, $\mu_M = \mathrm{E}[R_M]$ die erwartete (diskrete) Rendite des Marktportefeuilles (bzw. eines Benchmarks) und $\beta_i = \mathrm{Cov}(R_i, R_M)/\mathrm{Var}(R_M)$ die Sensitivität
der Wertpapierrendite R_i bzgl. der Rendite des Marktportefeuilles R_M.[24] Die erwartete
Rendite verhält sich also nach dem CAPM wie die Rendite eines passiven Portefeuilles
bestehend aus einem Anteil β_i des Marktportefeuilles und einem Anteil $1 - \beta_i$ der risikolosen Anlagemöglichkeit. Daraus erhält man **Jensens Alpha** α_P^{J} eines Portefeuilles P
als

$$\alpha_P^{\mathrm{J}} = \mu_P - (r_f + \beta_P \cdot (\mu_M - r_f)) \tag{3.2}$$
$$= \bar{\mu_P} - \beta_P \cdot \bar{\mu_M}.$$

---

[23]   Unter gewissen Annahmen − insbesondere, wenn niemand private Informationen besitzt − ist dieser
   (bedingte) Erwartungswert gleich eins (Trautmann, 2007, S. 361).

[24]   Vgl. Trautmann (2007, S. 178).

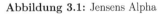

Abbildung 3.1: Jensens Alpha

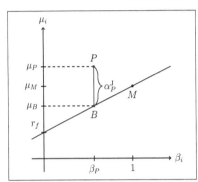 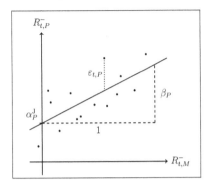

Quelle: Eigene Darstellung aufbauend auf Trautmann (2007, Abb. 6.1 und Abb. 5.24).

Die linke Abbildung zeigt das μ-β-Diagramm mit der Wertpapierkenngeraden, die durch die risikolose Anlagemöglichkeit r_f und das Marktportefeuille M verläuft. Abgebildet ist zudem ein Portefeuille P mit positivem Jensens Alpha α_P^J. Dieses entspricht dem Abstand zu dem Vergleichsportefeuille B mit gleichem systematischen Risiko $\beta_P \cdot \sigma_M$. Es ist positiv, da P oberhalb der Wertpapierkenngeraden liegt. Die rechte Abbildung zeigt die Marktmodellregressionsgerade eines Portefeuilles P. Jensens Alpha α_P^J ist deren Achsenabschnitt. Die Sensitivität β_P ist deren Steigung. Die Residuen $\varepsilon_{t,P}$ sind die Abstände der einzelnen Zeitreihenwerte von der Regressionsgeraden.

Dabei bezeichnet $\mu_P^- = \mu_P - r_f$ bzw. $\mu_M^- = \mu_M - r_f$ die erwartete Überrendite des Portefeuilles P bzw. des Marktportefeuilles über dem risikolosen Zinssatz.[25] Die Jensens Alphas des Marktportefeuilles bzw. des Benchmarks und damit auch des passiven Vergleichsportefeuilles betragen folglich null.

Empirisch bestimmen lässt sich Jensens Alpha für ein Portefeuille P über die Marktmodellregression (bzw. mit Zeitindex t notiert in Form einer einfachen Zeitreihenregression)

$$R_P^- = \alpha_P^J + \beta_P \cdot R_M^- + \varepsilon_P \tag{3.3}$$

$$R_{t,P}^- = \alpha_P^J + \beta_P \cdot R_{t,M}^- + \varepsilon_{t,P}$$

mit Residuum ε_P (bzw. Zeitindex t und Residuen $\varepsilon_{t,P}$) und Überrenditen $R_P^- = R_P - r_f$ und $R_M^- = R_M - r_f$.[26] Da das Residuum im Erwartungswert gleich null ist, entspricht die Regressionsgleichung im Erwartungswert der Gleichung (3.2). Die Darstellung des Jensens Alphas als Renditeabstand (Gleichung (3.2), linkes Bild) und die Bestimmung über eine Zeitreihenregression (Gleichung (3.3), rechtes Bild) zeigt Abbildung 3.1. Das dargestellte Portefeuille hat ein positives Jensens Alpha. Es hat also eine bessere Performance als der Markt erzielt. An den beiden Diagrammen ist dies daran zu erkennen, dass

---

25   Vgl. Cariño, Christopherson und Ferson (2009, S. 63 und S. 99).

26   Vgl. Cariño, Christopherson und Ferson (2009, S. 93 f.).

Tabelle 3.1: Werte r_f, Marktportefeuille und Beispielportefeuilles

Prozent		M		P_+		$P_=$		P_-	
p. a.	r_f	μ_M	σ_M	x_{r_f}	x_M	x_{r_f}	x_M	x_{r_f}	x_M
Jahr 1	1 %	7 %	15 %	0,75	0,25	0,50	0,50	0,25	0,75
Jahr 2	1 %	7 %	15 %	0,50	0,50	0,50	0,50	0,50	0,50
Jahr 3	1 %	7 %	15 %	0,25	0,75	0,50	0,50	0,75	0,25
Jahr 1 − 3	1 %	7 %	15 %	0,50	0,50	0,50	0,50	0,50	0,50

Prozent	P_+			$P_=$			P_-		
p. a.	μ_{P_+}	σ_{P_+}	β_{P_+}	$\mu_{P_=}$	σ_{P_0}	$\beta_{P_=}$	μ_{P_-}	σ_{P_-}	β_{P_-}
Jahr 1	2,5 %	3,75 %	0,25	4 %	7,5 %	0,5	5,5 %	11,25 %	0,75
Jahr 2	4,0 %	7,50 %	0,50	4 %	7,5 %	0,5	4,0 %	7,50 %	0,50
Jahr 3	5,5 %	11,25 %	0,75	4 %	7,5 %	0,5	2,5 %	3,75 %	0,25
1 − 3	4,0 %	8,11 %	0,50	4 %	7,5 %	0,5	4,0 %	8,11 %	0,50
	$\sqrt{\mathrm{Var}[\varepsilon_{P_+}]} = 3,08\ \%$			$\sqrt{\mathrm{Var}[\varepsilon_{P_=}]} = 0\ \%$			$\sqrt{\mathrm{Var}[\varepsilon_{P_-}]} = 3,08\ \%$		

Quelle: Eigene Darstellung und Berechnungen.

Die Tabelle zeigt die annualisierten Werte des Beispiels in diesem Kapitel. Der risikolose Zinssatz beträgt in allen 3 Jahren 1 % p. a. und die erwartete Rendite des Marktes 7 % p. a. bei einer Volatilität von 15 % p. a. Die für alle drei Jahre gleichen, monatlichen Renditen sind in Tabelle B.1 im Anhang B.1 angegeben. Das Portefeuille P_+ erhöhe den Anteil des Marktportefeuilles x_M über die 3 Jahre, während das Portefeuille P_- diesen verringere und Portefeuille $P_=$ konstant bei 50 % belasse. Daraus ergeben sich die im unteren Teil der Tabelle angegebenen Werte zur Bestimmung der traditionellen Performancemaße. Die Zeilen „Jahr 1 − 3" geben dabei die aus dem Gesamtzeitraum Jahren bestimmten (annualisierten) Verteilungsparameter bzw. den Durchschnitt der Anteile an. Erläuterungen zu den Berechnungen sind im Anhang A.1 zu finden.

das Portefeuille oberhalb der Wertpapierkenngeraden liegt bzw. die Regressionsgerade die $R_{t,P}^-$-Achse oberhalb des Nullpunktes schneidet.

Das Problem aller traditionellen Performancemaße bei der Messung der Lebenszyklus-fondsperformance ist, dass sie keine Unterscheidung vornehmen, wann innerhalb des Anlagezeitraumes Risiken eingegangen werden. Um dies für jedes Maß anhand eines Beispiels zu belegen, werden drei Portefeuilles mit unterschiedlichen Risikostrukturen im Zeitablauf über einen Zeitraum von 3 Jahren betrachtet (siehe Tabelle 3.1 bzw. Anhang A.1). Der risikolose Zinssatz betrage in allen 3 Jahren 0,083 % pro Monat, d. h. 1 % p. a. Die monatlichen Renditen des Marktportefeuilles und der risikolose Zinssatz sind in Tabelle B.1 im Anhang B.1 abgebildet. Das Marktportefeuille erziele in den drei Jahren die gleichen monatlichen Renditen, sodass sich annualisiert für alle drei Jahre jeweils eine erwartete Marktrendite $\mu_M = 7$ % p. a. bei einer Volatilität von $\sigma_M = 15$ % p. a. ergibt. Aus diesen beiden Anlagemöglichkeiten setzen sich die drei Portefeuilles zusammen. Das Portefeuille

P_+ erhöhe den Anteil des Marktportefeuilles x_M über die 3 Jahre von 25 % über 50 % auf 75 %, während das Portefeuille $P_=$ diesen konstant bei 50 % belasse. Das Portefeuille P_- verringere den Anteil des Marktportefeuilles x_M über die 3 Jahre von 75 % über 50 % auf 25 %. Im Mittel haben also alle drei Portefeuilles einen Anteil des Marktportefeuilles von 50 % und über den gesamten Zeitraum eine erwartete Rendite von 4 % p. a. bei einem β von 0,5. Portefeuille P_- setzt dabei den Grundgedanken der Lebenszyklusfonds um und sollte eine bessere Performance als die anderen beiden Portefeuilles aufweisen.

Die Jensens Alphas der drei Portefeuilles erhält man aus diesen Daten anhand der Gleichung (3.2). Diese sind zusammen mit den anderen traditionellen Performancemaßen in Tabelle 3.2 auf Seite 27 abgebildet. Alle drei Portefeuilles haben eine Sensitivität β bzgl. des Marktportefeuilles von 0,5. Außerdem entspricht deren erwartete Rendite der Rendite des Vergleichsportefeuilles auf der Wertpapierkenngeraden zu diesem β, das sich zu jeweils der Hälfte aus der risikolosen Anlagemöglichkeit und dem Marktportefeuille zusammensetzt. Alle drei Portefeuilles liegen also auf der Wertpapierkenngeraden und haben deshalb das gleiche Jensens Alpha

$$\alpha^J = 4\ \% - (1\ \% + 0,5 \cdot (7\ \% - 1\ \%))$$
$$= 0\ \%.$$

Folglich wird durch Jensens Alpha die Performance der drei Portefeuilles (und des Marktportefeuilles) gleich bewertet, obwohl Portefeuille P_- im Sinne des Grundgedankens der Lebenszyklusfonds eine bessere Risikostruktur im Zeitablauf aufweist. Jensens Alpha erfüllt also Eigenschaft PMLZ-5 nicht. Damit genügt Jensens Alpha nicht den Anforderungen an Performancemaße für Lebenszyklusfonds.

3.2   Die Treynor Ratio

Das Jensens Alpha berücksichtigt das Risiko eines Portefeuilles nur indirekt durch den Vergleich mit dem Portefeuille auf der Wertpapierkenngeraden, das das gleiche systematische Risiko $\beta_P \cdot \sigma_M$ besitzt. Das systematische Risiko setzt sich zusammen aus der Sensitivität β_P des Portefeuilles bzgl. des Marktportefeuilles und der Volatilität σ_M (d. h. der Standardabweichung) des Marktportefeuilles. Durch Fremdfinanzierung eines Portefeuilles lässt sich dessen Jensens Alpha vervielfachen. Dies zeigt folgende Rechnung zu einem Portefeuille PF, das in Portefeuille P mit Hebel 10 fremdfinanziert investiert:

$$\alpha^J_{PF} = \mu_{PF} - (r_f + \beta_{PF} \cdot (\mu_M - r_f))$$
$$= (10 \cdot \mu_P - 9 \cdot r_f) - (r_f + 10 \cdot \beta_P \cdot (\mu_M - r_f))$$
$$= 10 \cdot \alpha^J_P. \tag{3.4}$$

Dabei erhöht sich auch das systematische Risiko bzw. die Sensitivität um den Faktor 10. Ein negatives Jensens Alpha würde sich dabei natürlich ebenso um ein Zehnfaches verschlechtern.

Daher wird bei der **Treynor Ratio TR$_P$** eines Portefeuilles P die Überrendite über dem risikolosen Zinssatz durch die Sensitivität bzgl. des Marktportefeuilles bzw. des Bench-

Tabelle 3.2: Traditionelle Performancemaße der Beispielportefeuilles

	P_+	$P_=$	P_-	M
Jensens Alpha	0 %	0 %	0 %	0 %
Treynor Ratio	6 %	6 %	6 %	6 %
Sharpe Ratio	0,37	0,40	0,37	0,40
Information Ratio	0	–	0	–

Quelle: Eigene Darstellung und Berechnungen.

Die Tabelle zeigt die Werte der traditionellen Performancemaße der Beispielportefeuilles und des Markt-portefeuilles aus Tabelle 3.1. Die Jensens Alphas und Treynor Ratios stimmen jeweils alle überein. Die Sharpe Ratios und Information Ratios des Portefeuilles P_+ und des Portefeuilles P_- sind ebenfalls gleich. Allerdings setzt Portefeuille P_- den Grundgedanken der Lebenszyklusfonds um, während Portefeuille P_+ das Gegenteil macht. Daher sind diese Maße nicht geeignet, um die Performance von Lebenszyklusfonds zu bewerten.

marks geteilt:[27]

$$\text{TR}_P = \frac{\mu_P - r_f}{\beta_P} = \frac{\mu_P^-}{\beta_P}.$$
(3.5)

Die (Über-)Rendite wird also ins Verhältnis zu dem eingegangenen systematischen Risiko gesetzt. Eine direkte Manipulation der Performance mittels Fremdfinanzierung wie bei Jensens Alpha ist demnach nicht möglich. Im Rahmen des CAPMs erhält man aus der Wertpapierkenngeraden (3.1) den modelltheoretischen Wert der Treynor Ratio

$$\text{TR}_i = \frac{\mu_i - r_f}{\beta_i} = \mu_M - r_f$$
(3.6)

für alle Wertpapiere i. Dies ist auch die Treynor Ratio des Marktportefeuilles bzw. des Benchmarks, den es zu „schlagen" gilt. Dabei bedeutet eine höhere Treynor Ratio ein besseres Rendite-Risiko-Profil (im Hinblick auf systematische Risiken) und damit eine bessere Performance. Aus Zeitreihendaten lässt sich die Treynor Ratio ähnlich zu Jensens Alpha über $\mu_P^- = \text{E}[R_P - r_f]$ und $\beta_P = \text{Cov}(R_P, R_M)/\text{Var}(R_M)$ berechnen.

Um zu zeigen, dass die Treynor Ratio ebenfalls nicht den Anforderungen zur Messung der Lebenszyklusfondsperformance genügt, wird dasselbe Beispiel wie bei Jensens Alpha betrachtet. Die Daten der drei Portefeuilles, des Marktportefeuilles und der risikolosen Anlagemöglichkeit sind in Tabelle 3.1 angegeben. Wie bei Jensens Alpha reichen die Ren-diten der Portefeuilles, der risikolose Zinssatz und die Sensitivitäten aus, um die Treynor Ratios der Beispielportefeuilles und des Marktportefeuilles zu bestimmen. Diese sind mit den anderen traditionellen Performancemaßen in Tabelle 3.2 angegeben. Anhand der Glei-chung (3.5) lassen sich die Treynor Ratios berechnen als

---

[27] Vgl. Cariño, Christopherson und Ferson (2009, S. 100) und Trautmann (2007, S. 178).

$$\text{TR}_{P_+} = \frac{4\% - 1\%}{0,5} = 6\% \qquad\qquad \text{TR}_{P_=} = \frac{4\% - 1\%}{0,5} = 6\%$$

$$\text{TR}_{P_-} = \frac{4\% - 1\%}{0,5} = 6\% \qquad\qquad \text{TR}_M = \frac{7\% - 1\%}{1} = 6\%.$$

Durch die Treynor Ratio wird also die Performance der drei Portefeuilles (und des Markt-portefeuilles) als gleichwertig eingeschätzt, obwohl Portefeuille P_- im Sinne des Grund-gedankens der Lebenszyklusfonds eine bessere Risikostruktur im Zeitablauf aufweist. Ei-genschaft PMLZ-5 ist somit nicht erfüllt. Die Treynor Ratio genügt demnach ebenfalls nicht den Anforderungen an Performancemaße für Lebenszyklusfonds.

3.3 Die Sharpe Ratio

Die Treynor Ratio berücksichtigt zwar das systematische Risiko, lässt aber das Gesamtri-siko in Form der Volatilität außer Acht. Ein geschickter Portefeuillemanager kann somit (zumindest theoretisch) durch Verändern seiner Risikostruktur im Hinblick auf syste-matische und unsystematische Risiken und gleichzeitigem Beibehalten seiner erwarteten Rendite seine Treynor Ratio erhöhen.

Bei der **Sharpe Ratio SR**$_P$ eines Portefeuilles P wird deshalb die Überrendite über dem risikolosen Zinssatz durch das Gesamtrisiko (also die Volatilität) σ_P des Portefeuilles geteilt:

$$\text{SR}_P = \frac{\mu_P - r_f}{\sigma_P} = \frac{\bar{\mu_P}}{\sigma_P}. \tag{3.7}$$

Diese resultiert nicht aus der Wertpapierkenngeraden, sondern aus der Finanzmarktgera-den

$$\mu_i = r_f + \frac{\mu_M - r_f}{\sigma_M} \cdot \sigma_i \tag{3.8}$$

$$= r_f + \text{SR}_M \cdot \sigma_i$$

für Wertpapier i. Im Rahmen des CAPMs maximieren Investoren ihre Sharpe Ratio und investieren in das Marktportefeuille, das die *modelltheoretisch* höchste Sharpe Ratio SR$_M$ besitzt, und in die risikolose Anlagemöglichkeit. Die Sharpe Ratio des Marktportefeuilles entspricht der Steigung der Finanzmarktgeraden.[28] Ein Portefeuille mit höherer Sharpe Ratio liegt in einem μ-σ-Diagramm (μ bildet die vertikale Achse) oberhalb der Finanz-marktgeraden. Dies ist in Abbildung 3.2 dargestellt.

Ähnlich wie bei der Treynor Ratio bedeutet eine höhere Sharpe Ratio eine bessere Per-formance. Das liegt ebenfalls daran, dass eine höhere Sharpe Ratio ein besseres Rendite-Risiko-Profil bedeutet. Aber anders als bei der Treynor Ratio bedeutet Risiko dabei Ge-samtrisiko und nicht nur systematisches Risiko. Die Sharpe Ratio lässt sich anders als Jensens Alpha und die Treynor Ratio unabhängig von dem Marktportefeuille bzw. einem

---

[28]   Vgl. Cariño, Christopherson und Ferson (2009, S. 94 f.) und Trautmann (2007, S. 184 f.).

Abbildung 3.2: Finanzmarktgerade und Sharpe Ratio

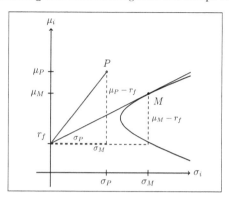

Quelle: Eigene Darstellung aufbauend auf Trautmann (2007, Abb. 6.4).

Die durchgezogene, schwarze Gerade ist die Finanzmarktgerade, auf der nach dem CAPM alle μ-σ-effizienten Portefeuilles liegen. Auf der Hyperbel liegen alle Portefeuilles, die nur aus riskanten Wertpapieren bestehen und zu gegebener erwarteter Rendite die geringste Volatilität aufweisen. Die Finanzmarktgerade tangiert die Hyperbel im Marktportefeuille. Alle Portefeuilles auf der Finanzmarktgeraden haben die gleiche Sharpe Ratio, nämlich die Steigung der Geraden. Portefeuille P liegt oberhalb der Finanzmarktgeraden und hat damit eine höhere Sharpe Ratio als das Marktportefeuille bzw. als der Benchmark. Die Sharpe Ratio von Portefeuille P entspricht der Steigung der Geraden, die P mit der risikolosen Anlagemöglichkeit verbindet.

Benchmark berechnen. Aus einer Zeitreihe von Portefeuillerenditen kann direkt der Erwartungswert der Überrendite über dem risikolosen Zinssatz und die Standardabweichung geschätzt werden. Erst um die Performance eines Portefeuilles anhand der Sharpe Ratio zu bewerten, wird zum Vergleich ein Benchmark benötigt.

Um zu zeigen, dass die Sharpe Ratio ebenfalls nicht den Anforderungen zur Messung der Lebenszyklusfondsperformance genügt, wird dasselbe Beispiel wie bei den vorherigen traditionellen Performancemaßen betrachtet. Die Daten der drei Portefeuilles, des Marktportefeuilles und der risikolosen Anlagemöglichkeit sind in Tabelle 3.1 angegeben. Die Sharpe Ratios der Beispielportefeuilles und des Marktportefeuilles werden aus den Renditen der Portefeuilles, deren Volatilitäten und dem risikolosen Zinssatz bestimmt und sind mit den anderen traditionellen Performancemaßen in Tabelle 3.2 auf Seite 27 angegeben. Anhand der Gleichung (3.7) lassen sich die Sharpe Ratios berechnen als

$$\text{SR}_{P_+} = \frac{4\ \% - 1\ \%}{8{,}11\ \%} = 0{,}37 \qquad \text{SR}_{P_=} = \frac{4\ \% - 1\ \%}{7{,}5\ \%} = 0{,}4$$

$$\text{SR}_{P_-} = \frac{4\ \% - 1\ \%}{8{,}11\ \%} = 0{,}37 \qquad \text{SR}_{M} = \frac{7\ \% - 1\ \%}{15\ \%} = 0{,}4.$$

Im Unterschied zu Jensens Alpha und der Treynor Ratio sind also die Sharpe Ratios der einzelnen Portefeuilles und des Marktportefeuilles nicht gleich. Die Portefeuilles P_+ und P_- schneiden beide schlechter als das Portefeuille $P_=$ und das Marktportefeuille ab. Das liegt daran, dass Letztere jeweils über die drei Jahre die gleiche Volatilität aufweisen. Diese entspricht dann auch jeweils der Volatilität des Gesamtzeitraumes in Höhe von 7,5 % p. a. bzw. 15 % p. a. Die Volatilitäten der anderen beiden Portefeuilles entsprechen zwar jeweils im Mittel über die 3 Jahre der Volatilität von Portefeuille $P_=$; sie ändern sich aber im Zeitablauf. Verglichen damit haben daher beide eine höhere Volatilität über den Gesamtzeitraum in Höhe von 8,11 % p. a. Obwohl Portefeuille P_- im Sinne des Grundgedankens der Lebenszyklusfonds eine bessere Risikostruktur im Zeitablauf als die anderen Portefeuilles aufweist, ist die Sharpe Ratio gleich der Sharpe Ratio des Portefeuilles P_+ und kleiner als die Sharpe Ratios des Portefeuilles $P_=$ (und des Marktportefeuilles). Eigenschaft PMLZ-5 ist also nicht erfüllt. Die Sharpe Ratio genügt demnach ebenfalls nicht den Anforderungen an Performancemaße für Lebenszyklusfonds.

3.4 Die Information Ratio

Während die Sharpe Ratio das Gesamtrisiko und die Treynor Ratio das systematische Risiko direkt berücksichtigen, wird bei der Information Ratio[29] das unsystematische Risiko direkt berücksichtigt. Das unsystematische Risiko wird dabei durch die Standardabweichung des Residuums der Regressionsgleichung (3.3) dargestellt. Statt der Überrendite über dem risikolosen Zinssatz wird die Überrendite über dem passiven Portefeuille auf der Wertpapierkenngeraden mit gleichem systematischen Risiko − also das Jensens Alpha − herangezogen. Dadurch wird indirekt − wie bei Jensens Alpha − das systematische Risiko mitberücksichtigt. Die **Information Ratio IR_P** eines Portefeuilles P ist definiert als

$$IR_P = \frac{\alpha_P^J}{\sqrt{\mathrm{Var}[\varepsilon_P]}} \, . \tag{3.9}$$

Analog zu Jensens Alpha wird die Information Ratio empirisch aus Renditezeitreihen anhand der Marktmodellregression (3.3) bestimmt. Wie bei Jensens Alpha und der Treynor Ratio und anders als bei der Sharpe Ratio wird ein Marktportefeuille bzw. ein Benchmark direkt bei der Berechnung benötigt.[30]

Anders als bei Jensens Alpha und bei der Treynor Ratio kann die Information Ratio eines Portefeuilles nicht mit der Information Ratio des Marktportefeuilles bzw. des Benchmarks verglichen werden. Das liegt daran, dass das Jensens Alpha und das unsystematische Risiko des Marktportefeuilles bzw. des Benchmarks gleich null sind und die Information Ratio deshalb nicht existiert. Da im Zähler Jensens Alpha steht, ist wie bei Jensens Alpha relevant, ob die Information Ratio größer oder kleiner null ist. Die Information Ratio misst in gewissem Sinne die Selektivitätsfähigkeit von Portefeuillemanagern. Das liegt daran, dass ein Anzeichen für Selektivitätsfähigkeiten die Abweichung von dem Benchmark ist. Dies

---

[29] Ein anderer Name lautet Appraisal Ratio.

[30] Vgl. Cariño, Christopherson und Ferson (2009, S. 101).

geht in eine ähnliche Richtung wie die Aktivitätsmessung, die zu Beginn des Kapitels kurz angesprochen wurde. Bei der Information Ratio wird dies allerdings durch Betrachten des unsystematischen Risikos in Relation zu der erzielten Überrendite über dem Benchmark gemacht. Der Gedanke ist der, dass Selektivitätsfähigkeiten durch bessere Informationen bezüglich einzelner Wertpapiere – also in Form von weniger unsystematischem Risiko beim Übertreffen des Benchmarks – vorhanden sind.[30]

Um zu zeigen, dass die Information Ratio ebenfalls nicht den Anforderungen zur Messung der Lebenszyklusfondsperformance genügt, wird dasselbe Beispiel wie bei den vorherigen traditionellen Performancemaßen betrachtet. Wie bereits angesprochen besitzt der Markt selbst keine Information Ratio. Für die Information Ratios der Beispielportefeuilles werden die bereits berechneten Jensens Alphas (siehe Tabelle 3.2) und die unsystematischen Risiken (siehe Tabelle 3.1) benötigt. Es fällt auf, dass das Portefeuille $P_=$ ebenfalls keine Information Ratio besitzt, da es eine passive Strategie bestehend aus jeweils 50 % Marktportefeuille und risikoloser Anlagemöglichkeit umsetzt und somit sowohl Jensens Alpha als auch das unsystematische Risiko gleich null sind. Anhand der Gleichung (3.9) lassen sich die anderen Information Ratios berechnen als

$$\mathrm{IR}_{P_+} = \frac{0\ \%}{3{,}08\ \%} = 0 \qquad\qquad \mathrm{IR}_{P_-} = \frac{0\ \%}{3{,}08\ \%} = 0.$$

Die beiden Portefeuilles P_+ und P_- haben also (nicht nur) bedingt durch das Jensens Alpha in Höhe von 0 % die gleiche Information Ratio. Das unsystematische Risiko ist bei beiden ebenfalls gleich. Obwohl Portefeuille P_- im Sinne des Grundgedankens der Lebenszyklusfonds eine bessere Risikostruktur im Zeitablauf als das Portefeuille P_+ aufweist, honoriert die Information Ratio dies nicht. Eigenschaft PMLZ-5 ist also nicht erfüllt. Die Information Ratio genügt demnach ebenfalls nicht den Anforderungen an Performancemaße für Lebenszyklusfonds.

Das Problem aller traditionellen Performancemaße bei der Messung der Lebenszyklusfondsperformance ist folglich, dass sie keine Unterscheidung vornehmen, wann innerhalb des Anlagezeitraumes Risiken eingegangen werden.[31] Dadurch ist die zur Messung von Lebenszyklusfonds geforderte Eigenschaft PMLZ-5 von diesen Maßen nicht erfüllt. Dies wurde anhand des Beispiels in diesem Kapitel belegt. Im nächsten Kapitel werden rekursive Nutzenfunktionen vorgestellt, die bei geeigneter Parameterwahl die Eigenschaft der Präferenz für frühe Auflösung von Unsicherheit besitzen. Aufbauend auf den Nutzenfunktionen mit dieser Eigenschaft wird im weiteren Verlauf ein Performancemaß entwickelt, das das Problem der traditionellen Performancemaße im Kontext von Lebenszyklusfonds behebt.

---

[31] Dafür wurden diese Maße natürlich auch nicht entwickelt.

Kapitel 4

Rekursive Nutzenfunktionen

Im letzten Kapitel wurde festgestellt, dass sich die klassischen Performancemaße nicht zur Performancemessung von Lebenszyklusfonds eignen. Mittels der Nutzenfunktionen, die in diesem Kapitel vorgestellt werden, wird in Kapitel 5 ein Performancemaß entwickelt, das Abhilfe schafft. Kapitel 4 setzt vertiefte mathematische Kenntnisse voraus. Es wird daher versucht, mit zusätzlichen Abbildungen die wichtigsten Konzepte für den weiteren Verlauf verständlich zu erklären. Kern ist die Eigenschaft der *Präferenz für frühe Auflösung von Unsicherheit.* Es wird ein Überblick über die Theorie rekursiver Nutzenfunktionen nach Kreps und Porteus (1978) in Abschnitt 4.1 bzw. Epstein und Zin (1989) in Abschnitt 4.2 gegeben. In Abschnitt 4.3 wird das wohlbekannte Equity Premium Puzzle basierend auf Mehra und Prescott (1985) vorgestellt und anhand der Arbeiten von Weil (1989) und vor allem Bansal und Yaron (2004) gezeigt, wie die Epstein-Zin-Nutzenfunktionen (im Folgenden: EZ-Nutzenfunktion)[32] das Equity Premium Puzzle lösen können.

Allgemein wird hier ein (un-)endlicher, stochastischer Konsumstrom

$$c_0, \tilde{c}_1, \tilde{c}_2, \ldots$$

mit diskreten Zeitpunkten $t = 0, 1, 2, \ldots$ betrachtet. Im Zeitpunkt t ist der Konsumwert $c_t \in \mathbb{R}_+^0$ bekannt, während die nachfolgenden Konsumwerte $\tilde{c}_1, \tilde{c}_2, \ldots$ Zufallsvariablen sind.[33] In einer vorausgehenden Arbeit von Koopmans (1960) werden deterministische Konsumströme betrachtet, während Duffie und Epstein (1992) die Arbeit von Epstein und Zin (1989) auf einen zeitstetigen Konsumstrom übertragen (siehe Abschnitt 4.2.3 und Abbildung 4.11). Zum Zeitpunkt t wird zur Bewertung des Konsumstroms (ab dem Zeitpunkt t) ein Nutzen U_t bzw. ein Wert[34] V_t

$$U_t(c_t, \tilde{c}_{t+1}, \tilde{c}_{t+2}, \ldots) \tag{4.1}$$

---

[32] Der Begriff „EZ-Nutzenfunktion" bezeichnet in dieser Arbeit die Kreps-Porteus-Klasse rekursiver Nutzenfunktionen nach Epstein und Zin (1989, S. 947).

[33] Der morgige Konsumwert kann als Zufallsvariable betrachtet werden, da er von dem morgigen Einkommen bzw. Vermögen abhängt und dieses heute möglicherweise noch nicht bekannt ist. Spätere Konsumwerte können dabei auch von früheren abhängen (vgl. Abbildung 4.1).

[34] Ein Nutzen ist eine dimensionslose Größe, während ein Wert eine Einheit besitzt. Dies ist ähnlich dem Zusammenhang zwischen Nutzenfunktion und Sicherheitsäquivalent.

© Springer Fachmedien Wiesbaden GmbH, ein Teil von Springer Nature 2019
M. Mergens, *Performancemessung von Lebenszyklusfonds*,
https://doi.org/10.1007/978-3-658-25266-3_4

$$V_t(c_t, \tilde{c}_{t+1}, \tilde{c}_{t+2}, \dots) \qquad (4.2)$$

zugeordnet.

Zunächst wird als Spezialfall rekursiver Nutzenfunktionen die *zeit- und zustandsseparable Nutzenfunktion*[35]

$$U_t(c_t, \tilde{c}_{t+1}, \tilde{c}_{t+2}, \dots) = u(c_t) + \sum_{i=1}^{\infty} \delta^i \, E_t \left[u(\tilde{c}_{t+i}) \right] \qquad (4.3)$$

mit monoton steigender, konkaver und hinreichend glatter[36] Periodennutzenfunktion u : $\mathbb{R}_+^0 \to \mathbb{R}$ und konstantem Diskontierungsfaktor $\delta \geq 0$ betrachtet. Diese lässt sich auf folgende Weise rekursiv darstellen:

$$U_t(c_t, \tilde{c}_{t+1}, \tilde{c}_{t+2}, \dots) = u(c_t) + \delta \, E_t \left[u(\tilde{c}_{t+1}) + E_{t+1} \left[\sum_{i=1}^{\infty} \delta^i \, u(\tilde{c}_{t+1+i}) \right] \right]$$

$$= u(c_t) + \delta \, E_t \left[U_{t+1}(\tilde{c}_{t+1}, \tilde{c}_{t+2}, \dots) \right]. \qquad (4.4)$$

Kreps und Porteus (1978), Koopmans (1960) und Epstein und Zin (1989) verbinden den heutigen Konsum c_t mit dem morgigen Konsumstrom $\tilde{c}_{t+1}, \tilde{c}_{t+2}, \dots$ mittels einer *Aggregatorfunktion* im Kontext von Nutzen- bzw. von Wertefunktionen. Für die zeit- und zustandsseparable Nutzenfunktion erhält man über die Aggregatorfunktion

$$H(x, y) = x + \delta \, y \qquad (4.5)$$

die rekursive Darstellung

$$U_t(c_t, \tilde{c}_{t+1}, \tilde{c}_{t+2}, \dots) = H \left(u(c_t), E_t \left[U_{t+1}(\tilde{c}_{t+1}, \tilde{c}_{t+2}, \dots) \right] \right). \qquad (4.6)$$

Indifferenzproblem der zeit- und zustandsseparablen Nutzenfunktion

Die beiden folgenden Entscheidungsprobleme zeigen, dass bei der Bewertung mit einer zeit- und zustandsseparablen Nutzenfunktion unerwünschte Indifferenzen entstehen können. Es werden jeweils zwei unterschiedliche Konsumströme in Form von Lotteriebäumen betrachtet und mittels einer zeit- und zustandsseparablen Nutzenfunktion bewertet.

Das erste Entscheidungsproblem handelt von der *Präferenz für frühe (oder späte) Auflösung von Unsicherheit*. Zur Auswahl stehen die zwei Konsumströme K_1^B und K_2^B aus Abbildung 4.1, die sich nur bzgl. des Zeitpunktes der relevanten Lotterie unterscheiden. Diese Lotterie entscheidet, ob man zu jedem Zeitpunkt ab $t = 2$ einen höheren Konsumwert in Höhe von 9 oder einen niedrigeren Konsumwert in Höhe von 1 erhält. Bei K_2^B findet diese Lotterie zwischen den Zeitpunkten $t = 1$ und $t = 2$ und bei K_1^B schon zwischen

---

[35]   Vgl. Backus, Routledge und Zin (2005, Gl. (1)). In Epstein und Zin (1989, Gl. (3.6)) wird die zugehörige Wertefunktion mit CRRA-Periodennutzenfunktion dargestellt.

[36]   Je nach Anwendungsfall ist zweimal differenzierbar ausreichend. Später wird in dieser Arbeit eine CRRA-Nutzenfunktion betrachtet.

Abbildung 4.1: Zeitliche Auflösung von Unsicherheit − ein Beispiel

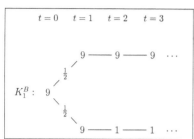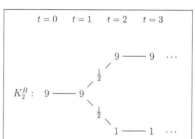

Quelle: Eigene Darstellung.

Die Abbildung zeigt zwei Konsumströme K_1^B und K_2^B. Konsumstrom K_1^B startet mit einem Konsumwert in Höhe von 9. Zwischen den Zeitpunkten $t = 0$ und $t = 1$ wird mit jeweils Wahrscheinlichkeit 0,5 ausgelost, ob es ab Zeitpunkt $t = 2$ jeweils den Konsumwert 9 oder den Konsumwert 1 gibt. Der Konsumwert zum Zeitpunkt $t = 1$ ist gleich 9 unabhängig vom Ausgang der Lotterie. Konsumstrom K_2^B unterscheidet sich von K_1^B darin, dass die Lotterie erst zwischen den Zeitpunkten $t = 1$ und $t = 2$ stattfindet. A posteriori sind der Erwartungswert und die Varianz des Konsumwertes zum Zeitpunkt t bei beiden Konsumströmen gleich. Bei Konsumstrom K_1^B findet allerdings die Auflösung von Unsicherheit eine Periode früher statt.

den Zeitpunkten $t = 0$ und $t = 1$ statt. Der Konsumwert in Höhe von 9 zum Zeitpunkt $t = 1$ ist dabei unabhängig vom Ausgang und Zeitpunkt der Lotterie. Bevorzugt man K_1^B gegenüber K_2^B, so besitzt man im Kontext dieses Beispiels eine Präferenz für frühe Auflösung von Unsicherheit.[37] Bevorzugt man K_2^B gegenüber K_1^B, so besitzt man eine Präferenz für späte Auflösung von Unsicherheit. Andernfalls ist man indifferent bzgl. des Zeitpunktes der Auflösung von Unsicherheit.

Die zeit- und zustandsseparable Nutzenfunktion liefert in diesem Fall eine Indifferenz, denn es ist

$$U_0(K_1^B) = u(9) + \delta\,u(9) + \frac{\delta}{2}\sum_{i=1}^{\infty}\delta^i\,u(9) + \frac{\delta}{2}\sum_{i=1}^{\infty}\delta^i\,u(1) = U_0(K_2^B). \qquad (4.7)$$

Dies ist eine starke Restriktion der Präferenz. So bietet es mehr Planungssicherheit, den Ausgang einer gleichen Lotterie bereits einen Zeitpunkt früher zu kennen. Außerdem können verhaltenswissenschaftliche Aspekte eine Rolle spielen. Einerseits kann eine Präferenz für frühe Auflösung von Unsicherheit mit Neugier und mit dem Drang nach früherer Beseitigung von Angst begründet werden. Andererseits kann eine Präferenz für späte Auflösung von Unsicherheit mit der Aufrechterhaltung von Hoffnung und der Angst vor dem (negativen) Ergebnis verbunden sein.[38]

---

[37]   Die Präferenz für frühe bzw. späte Auflösung von Unsicherheit eingeführt von Kreps und Porteus (1978) wird in Abschnitt 4.1.2 vorgestellt.

[38]   Vgl. Brown und Kim (2014, Fußnote 1).

Abbildung 4.2: Diversifikation über die Zeit – ein Beispiel

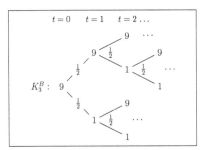 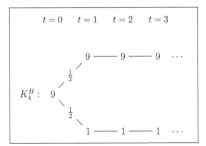

Quelle: Eigene Darstellung.

Die Abbildung zeigt zwei Konsumströme K_3^B und K_4^B. Konsumstrom K_3^B startet mit einem Konsumwert in Höhe von 9. Die Konsumwerte zu den Zeitpunkten ab $t = 1$ werden jeweils mit Wahrscheinlichkeit 0,5 zwischen den Konsumwerten 9 und 1 in der Periode vor dem jeweiligem Zeitpunkt ausgelost. Konsumstrom K_4^B startet ebenfalls mit einem Konsumwert in Höhe von 9. Allerdings findet hier nur eine Lotterie zwischen Zeitpunkt $t = 0$ und $t = 1$ statt. Der Ausgang dieser Lotterie entscheidet mit Wahrscheinlichkeit von jeweils 0,5 darüber, ob die Konsumwerte der Zeitpunkte ab $t = 1$ gleich 9 oder gleich 1 sind. A posteriori sind der Erwartungswert und die Varianz des Konsumwertes zum Zeitpunkt t bei beiden Konsumströmen gleich. Bei Konsumstrom K_3^B verteilt sich allerdings das Risiko (in Form von den Lotterien) über die Zeit.

Im zweiten Entscheidungsproblem geht es um die *Präferenz bzgl. Diversifikation über die Zeit*. Zur Auswahl stehen die zwei Konsumströme K_3^B und K_4^B aus Abbildung 4.2. Bei Konsumstrom K_3^B wird jeweils der nächste Konsumwert anhand einer Lotterie bestimmt, die zwischen 9 und 1 mit jeweils Wahrscheinlichkeit 0,5 auslost. Bei Konsumstrom K_4^B findet diese Lotterie nur zwischen den Zeitpunkten $t = 0$ und $t = 1$ statt und der Konsumstrom wird anschließend konstant mit dem ausgelosten Wert (9 oder 1) fortgeführt. Im Gegensatz zu Konsumstrom K_4^B wird bei Konsumstrom K_3^B über die Zeit diversifiziert. Wer Konsumstrom K_3^B gegenüber Konsumstrom K_4^B bevorzugt, der besitzt eine Präferenz für Diversifikation über die Zeit.

Die zeit- und zustandsseparable Nutzenfunktion führt hier ebenfalls zu einer Indifferenz, da

$$U_0(K_3^B) = u(9) + \sum_{i=1}^{\infty} \delta^i \frac{u(9) + u(1)}{2} = u(9) + \frac{1}{2}\sum_{i=1}^{\infty} \delta^i u(9) + \frac{1}{2}\sum_{i=1}^{\infty} \delta^i u(1)$$

$$= U_0(K_4^B) \tag{4.8}$$

ist. Dies ist ebenfalls eine starke Restriktion der Präferenzen. So bietet einerseits Konsumstrom K_3^B den Vorteil, dass dort nach einem Konsumwert von 1 auch wieder ein Konsumwert von 9 möglich ist. Es gibt also nicht nur „hopp oder top", sondern auch gemischte Konsumpfade. Dies führt dazu, dass – ähnlich der klassischen Diversifikation[39]

---

[39]   Vgl. Trautmann (2007, S. 117 und S. 128 ff.).

– das Risiko gestreut wird; hier allerdings nicht über Anlagemöglichkeiten, sondern über die Zeit. Andererseits führt der Konsumstrom K_4^B zu Planungssicherheit ab dem Zeitpunkt $t = 1$ ähnlich wie bei Konsumstrom K_1^B. Interessanterweise wird sich anhand von Beispielen in Abschnitt 4.2.2 (siehe Abbildung 4.10) herausstellen, dass bei Epstein-Zin-Nutzenfunktionen eine Präferenz für den Konsumstrom K_1^B und eine leicht veränderte Variante von Konsumstrom K_3^B *oder* eine Präferenz für die Konsumströme K_2^B und K_4^B vorliegt.

4.1 Rekursive Kreps-Porteus-Nutzenfunktionen

In diesem Abschnitt wird die Theorie rekursiver Nutzenfunktionen nach Kreps und Porteus (1978) vorgestellt. Kreps und Porteus (1978) erweitern die zugrunde liegende Axiomatik der einperiodigen von Neumann-Morgenstern-Nutzenfunktionen auf einen mehrperiodigen Kontext. Dies wird in Abschnitt 4.1.1 behandelt. Außerdem wird der in deren Arbeit eingeführte Begriff „Präferenz für frühe Auflösung von Unsicherheit" in Abschnitt 4.1.2 erläutert und der Zusammenhang mit der allgemeinen rekursiven Nutzenfunktion von Kreps und Porteus (1978) hergestellt.

Von Neumann-Morgenstern-Axiomatik

Sei C ein kompaktes Intervall in $\mathbb{R}$.[40] Die Menge der Borelschen Wahrscheinlichkeitsmaße[41] auf C wird mit $\mathcal{L}$ bezeichnet.[42] Auf der Menge $\mathcal{L}$ werden eine Relation $\succcurlyeq$ und folgende Axiome betrachtet.[43]

Axiom vNM-1 (Vergleichbarkeit). *Die Relation $\succcurlyeq$ auf der Menge $\mathcal{L}$ ist vollständig und transitiv.*

Axiom vNM-2 (Stetigkeit). *Die Mengen*

$$\{L' \in \mathcal{L} \mid L' \succcurlyeq L\} \qquad und \qquad \{L' \in \mathcal{L} \mid L \succcurlyeq L'\}$$

sind für alle $L \in \mathcal{L}$ abgeschlossen bzgl. der Schwach*-Topologie.

Axiom vNM-3 (Unabhängigkeit von irrelevanten Alternativen). *Für alle $L, L', L'' \in \mathcal{L}$ gilt:*

$$L \succcurlyeq L' \implies \alpha L + (1 - \alpha) L'' \succcurlyeq \alpha L' + (1 - \alpha) L''$$

---

[40] Kreps und Porteus (1978) betrachten kompakte polnische Räume. Kompakte Intervalle in $\mathbb{R}$ sind kompakte polnische Räume. Der folgende Teil ist angelehnt an Schmidt (2004, S. 759 ff.), wobei sich die Notation an Abschnitt 4.1.1 orientiert.

[41] Dies meint in dieser Arbeit, dass die Wahrscheinlichkeitsmaße auf einer Borelschen σ-Algebra beruhen. Die zugrunde liegende Topologie ist dabei die Schwach*-Topologie.

[42] Es wird der Buchstabe „$\mathcal{L}$" in Anlehnung an Trautmann (2007, Anhang 8B) verwendet. Dort findet man die nachfolgende Axiomatik und den Darstellbarkeitssatz für einfache und zusammengesetzte *Lotterien*, die als Teilmenge der Wahrscheinlichkeitsmaße auffassbar sind.

[43] Die Begriffe „vollständig", „transitiv" und „Schwach*-Topologie" werden z. B. in Schmidt (2004, S. 761 f.) erklärt. Für $L, L' \in \mathcal{L}$, $\alpha \in [0,1]$ ist $\alpha L + (1 - \alpha) L' \in \mathcal{L}$ (Schmidt, 2004, S. 760).

für alle $\alpha \in [0,1]$.

Aus diesen Axiomen folgt die Darstellbarkeit einer Relation $\succcurlyeq$ über einen Erwartungsnutzen, wie der folgende Satz zeigt. Da es nach Klenke (2013, Definition 1.103, Satz 1.104 und dessen Beweis) eine eindeutige Zuordnung zwischen reellen Zufallsvariablen und Verteilungsfunktionen bzw. Borelschen Wahrscheinlichkeitsmaßen gibt, sei Z_L die Zufallsvariable zu $L \in \mathcal{L}$.

Satz 4.1 (Präferenz über Erwartungsnutzen I). *Eine Relation* $\succcurlyeq$ *auf* $\mathcal{L}$ *erfüllt die Axiome vNM-1, vNM-2 und vNM-3 genau dann, wenn eine beschränkte, stetige Funktion* u : $\mathcal{C} \to$ $\mathbb{R}$ *existiert mit*

$$L \succcurlyeq L' \qquad \Longleftrightarrow \qquad \mathrm{E}[\mathrm{u}(Z_L)] \geq \mathrm{E}[\mathrm{u}(Z_{L'})] \qquad (4.9)$$

für alle $L, L' \in \mathcal{L}$. *Dabei ist* u *bis auf positive affine Transformation eindeutig festgelegt.*[44]

Wird also eine monoton steigende, konkave und stetige Periodennutzenfunktion u : $\mathcal{C} \to \mathbb{R}$ betrachtet, so wird durch $\mathrm{E}[\mathrm{u}(.)]$ eine Relation $\succcurlyeq$ auf $\mathcal{L}$ durch (4.9) definiert, die die Axiome vNM-1, vNM-2 und vNM-3 erfüllt. Hierbei handelt es sich um eine einperiodige Betrachtungsweise, bei der man zwischen verschiedenen Wahrscheinlichkeitsverteilungen auf Basis der Relation eine auswählt. Im folgenden Abschnitt wird die Axiomatik in einen mehrperiodigen Kontext gebracht.

4.1.1 Axiomatik nach Kreps-Porteus

Kreps und Porteus (1978) betrachten zwei unterschiedliche Formen von dynamischen Entscheidungsproblemen jeweils mit endlichem Zeithorizont. Bei den einen (im Folgenden: dynamische Entscheidungsprobleme) wird zu jedem Zeitpunkt eine Entscheidung getroffen, während bei den anderen (im Folgenden: mehrperiodige Entscheidungsprobleme) nur am Anfang eine Entscheidung getroffen wird.[45] Die mehrperiodigen Entscheidungsprobleme werden als eine Teilklasse der dynamischen Entscheidungsprobleme aufgefasst, indem bei diesen nach $t = 0$ zu jedem Zeitpunkt die Menge, bzgl. der eine Entscheidung getroffen werden muss, nur ein Element enthält.

Die dynamischen Entscheidungsprobleme setzen sich nach Kreps und Porteus (1978, S. 187) auf folgende Art rekursiv zusammen. Es wird ein diskreter Zeitraum $t = 0, \ldots, T$ betrachtet. Zu jedem Zeitpunkt $t \in \{0, \ldots, T\}$ gibt es eine Menge $\mathcal{C}_t$ von möglichen Konsumwerten bzw. Auszahlungen, wobei $\mathcal{C}_t$ für $t \in \{0, \ldots, T\}$ ein kompaktes Intervall in $\mathbb{R}$ ist.[46] Die Menge der Konsumhistorien zum Zeitpunkt t (exklusive des Konsumwertes zum Zeitpunkt t) wird für $t = 0, \ldots, T + 1$ mit $\mathcal{H}_t$ bezeichnet und definiert als

---

[44]   Vgl. Schmidt (2004, Theorem 3.3). Ein Beweis befindet sich in Grandmont (1972, S. 50).

[45]   Die dynamischen Entscheidungsprobleme werden bei Kreps und Porteus (1978) „dynamic choice problems" und die Auswahlmöglichkeiten bei den mehrperiodigen Entscheidungsproblemen „temporal lotteries" genannt (vgl. Fußnote 48).

[46]   Wie auf den vorhergehenden Seiten wird auch hier statt kompakter polnischer Räume nur der Spezialfall kompakter Intervalle in $\mathbb{R}$ als Konsumwertebereich betrachtet.

$$\mathcal{H}_0 = \{1\} \qquad \text{und} \qquad \mathcal{H}_{t+1} = \mathcal{H}_t \times \mathcal{C}_t$$

für $t = 0, \ldots, T$. Die Elemente $h_{T+1} \in \mathcal{H}_{T+1}$ sind (deterministische) Konsumströme bzw. Auszahlungsvektoren über den gesamten Zeitraum. Die Menge der (zeitlich) letzten Lotterien wird mit $\mathcal{L}_T$ bezeichnet und entspricht der Menge der Borelschen Wahrscheinlichkeitsmaße auf $\mathcal{C}_T$. Die Menge der (zeitlich) letzten Entscheidungsprobleme wird mit $\mathcal{X}_T$ bezeichnet und besteht aus den nicht-leeren, abgeschlossenen Teilmengen von $\mathcal{L}_T$. Also ist $\mathcal{X}_T$ eine Teilmenge der Potenzmenge von $\mathcal{L}_T$. Für $t = 1, \ldots, T$ wird rekursiv $\mathcal{L}_{t-1}$ als Menge der Borelschen Wahrscheinlichkeitsmaße auf $\mathcal{C}_{t-1} \times \mathcal{X}_t$ und $\mathcal{X}_{t-1}$ als Menge der nicht-leeren, abgeschlossenen Teilmengen von $\mathcal{L}_{t-1}$ definiert. Dass diese Konstruktion wohldefiniert ist, das heißt, dass sowohl $\mathcal{L}_t$ als auch $\mathcal{X}_t$ für $t = 0, \ldots, T$ kompakte polnische Räume sind, belegen Kreps und Porteus (1978, S. 187) mit zwei Lemmata.

Für die mehrperiodigen Entscheidungsprobleme werden weitere Notationen benötigt. Hier enthalten die Entscheidungsprobleme ab Zeitpunkt $t = 1$ jeweils nur ein Element. Sei also $\mathcal{L}_T^* = \mathcal{L}_T$ und $\mathcal{X}_T^*$ die Menge der einelementigen Teilmengen von $\mathcal{L}_T^*$. Für $t = 1, \ldots, T$ wird analog zu oben rekursiv $\mathcal{L}_{t-1}^*$ als Menge der Borelschen Wahrscheinlichkeitsmaße auf $\mathcal{C}_{t-1} \times \mathcal{X}_t^*$ und für $t = 2, \ldots, T$ wird $\mathcal{X}_{t-1}^*$ als Menge der einelementigen Teilmengen von $\mathcal{L}_{t-1}^*$ definiert. Die Menge der mehrperiodigen Entscheidungsprobleme wird mit $\mathcal{X}_0^*$ notiert und ist definiert als Menge der nicht-leeren, abgeschlossenen Teilmengen von $\mathcal{L}_0^*$.[47]

Definition 4.2 (Dynamisches/mehrperiodiges Entscheidungsproblem). *Als dynamische Entscheidungsprobleme von Zeitpunkt t bis T werden nach Kreps und Porteus (1978, S. 178) die Elemente $x_t \in \mathcal{X}_t$ bezeichnet. Als mehrperiodige Entscheidungsprobleme werden in Anlehnung an Kreps und Porteus (1978, S. 194) die Elemente $x_0 \in \mathcal{X}_0^*$ bezeichnet. Die Elemente $L_0 \in x_0 \subset \mathcal{L}_0^*$ werden dabei mehrperiodige Lotterien genannt.*[48]

Als einfaches Beispiel für ein dynamisches Entscheidungsproblem x_0 wird $T = 1$, $\mathcal{C}_0 = [1, 9]$ und $\mathcal{C}_1 = [1, 9]$ betrachtet. x_0 ist in Abbildung 4.3 dargestellt. Es stehen die beiden Wahrscheinlichkeitsmaße $L_0^{(1)}$, $L_0^{(2)}$ zur Auswahl. Bei diesen Lotterien wird nicht nur der Konsumwert zum Zeitpunkt $t = 0$ ausgelost, sondern auch gleichzeitig das Entscheidungsproblem von Zeitpunkt $T = 1$. Je nach Wahl wird also zwischen $(5, x_1^{(1)})$ und $(5, x_1^{(2)})$ bzw. zwischen $(9, x_1^{(3)})$ und $(1, x_1^{(4)})$ ausgewürfelt. Bei den anschließenden möglichen Entscheidungsproblemen stehen nur bei $x_1^{(3)}$ mehr als ein Wahrscheinlichkeitsmaß zur Auswahl $(L_1^{(3)}, L_1^{(4)})$. Bei diesen Wahrscheinlichkeitsmaßen $L_1^{(\cdot)}$ wird schließlich der letzte Konsum ausgelost. Würde das Entscheidungsproblem $x_1^{(3)}$ nur das Wahrscheinlichkeitsmaß $L_1^{(3)}$ enthalten (würde also in Abbildung 4.3 der Pfad $L_1^{(4)}$ wegfallen), so würde es sich bei x_0 auch um ein mehrperiodiges Entscheidungsproblem handeln. Die Spalte mit den Entscheidungsproblemen $x_1 \in \mathcal{X}_1$ könnte dann weggelassen werden, da später bei der Nutzenfunktion lediglich das Maximum über die Elemente $L_1 \in x_1$ gebildet wird (vgl. Gleichungen (4.12) und (4.14)).

---

[47] Vgl. Kreps und Porteus (1978, S. 194).

[48] Bei Kreps und Porteus (1978) werden die Elemente von $\mathcal{L}_0^*$ als „temporal lotteries" bezeichnet. Diese sind vergleichbar mit den Konsumströmen aus der Einleitung dieses Kapitels.

Abbildung 4.3: Dynamisches/mehrperiodiges Entscheidungsproblem

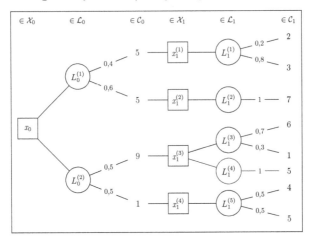

Quelle: Eigene Darstellung in Anlehnung an Kreps und Porteus (1978, Figure 1).

Die Abbildung zeigt das *dynamische Entscheidungsproblem* x_0 von Zeitpunkt $t = 0$ bis $T = 1$. Es wird $\mathcal{C}_0 = [1, 9]$ und $\mathcal{C}_1 = [1, 9]$ betrachtet. Zur Wahl stehen zum Zeitpunkt $t = 0$ die beiden Wahrscheinlichkeitsmaße/Lotterien $L_0^{(1)}$, $L_0^{(2)}$. Der Ausgang der gewählten Lotterie zum Zeitpunkt $t = 0$ entscheidet über den Konsumwert zum Zeitpunkt $t = 0$ und das nachfolgende dynamische Entscheidungsproblem zum Zeitpunkt $t = 1$. Von diesen muss allerdings nur bei $x_3^{(1)}$ eine Entscheidung getroffen werden, da es ansonsten nur eine Auswahlmöglichkeit gibt. Ständen bei $x_3^{(1)}$ der Pfad $L_1^{(4)}$ nicht zur Auswahl, würde es sich bei x_0 um ein *mehrperiodiges Entscheidungsproblem* handeln. Nach der Entscheidung zum Zeitpunkt $t = 1$ findet die entsprechende Lotterie $L_1^{(\cdot)}$ zum Zeitpunkt $t = 1$ statt, bei der der letzte Konsumwert ausgelost wird.

Wie bei den von Neumann-Morgenstern-Nutzenfunktionen werden nun Axiome bzgl. Relationen betrachtet. Für die dynamischen Entscheidungsprobleme ist dies allerdings nicht nur eine einzige Relation, sondern für jeden Zeitpunkt t und jede Konsumhistorie $h_t \in \mathcal{H}_t$ eine Relation $\succsim_{h_t}$ auf $\mathcal{L}_t$. Die drei Axiome vNM-1, vNM-2 und vNM-3 übertragen sich auf die Mehrperiodik. Daraus lässt sich bereits für jede einzelne Relation $\succsim_{h_t}$ analog zu Satz 4.1 eine Nutzenfunktion auf $\mathcal{C}_t \times \mathcal{X}_{t+1}$ für $t \in \{0, \dots, T-1\}$ bzw. $\mathcal{C}_T$ herleiten. Um diese Nutzenfunktionen konsistent über die Zeit zu verbinden, wird zusätzlich noch ein weiteres Axiom benötigt. Daraus folgt dann die Existenz der rekursiven Nutzenfunktionen.

Axiom KPdyn-1 (Vergleichbarkeit). *Für alle $t = 0, \dots, T$ und $h_t \in \mathcal{H}_t$ ist die Relation $\succsim_{h_t}$ auf der Menge $\mathcal{L}_t$ vollständig und transitiv.*

Axiom KPdyn-2 (Stetigkeit). *Für alle $t = 0, \dots, T$ und $h_t \in \mathcal{H}_t$ sind die Mengen*

$$\{L'_t \in \mathcal{L}_t \mid L'_t \succsim_{h_t} L_t\} \qquad und \qquad \{L'_t \in \mathcal{L}_t \mid L_t \succsim_{h_t} L'_t\}$$

für alle $L_t \in \mathcal{L}_t$ abgeschlossen bzgl. der Schwach*-Topologie.

Axiom KPdyn-3 (Unabhängigkeit von irrelevanten Alternativen). *Für alle $t = 0, \ldots, T$, $h_t \in \mathcal{H}_t$ und $L_t, L_t', L_t'' \in \mathcal{L}_t$ gilt:*

$$L_t \succcurlyeq_{h_t} L_t' \implies \alpha\, L_t + (1 - \alpha)\, L_t'' \succcurlyeq_{h_t} \alpha\, L_t' + (1 - \alpha)\, L_t''$$

für alle $\alpha \in [0,1]$.[49]

Aus diesen Axiomen folgt für alle $t = 0, \ldots, T$ und $h_t \in \mathcal{H}_t$ die Darstellbarkeit der Relation $\succcurlyeq_{h_t}$ über einen Erwartungsnutzen, wie der folgende Satz zeigt. Es bezeichnet wieder Z_{L_t} die Zufallsvariable zu $L_t \in \mathcal{L}_t$ für $t = 0, \ldots, T$.

Satz 4.3 (Präferenz über Erwartungsnutzen II). *Seien $t \in \{0, \ldots, T\}$ und $h_t \in \mathcal{H}_t$. Eine Relation $\succcurlyeq_{h_t}$ auf $\mathcal{L}_t$ erfüllt die Axiome KPdyn-1, KPdyn-2 und KPdyn-3 genau dann, wenn eine beschränkte, stetige Funktion $U_{h_t} : \mathcal{C}_t \times \mathcal{X}_{t+1} \to \mathbb{R}$ für $t \in \{0, \ldots, T - 1\}$ bzw. $U_{h_T} : \mathcal{C}_T \to \mathbb{R}$ existiert mit*

$$L_t \succcurlyeq_{h_t} L_t' \quad\Longleftrightarrow\quad \mathrm{E}[U_{h_t}(Z_{L_t})] \geq \mathrm{E}[U_{h_t}(Z_{L_t'})] \qquad (4.10)$$

für alle $L_t, L_t' \in \mathcal{L}_t$. Dabei ist U_{h_t} bis auf positive affine Transformation eindeutig festgelegt.[50]

Für $t = 0, \ldots, T$ und $h_t \in \mathcal{H}_t$ wird die Nutzenfunktionen $U_{h_t} : \mathcal{C}_t \times \mathcal{X}_{t+1} \to \mathbb{R}$ (für $t = 0, \ldots, T - 1$) bzw. $U_{h_T} : \mathcal{C}_T \to \mathbb{R}$ auf folgende Weise auf $\mathcal{L}_t$ und auf $\mathcal{X}_t$ fortgesetzt. Definiere

$$U_{h_t} : \mathcal{L}_t \to \mathbb{R} \qquad U_{h_t}(L_t) := \mathrm{E}[U_{h_t}(Z_{L_t})] \qquad (4.11)$$

$$U_{h_t} : \mathcal{X}_t \to \mathbb{R} \qquad U_{h_t}(x_t) := \max_{L_t \in x_t} U_{h_t}(L_t) \qquad (4.12)$$

für $t = 0, \ldots, T$ und $h_t \in \mathcal{H}_t$. Dadurch lässt sich auch die Relation $\succcurlyeq_{h_t}$ auf $\mathcal{X}_t$ erweitern. Analog zum Maximum in Gleichung (4.12) ist dazu $x_t \succcurlyeq_{h_t} x_t'$ für $x_t, x_t' \in \mathcal{X}_t$ genau dann, wenn es ein $L_t \in x_t$ gibt mit $L_t \succcurlyeq_{h_t} L_t'$ für alle $L_t' \in x_t'$.[51] Sei $t \in \{0, \ldots, T\}$ und $h_t \in \mathcal{H}_t$. Die Funktion in Gleichung (4.11) ist tatsächlich eine Fortsetzung von U_{h_T}. Um dies zu sehen, betrachtet man ein $(c_t, x_{t+1}) \in \mathcal{C}_t \times \mathcal{X}_{t+1}$ für $t \in \{0, \ldots, T - 1\}$ bzw. $c_T \in \mathcal{C}_T$. Das Element (c_t, x_{t+1}) bzw. c_T kann als *Dirac-Maß* $\delta_{(c_t, x_{t+1})}$ in $\mathcal{L}_t$ bzw. δ_{c_T} in $\mathcal{L}_T$, d. h. als sichere Lotterie, aufgefasst werden (in Abbildung 4.3 entspricht beispielsweise $L_1^{(2)}$ dem Dirac-Maß zu $7 \in \mathcal{C}_1$). Es gilt

$$U_{h_t}(\delta_t) = \mathrm{E}[U_{h_t}(Z_{\delta_t})] = U_{h_t}(c_t, x_{t+1}) \qquad (4.13)$$

---

[49] Vgl. Kreps und Porteus (1978, Axiome 2.1–2.3).

[50] Vgl. Kreps und Porteus (1978, Lemma 3). Der Satz folgt aus Satz 4.1.

[51] Vgl. Kreps und Porteus (1978, S. 190). Dort wird auch die Existenz des Maximums durch die Stetigkeit von U_{h_t} und der Kompaktheit von $\mathcal{L}_t$ (und damit der Kompaktheit von $x_t \subset \mathcal{L}_t$ abgeschlossen) für $t = 0, \ldots, T$ und $h_t \in \mathcal{H}_t$ belegt.

$$U_{h_T}(\delta_T) = E[U_{h_T}(Z_{\delta_T})] = U_{h_T}(c_T)$$

für das Dirac-Maß $\delta_{(c_t, x_{t+1})} = \delta_t \in \mathcal{L}_t$ bzw. $\delta_{c_T} = \delta_T \in \mathcal{L}_T$ und alle $(c_t, x_{t+1}) \in \mathcal{C}_t \times \mathcal{X}_{t+1}$ bzw. $c_T \in \mathcal{C}_T$. Die Funktion in Gleichung (4.12) ist eine Fortsetzung von U_{h_T}. Um dies zu sehen, betrachtet man ein $L_t \in \mathcal{L}_t$. Das Element L_t kann als Element $\{L_t\} \in \mathcal{X}_t$ aufgefasst werden. Es gilt dann

$$U_{h_t}(\{L_t\}) = \max_{L_t \in \{L_t\}} U_{h_t}(L_t) = U_{h_t}(L_t) \qquad (4.14)$$

für alle $L_t \in \mathcal{L}_t$.

Das zusätzliche Axiom betrifft gleichzeitig zwei der Relationen zu zwei aufeinanderfolgenden Zeitpunkten. Damit soll sichergestellt werden, dass man seine kurz vorher getroffene Entscheidung nicht bereut. Damit das Axiom nicht von einer schlecht verlaufenen Lotterie abhängt, *werden nur Dirac-Maße betrachtet.* Für $t \in \{0, \ldots, T-1\}$ bezeichnet $\delta_{(c_t, x_{t+1})} \in \mathcal{L}_t$ wieder das Dirac-Maß zu $(c_t, x_{t+1}) \in \mathcal{C}_t \times \mathcal{X}_{t+1}$. Hierbei ist zu beachten, dass $(h_t, c_t) \in \mathcal{H}_{t+1}$ für $t = 0, \ldots, T$, $h_t \in \mathcal{H}_t$ und $c_t \in \mathcal{C}_t$ ist. Darauf basiert der Zeitschritt von der einen Relation zur anderen im folgenden Axiom. Es werden also nur Relationen, die die gleiche Konsumhistorie bis zum früheren Zeitpunkt haben, betrachtet.

Axiom KPdyn-4 (Zeitliche Konsistenz). *Für alle* $t = 0, \ldots, T-1$, $h_t \in \mathcal{H}_t$, $c_t \in \mathcal{C}_t$ *und* $x_{t+1}, x'_{t+1} \in \mathcal{X}_{t+1}$ *ist* $\delta_{(c_t, x_{t+1})} \succcurlyeq_{h_t} \delta_{(c_t, x'_{t+1})}$ *genau dann, wenn* $x_{t+1} \succcurlyeq_{(h_t, c_t)} x'_{t+1}$ *ist.*[52]

Aus diesem Axiom zusammen mit den Axiomen KPdyn-1, KPdyn-2 und KPdyn-3 folgt die Darstellbarkeit der Relationen $\succcurlyeq_{h_t}$ für $t = 0, \ldots, T$, $h_t \in \mathcal{H}_t$ über Erwartungsnutzen mit rekursiven Nutzenfunktionen, wie der folgende Satz zeigt. Dabei sind die Nutzenfunktionen auch im Sinne von Satz 4.3.

Satz 4.4 (Präferenz über rekursiven Erwartungsnutzen I). *Relationen* $\succcurlyeq_{h_t}$ *auf* $\mathcal{L}_t$ *für* $t \in \{0, \ldots, T\}$ *und* $h_t \in \mathcal{H}_t$ *erfüllen die Axiome KPdyn-1, KPdyn-2, KPdyn-3 und KPdyn-4 genau dann, wenn eine stetige Funktion* $U : \mathcal{H}_{T+1} \to \mathbb{R}$ *und stetige und im dritten Argument monoton steigende Funktionen* $H_t : \mathcal{H}_t \times \mathcal{C}_t \times \mathbb{R} \to \mathbb{R}$ *für* $t \in \{0, \ldots, T-1\}$ *existieren, sodass sich rekursiv die stetigen Nutzenfunktionen* $U_{h_t} : \mathcal{C}_t \times \mathcal{X}_{t+1} \to \mathbb{R}$ *für* $t = 0, \ldots, T-1$ *und* $U_{h_T} : \mathcal{C}_T \to \mathbb{R}$ *definieren lassen durch*

$$U_{h_T}(c_T) := U(h_T, c_T) \qquad (4.15)$$

$$U_{h_t}(c_t, x_{t+1}) := \max_{L_{t+1} \in x_{t+1}} H_t\Big(h_t, c_t, E[U_{(h_t, c_t)}(Z_{L_{t+1}})]\Big) \qquad (4.16)$$

mit der Eigenschaft, dass

$$L_t \succcurlyeq_{h_t} L'_t \qquad \Longleftrightarrow \qquad E[U_{h_t}(Z_{L_t})] \geq E[U_{h_t}(Z_{L'_t})] \qquad (4.17)$$

für alle $L_t, L'_t \in \mathcal{L}_t$ *ist.*[53]

---

[52] Vgl. Kreps und Porteus (1978, Axiom 3.1).

[53] Vgl. Kreps und Porteus (1978, Theorem 1). Ein Beweis befindet sich dort.

Abbildung 4.4: Rekursive Nutzenfunktion – Dynamisches Entscheidungsproblem

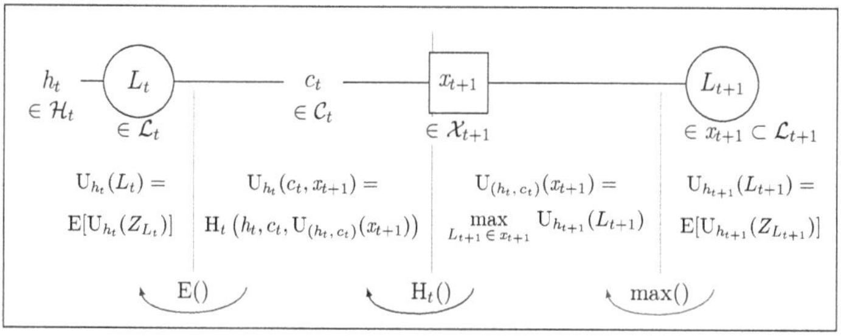

Quelle: Eigene Darstellung.

Die Abbildung zeigt den rekursiven Aufbau der rekursiven Nutzenfunktion nach Satz 4.3 und Satz 4.4 im Kontext der dynamischen Entscheidungsprobleme. Den Nutzen der Lotterie L_t zum Zeitpunkt t erhält man rekursiv aus dem Nutzen der Lotterie L_{t+1} zum Zeitpunkt $t+1$ über die Maximumsfunktion, die Aggregatorfunktion und den Erwartungswertoperator. Der Zeitschritt von $t+1$ nach t erfolgt bei dem Übergang der Nutzenfunktion durch die Aggregatorfunktion von $\mathcal{X}_{t+1}$ zu $\mathcal{C}_t$. Insgesamt ergibt sich so die Darstellung in Gleichung (4.16), wobei das Maximum in das dritte Argument von H_t reingezogen ist.

Dabei ist zu beachten, dass in Gleichung (4.16) das Maximum in das dritte Argument von H_t reingezogen werden kann, da H_t im dritten Argument monoton steigend ist. Abbildung 4.4 stellt die Übergänge in Satz 4.4 der rekursiven Nutzenfunktion von den Lotterien $\mathcal{L}_{t+1}$ zum Zeitpunkt $t+1$ über die Entscheidungsprobleme $\mathcal{X}_{t+1}$ zum Zeitpunkt $t+1$ über die Konsumwerte $\mathcal{C}_t$ zum Zeitpunkt t zu den Lotterien $\mathcal{L}_t$ zum Zeitpunkt t graphisch dar. Der Zeitschritt von $t+1$ nach t erfolgt dabei durch die Aggregatorfunktion H_t.

Eine stetige Nutzenfunktion $U : \mathcal{H}_{T+1} \to \mathbb{R}$ über die gesamte Konsumhistorie und stetige und im dritten Argument monoton steigende Aggregatorfunktionen $H_t : \mathcal{H}_t \times \mathcal{C}_t \times \mathbb{R} \to \mathbb{R}$ für $t \in \{0, \dots, T-1\}$ definieren durch die Gleichungen (4.15) und (4.16) eine rekursive Nutzenfunktion U_{h_t}, $t = 0, \dots, T$, $h_t \in \mathcal{H}_t$. So werden durch $E[U_{h_t}]$ für $t = 0, \dots, T$ und $h_t \in \mathcal{H}_t$ Relationen $\succcurlyeq_{h_t}$ auf $\mathcal{L}_t$ durch (4.17) definiert, die die Axiome KPdyn-1, KPdyn-2, KPdyn-3 und KPdyn-4 erfüllen.

Mehrperiodige Entscheidungsprobleme

Bei den mehrperiodigen Entscheidungsproblemen werden nur drei Axiome benötigt. Das dritte der Axiome ist eine Art Mischung der Axiome KPdyn-3 und KPdyn-4. Da die Entscheidung nur am Anfang getroffen wird, wird auch nur eine Relation $\succcurlyeq$ auf $\mathcal{L}_0^*$ benötigt. Dennoch gibt es zu jeder Historie und zu jedem Zeitpunkt eine Nutzenfunktion wie in Satz 4.4. Allerdings werden für $t = 0, \dots, T$ und $h_t \in \mathcal{H}_t$ noch analog zu Kreps und Porteus (1978, S. 194) Unterklassen $\mathcal{L}_{h_t}^*$ von $\mathcal{L}_0^*$ benötigt, bei denen der Konsumstrom bis zu einem Zeitpunkt $t-1$ sicher mit gleicher Konsumhistorie h_t ist. Sei $t \in \{0, \dots, T\}$ und $(c_0, \dots, c_{t-1}) = h_t \in \mathcal{H}_t$, dann ist $L_{h_t} \in \mathcal{L}_{h_t}^*$, wenn

$$L_{h_t} = \delta_{(c_0, \{L_1\})} \tag{4.18}$$

$$L_s = \delta_{(c_s, \{L_{s+1}\})} \tag{4.19}$$

für $s = 1, \ldots, t - 1$ sind und $L_t \in \mathcal{L}_t^*$ ist. Im Folgenden wird für dieses L_{h_t} die Notation (h_t, L_t) benutzt. Für $s \le t \in \{0, \ldots, T\}$, $(c_0, \ldots, c_{s-1}) = h_s \in \mathcal{H}_s$ und $(c_0, \ldots, c_{t-1}) = h_t \in \mathcal{H}_t$ – also $h_t = (h_s, c_s, \ldots, c_{t-1})$ – lassen sich vergleichbar mit Fußnote 43 zwei Elemente $L_{h_t} = (h_t, L_t) = (h_s, L_s) \in \mathcal{L}_{h_t}^*$ und $L'_{h_t} = (h_t, L'_t) = (h_s, L'_s) \in \mathcal{L}_{h_t}^*$ miteinander ab Zeitpunkt s und $\alpha \in [0,1]$ konvex zu $L''_{h_s} = (h_s, L''_s) \in \mathcal{L}_{h_s}^*$ kombinieren durch

$$L''_s = \alpha L_s + (1 - \alpha) L'_s. \tag{4.20}$$

In diesem Fall benutzen wir für L''_{h_s} die Notation $(s; \alpha; L_{h_t}; L'_{h_t}) \in \mathcal{L}_{h_s}^*$ im Folgenden.[54] Es wird nun eine Relation $\succcurlyeq$ auf $\mathcal{L}_0^*$ betrachtet und ähnlich wie zuvor drei Axiome definiert.

Axiom KPmp-1 (Vergleichbarkeit). *Die Relation $\succcurlyeq$ auf der Menge $\mathcal{L}_0^*$ ist vollständig und transitiv.*

Axiom KPmp-2 (Stetigkeit). *Die Mengen*

$$\{L' \in \mathcal{L}_0^* \mid L' \succcurlyeq L\} \qquad und \qquad \{L' \in \mathcal{L}_0^* \mid L \succcurlyeq L'\}$$

sind für alle $L \in \mathcal{L}_0^*$ abgeschlossen bzgl. der Schwach*-Topologie.

Axiom KPmp-3 (Zeitliche Unabhängigkeit von irrelevanten Alternativen). *Für alle $t = 0, \ldots, T$, $h_t \in \mathcal{H}_t$ und $L_{h_t}, L'_{h_t}, L''_{h_t} \in \mathcal{L}_{h_t}^*$ gilt:*

$$L_{h_t} \succcurlyeq L'_{h_t} \quad \Longrightarrow \quad (t; \alpha; L_{h_t}; L''_{h_t}) \succcurlyeq (t; \alpha; L'_{h_t}; L''_{h_t})$$

für alle $\alpha \in [0,1]$.[55]

Aus den Axiomen KPmp-1, KPmp-2 und KPmp-3 folgt die Darstellbarkeit der Relation $\succcurlyeq$ für Elemente in $\mathcal{L}_{h_t}^*$ – für alle $t = 0, \ldots, T$, $h_t \in \mathcal{H}_t$ – über einen Erwartungsnutzen mit einer Nutzenfunktion zur Historie h_t. Die einzelnen Nutzenfunktionen sind dabei ähnlich wie in Satz 4.4 rekursiv über eine Aggregatorfunktion verknüpft. Dies zeigt der folgende Satz.

Satz 4.5 (Präferenz über rekursiven Erwartungsnutzen II). *Die Relation $\succcurlyeq$ auf $\mathcal{L}_0^*$ erfüllt die Axiome KPmp-1, KPmp-2 und KPmp-3 genau dann, wenn eine stetige Funktion $U : \mathcal{H}_{T+1} \to \mathbb{R}$ und stetige und im dritten Argument monoton steigende Funktionen $H_t : \mathcal{H}_t \times \mathcal{C}_t \times \mathbb{R} \to \mathbb{R}$ für $t \in \{0, \ldots, T-1\}$ existieren, sodass sich rekursiv die stetigen Nutzenfunktionen $U_{h_t} : \mathcal{C}_t \times \mathcal{X}_{t+1}^* \to \mathbb{R}$ für $t = 0, \ldots, T-1$ und $h_t \in \mathcal{H}_t$ und $U_{h_T} : \mathcal{C}_T \to \mathbb{R}$ für $h_T \in \mathcal{H}_T$ definieren lassen durch*

$$U_{h_T}(c_T) := U(h_T, c_T) \tag{4.21}$$

---

[54]   Vgl. Kreps und Porteus (1978, S. 194).

[55]   Vgl. Kreps und Porteus (1978, Axiome 4.1–4.3). Man beachte bei Axiom KPmp-3, dass $\mathcal{L}_{h_t}^* \subset \mathcal{L}_{h_s}^*$ für $s < t$, $h_t = (h_s, c_s, \ldots, c_{t-1}) \in \mathcal{H}_t$ ist.

Abbildung 4.5: Rekursive Nutzenfunktion − Mehrperiodiges Entscheidungsproblem

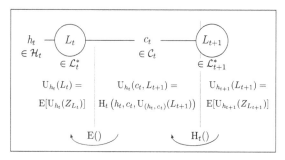

Quelle: Eigene Darstellung.

Die Abbildung zeigt den rekursiven Aufbau der rekursiven Nutzenfunktion nach Satz 4.5 im Kontext der mehrperiodigen Entscheidungsprobleme. Den Nutzen der Lotterie L_t zum Zeitpunkt t erhält man rekursiv aus dem Nutzen der Lotterie L_{t+1} zum Zeitpunkt $t+1$ über die Aggregatorfunktion und den Erwartungswertoperator. Der Zeitschritt von $t+1$ nach t erfolgt bei dem Übergang der Nutzenfunktion durch die Aggregatorfunktion von $\mathcal{L}_{t+1}^*$ zu $\mathcal{C}_t$. Insgesamt ergibt sich so die Darstellung in Gleichung (4.22).

$$\mathrm{U}_{h_t}(c_t, \{L_{t+1}\}) := \mathrm{H}_t\left(h_t, c_t, \mathrm{E}[\mathrm{U}_{(h_t, c_t)}(Z_{L_t})]\right) \tag{4.22}$$

mit der Eigenschaft, dass

$$(h_t, L_t) \succcurlyeq (h_t, L_t') \qquad \Longleftrightarrow \qquad \mathrm{E}[\mathrm{U}_{h_t}(Z_{L_t})] \geq \mathrm{E}[\mathrm{U}_{h_t}(Z_{L_t'})] \tag{4.23}$$

für alle $t = 0, \ldots, T$, $h_t \in \mathcal{H}_t$ und $(h_t, L_t), (h_t, L_t') \in \mathcal{L}_{h_t}^*$ ist.[56]

Abbildung 4.5 stellt die Übergänge in Satz 4.5 der rekursiven Nutzenfunktion von den Lotterien $\mathcal{L}_{t+1}^*$ zum Zeitpunkt $t+1$ über die Konsumwerte $\mathcal{C}_t$ zum Zeitpunkt t zu den Lotterien $\mathcal{L}_t^*$ zum Zeitpunkt t graphisch dar. Der Zeitschritt von $t+1$ nach t erfolgt dabei durch die Aggregatorfunktion H_t. Die Entscheidungsprobleme aus Abbildung 4.4 werden hierbei weggelassen, da sie lediglich aus einer einzelnen Lotterie bestehen. Dadurch spielt die Maximumsfunktion keine Rolle und kann weggelassen werden. Für $t = 0, \ldots, T-1$ und $h_t \in \mathcal{H}_t$ kann die Funktion $\mathrm{U}_{h_t} : \mathcal{C}_t \times \mathcal{X}_{t+1}^* \to \mathbb{R}$ dadurch auf natürliche Weise durch $\mathrm{U}_{h_t}(c_t, L_{t+1}) = \mathrm{U}_{h_t}(c_t, \{L_{t+1}\})$ in $\mathrm{U}_{h_t} : \mathcal{C}_t \times \mathcal{L}_{t+1}^* \to \mathbb{R}$ umgewandelt werden. Im Folgenden werden beide Funktionen synonym verwendet.

Eine stetige Nutzenfunktion $\mathrm{U} : \mathcal{H}_{T+1} \to \mathbb{R}$ über die gesamte Konsumhistorie und stetige und im dritten Argument monoton steigende Aggregatorfunktionen $\mathrm{H}_t : \mathcal{H}_t \times \mathcal{C}_t \times \mathbb{R} \to \mathbb{R}$ für $t \in \{0, \ldots, T-1\}$ definieren durch die Gleichungen (4.21) und (4.22) eine rekursive Nutzenfunktion U_{h_t}, $t = 0, \ldots, T$. So wird durch $\mathrm{E}[\mathrm{U}_{h_t}]$ für $t = 0, \ldots, T$ und $h_t \in \mathcal{H}_t$ die Relation $\succcurlyeq$ auf $\mathcal{L}_{h_t}^* \subset \mathcal{L}_0^*$ durch (4.23) definiert, die die Axiome KPmp-1, KPmp-2 und KPmp-3 erfüllt. Da die Vereinigung über alle $\mathcal{L}_{h_t}^*$, $t = 0, \ldots, T$ und $h_t \in \mathcal{H}_t$, die

---

[56] Vgl. Kreps und Porteus (1978, Theorem 2). Ein Beweis befindet sich dort.

Menge $\mathcal{L}_0^*$ ergibt und $\mathcal{L}_{h_t}^* \subset \mathcal{L}_{h_s}^*$ für $s < t$, $h_t = (h_s, c_s, \ldots, c_{t-1}) \in \mathcal{H}_t$ ist, ist $\succcurlyeq$ auf $\mathcal{L}_0^*$ wohldefiniert.

Im nächsten Unterabschnitt wird erklärt, was unter *Präferenz bzgl. des Zeitpunktes der Auflösung von Unsicherheit* verstanden wird. Dies wird mit einem Satz in den Kontext der mehrperiodigen Entscheidungsprobleme gebracht. Da das Konzept der Präferenz für frühe Auflösung von Unsicherheit wichtig für den weiteren Verlauf dieser Arbeit ist, wird dieser Satz im Gegensatz zu den vorherigen Sätzen im nächsten Unterabschnitt auch bewiesen.

4.1.2   Präferenz für frühe Auflösung von Unsicherheit

Die Präferenz bzgl. des Zeitpunktes der Auflösung von Unsicherheit nach Kreps und Porteus (1978) bezieht sich auf folgende Situation im Rahmen der mehrperiodigen Entscheidungsprobleme. Man betrachtet zwei verschiedene mehrperiodige Lotterien mit *gleicher, sicherer* Historie bis zu einem gewissen Zeitpunkt. Daraus werden zwei verschiedene mehrperiodige Lotterien dadurch gebildet, dass die beiden ursprünglichen Lotterien einerseits ab einem Zeitpunkt und andererseits ab einem Zeitschritt früher miteinander konvex kombiniert werden (vgl. Gleichung (4.20)). Wird für alle möglichen Lotteriepaare, die so gebildet werden, die zweite gegenüber der ersten anhand einer Relation bevorzugt, so wird dies Präferenz für frühe Auflösung von Unsicherheit genannt. Wird die erste gegenüber der zweiten bevorzugt, so wird dies Präferenz für späte Auflösung von Unsicherheit genannt. Wird für alle möglichen Lotteriepaare von diesem Typ jeweils keine der beiden bevorzugt, so wird dies Indifferenz bzgl. des Zeitpunktes der Auflösung von Unsicherheit genannt. Es ist notwendig, sich auf diese Typen von Lotteriepaaren zu beschränken, da dadurch störende Nebeneffekte ausgeblendet werden. Wären beispielsweise die mehrperiodigen Lotterien, die miteinander kombiniert werden, bei den zu vergleichenden Lotterien unterschiedlich, so könnte z. B. das eine Lotteriepaar „riskanter" sein oder einen geringeren Erwartungswert besitzen. Dies würde zu einer Verzerrung führen. Zunächst wird eine formale Definition gegeben.

Definition 4.6 (Präferenz bzgl. des Zeitpunktes der Auflösung von Unsicherheit). *Sei* $\succcurlyeq$ *eine Relation auf* $\mathcal{L}_0^*$. *Die Relation* $\succcurlyeq$ *führt zu einer* Präferenz für frühe Auflösung von Unsicherheit, *wenn*[57]

$$(t-1;\, \alpha;\, L_{h_t};\, L'_{h_t}) \; \succcurlyeq \; (t;\, \alpha;\, L_{h_t};\, L'_{h_t}) \tag{4.24}$$

für alle $\alpha \in [0,1]$, $t = 1, \ldots, T$, $h_t \in \mathcal{H}_t$ *und* $L_{h_t}, L'_{h_t} \in \mathcal{L}_{h_t}^*$ *ist. Die Relation* $\succcurlyeq$ *führt zu einer* Präferenz für späte Auflösung von Unsicherheit, *wenn*

$$(t-1;\, \alpha;\, L_{h_t};\, L'_{h_t}) \; \preccurlyeq \; (t;\, \alpha;\, L_{h_t};\, L'_{h_t}) \tag{4.25}$$

für alle $\alpha \in [0,1]$, $t = 1, \ldots, T$, $h_t \in \mathcal{H}_t$ *und* $L_{h_t}, L'_{h_t} \in \mathcal{L}_{h_t}^*$ *ist. Die Relation* $\succcurlyeq$ *führt zu einer* Indifferenz bzgl. des Zeitpunktes der Auflösung von Unsicherheit, *wenn*

$$(t-1;\, \alpha;\, L_{h_t};\, L'_{h_t}) \; \sim \; (t;\, \alpha;\, L_{h_t};\, L'_{h_t}) \tag{4.26}$$

---

[57]   Die folgende Notation wurde auf Seite 44 eingeführt.

Abbildung 4.6: Zeitliche Auflösung von Unsicherheit

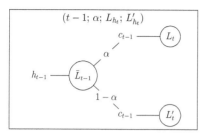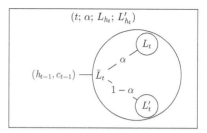

Quelle: Eigene Darstellung.

Die Abbildung zeigt die zwei zusammengesetzten Lotterien $(t-1;\ \alpha;\ L_{h_t};\ L'_{h_t})$ und $(t;\ \alpha;\ L_{h_t};\ L'_{h_t})$. Dabei sind $h_{t-1} \in \mathcal{H}_{t-1}$, $c_{t-1} \in \mathcal{C}_{t-1}$, $\alpha \in [0,1]$, $\bar{L}_{t-1} \in \mathcal{L}^*_{t-1}$ und $\bar{L}_t, L_t, L'_t \in \mathcal{L}^*_t$. Beide Lotterien unterscheiden sich darin, ob $L_{h_t} = (h_t, L_t)$ und $L'_{h_t} = (h_t, L'_t)$ bereits zum Zeitpunkt $t-1$ zu $(t-1;\ \alpha;\ L_{h_t};\ L'_{h_t})$ oder erst zum Zeitpunkt t zu $(t;\ \alpha;\ L_{h_t};\ L'_{h_t})$ konvex kombiniert werden. Wird allgemein $(t-1;\ \alpha;\ L_{h_t};\ L'_{h_t})$ bevorzugt, so spricht man von Präferenz für frühe Auflösung von Unsicherheit. Wird allgemein $(t;\ \alpha;\ L_{h_t};\ L'_{h_t})$ bevorzugt, so spricht man von Präferenz für späte Auflösung von Unsicherheit.

für alle $\alpha \in [0,1]$, $t = 1, \ldots, T$, $h_t \in \mathcal{H}_t$ *und* $L_{h_t}, L'_{h_t} \in \mathcal{L}^*_{h_t}$ *ist.*

Aus den beiden Lotterien $L_{h_t} = (h_t, L_t) \in \mathcal{L}^*_{h_t}$ und $L'_{h_t} = (h_t, L'_t) \in \mathcal{L}^*_{h_t}$ mit $h_t = (h_{t-1}, c_{t-1}) \in \mathcal{H}_t$, $L_t, L'_t \in \mathcal{L}^*_t$ werden zwei unterschiedliche Lotterien $(t-1;\ \alpha;\ L_{h_t};\ L'_{h_t})$, $(t;\ \alpha;\ L_{h_t};\ L'_{h_t}) \in \mathcal{L}^*_{h_{t-1}}$ zusammengesetzt. Dies ist in Abbildung 4.6 graphisch dargestellt. Die Lotterie $(t-1;\ \alpha;\ L_{h_t};\ L'_{h_t})$ ist links und die Lotterie $(t;\ \alpha;\ L_{h_t};\ L'_{h_t})$ ist rechts abgebildet. Bei $(t-1;\ \alpha;\ L_{h_t};\ L'_{h_t})$ werden die beiden Lotterien L_{h_t} und L'_{h_t} schon nach der Historie h_{t-1} zum Zeitpunkt $t-1$ zur Lotterie $\bar{L}_{t-1}$ zum Zeitpunkt $t-1$ zusammengesetzt. Es wird also zum Zeitpunkt $t-1$ nach dem sicheren Konsumstrom h_{t-1} ausgelost, ob es mit Wahrscheinlichkeit α mit Konsumwert c_{t-1} und Lotterie L_t oder mit Wahrscheinlichkeit $1-\alpha$ mit (ebenfalls) Konsumwert c_{t-1} und Lotterie L'_t weitergeht. Bei $(t;\ \alpha;\ L_{h_t};\ L'_{h_t})$ werden die beiden Lotterien L_{h_t} und L'_{h_t} erst nach der Historie h_t zum Zeitpunkt t zur Lotterie $\bar{L}_t$ zum Zeitpunkt t zusammengesetzt. Es findet also zum Zeitpunkt t nach dem sicheren Konsumstrom $h_t = (h_{t-1}, c_{t-1})$ die Lotterie $\bar{L}_t$ statt, die sich aus L_t mit Wahrscheinlichkeit α und aus L'_t mit Wahrscheinlichkeit $1-\alpha$ zusammensetzt. Beide starten also mit der Konsumhistorie h_t und zum Zeitpunkt t findet mit Wahrscheinlichkeit α die Lotterie L_t und mit Wahrscheinlichkeit $1-\alpha$ die Lotterie L'_t statt. Der Unterschied liegt darin, dass bei $(t-1;\ \alpha;\ L_{h_t};\ L'_{h_t})$ bereits ein Zeitschritt früher klar ist, ob zum Zeitpunkt t die Lotterie L_t oder die Lotterie L'_t stattfindet. Daher spricht man von Präferenz für frühe bzw. späte Auflösung von Unsicherheit, wenn allgemein diese bzw. die andere bevorzugt wird.

Die Relation $\succsim$ aus Satz 4.5 hängt über Gleichung (4.23) mit den rekursiven Nutzenfunktionen der mehrperiodigen Entscheidungsprobleme zusammen. Dadurch lässt sich auch die Präferenz bzgl. des Zeitpunktes der Auflösung von Unsicherheit auf die rekursiven Nutzenfunktionen übertragen. Bei den rekursiven Nutzenfunktionen hängt diese von der

Krümmung der Aggregatorfunktionen H_t, $t = 0, \ldots, T-1$ im dritten Argument ab. Dies zeigt der folgende Satz.

Satz 4.7 (Zusammenhang Krümmung Aggregatorfunktion und zeitliche Präferenz). *Die Relation $\succcurlyeq$ erfülle die Axiome KPmp-1, KPmp-2 und KPmp-3 und die rekursive Nutzenfunktion U_{h_t}, $t = 0, \ldots, T$, $h_t \in \mathcal{H}_t$ sei über U und H_t nach Satz 4.5 durch die Gleichungen (4.21) und (4.22) gegeben. Seien $t \in \{1, \ldots, T\}$ und $M(h_{t-1}, c_{t-1}) = \{m \in \mathbb{R} \mid m = U_{(h_{t-1}, c_{t-1})}(L_t)$ für ein $L_t \in \mathcal{L}_t^*\}$ der für $H_{t-1}(h_{t-1}, c_{t-1}, .)$ relevante Wertebereich. Dann ist für $h_{t-1} \in \mathcal{H}_{t-1}$ und $c_{t-1} \in \mathcal{C}_{t-1}$*

$$(t-1; \alpha; L_{h_t}; L'_{h_t}) \;\succcurlyeq\; (t; \alpha; L_{h_t}; L'_{h_t}) \qquad\qquad bzw. \qquad (4.27)$$

$$(t-1; \alpha; L_{h_t}; L'_{h_t}) \;\sim\; (t; \alpha; L_{h_t}; L'_{h_t}) \qquad\qquad bzw.$$

$$(t-1; \alpha; L_{h_t}; L'_{h_t}) \;\preccurlyeq\; (t; \alpha; L_{h_t}; L'_{h_t})$$

für alle $\alpha \in [0,1]$ und $L_{h_t}, L'_{h_t} \in \mathcal{L}_{(h_{t-1}, c_{t-1})}^*$ genau dann, wenn $H_{t-1}(h_{t-1}, c_{t-1}, m)$ konvex bzw. linear bzw. konkav im dritten Argument für alle $m \in M(h_{t-1}, c_{t-1})$ ist.[58]

Beweis. *Konvexität $\Rightarrow$ Präferenz für frühe Auflösung von Unsicherheit:*
Seien $t \in \{1, \ldots, T\}$, $\alpha \in [0,1]$, $h_t = (h_{t-1}, c_{t-1}) \in \mathcal{H}_t$, $L_{h_t} = (h_t, L_t) \in \mathcal{L}_{h_t}^*$, $L'_{h_t} = (h_t, L'_t) \in \mathcal{L}_{h_t}^*$, $(h_{t-1}, \bar{L}_{t-1}) = (t-1; \alpha; L_{h_t}; L'_{h_t})$ und $(h_t, \bar{L}_t) = (t; \alpha; L_{h_t}; L'_{h_t})$. Sei außerdem $H_{t-1}(h_{t-1}, c_{t-1}, m)$ konvex im dritten Argument für alle $m \in M(h_{t-1}, c_{t-1})$, dann gilt:

$$U_{h_{t-1}}\left(\bar{L}_{t-1}\right) = E\left[U_{h_{t-1}}(Z_{\bar{L}_{t-1}})\right] = \alpha\, U_{h_{t-1}}(c_{t-1}, L_t) + (1-\alpha)\, U_{h_{t-1}}(c_{t-1}, L'_t)$$

$$= \alpha\, H_{t-1}\left(h_{t-1}, c_{t-1}, U_{h_t}(L_t)\right) + (1-\alpha)\, H_{t-1}\left(h_{t-1}, c_{t-1}, U_{h_t}(L'_t)\right)$$

$$\geq H_{t-1}\left(h_{t-1}, c_{t-1}, \alpha\, U_{h_t}(L_t) + (1-\alpha)\, U_{h_t}(L'_t)\right)$$

$$= H_{t-1}\left(h_{t-1}, c_{t-1}, E\left[U_{h_t}(Z_{\bar{L}_t})\right]\right)$$

$$= H_{t-1}\left(h_{t-1}, c_{t-1}, U_{h_t}\left(\bar{L}_t\right)\right)$$

$$= U_{h_{t-1}}\left(c_{t-1}, \bar{L}_t\right).$$

Die erste, die dritte und die letzten beiden Umformungen werden durch Abbildung 4.5 und die zweite und die drittletzte Umformung durch Abbildung 4.6 deutlich. Die Ungleichung folgt aus der Konvexität. Dies ist auch die einzige Stelle, bei der die Konvexität verwendet wird. Aus der Ungleichung

$$U_{h_{t-1}}\left(\bar{L}_{t-1}\right) \geq U_{h_{t-1}}\left(c_{t-1}, \bar{L}_t\right)$$

---

[58] Vgl. Kreps und Porteus (1978, Theorem 3). Dort werden die Axiome der dynamischen Entscheidungsprobleme betrachtet. Vorher wurde dort durch die Korollare 1 und 2 allerdings belegt, dass die beiden Axiomvarianten auf $\mathcal{L}_0^*$ eingeschränkt gleichwertig sind.

folgt nach Satz 4.5 Gleichung (4.23), dass $(h_{t-1}, \bar{L}_{t-1}) \succcurlyeq (h_t, \bar{L}_t)$ ist.
Konvexität $\Leftarrow$ *Präferenz für frühe Auflösung von Unsicherheit:*
Seien $t \in \{1, \ldots, T\}$ und $h_t = (h_{t-1}, c_{t-1}) \in \mathcal{H}_t$. Analog zu der obigen Umformung folgt
aus $(h_{t-1}, \bar{L}_{t-1}) \succcurlyeq (h_t, \bar{L}_t)$, dass

$$\alpha\, \mathrm{H}_{t-1}\left(h_{t-1}, c_{t-1}, \mathrm{U}_{h_t}(L_t)\right) + (1 - \alpha)\, \mathrm{H}_{t-1}\left(h_{t-1}, c_{t-1}, \mathrm{U}_{h_t}(L_t')\right)$$

$$\geq \mathrm{H}_{t-1}\left(h_{t-1}, c_{t-1}, \alpha\, \mathrm{U}_{h_t}(L_t) + (1 - \alpha)\, \mathrm{U}_{h_t}(L_t')\right)$$

für alle $\alpha \in [0,1]$, $L_{h_t} = (h_t, L_t) \in \mathcal{L}_{h_t}^*$, $L_{h_t}' = (h_t, L_t') \in \mathcal{L}_{h_t}^*$, $(h_{t-1}, \bar{L}_{t-1}) = (t - 1; \alpha; L_{h_t}; L_{h_t}')$ und $(h_t, \bar{L}_t) = (t; \alpha; L_{h_t}; L_{h_t}')$ ist. Also folgt für alle $m \in \mathrm{M}(h_{t-1}, c_{t-1})$
die Konvexität von $\mathrm{H}_{t-1}(h_{t-1}, c_{t-1}, m)$ im dritten Argument.
Die anderen Aussagen folgen analog, indem die „$\geq$"-Zeichen durch „$=$"-Zeichen bzw. „$\leq$"-
Zeichen und der Begriff „konvex" durch den Begriff „linear" bzw. den Begriff „konkav"
ersetzt werden.

qed

Da bei Vorliegen der Konvexität von $\mathrm{H}_{t-1}(h_{t-1}, c_{t-1}, .)$ im dritten Argument die Gleichung
(4.27) für alle $\alpha \in [0,1]$, $t = 1, \ldots, T$, $h_t = (h_{t-1}, c_{t-1}) \in \mathcal{H}_t$ und $L_{h_t}, L_{h_t}' \in \mathcal{L}_{h_t}^*$ erfüllt ist,
führt die Relation $\succcurlyeq$ per Definition zu der Präferenz für frühe Auflösung von Unsicherheit.
Gleiches gilt bzgl. Linearität und Indifferenz bzgl. des Zeitpunktes der Auflösung von
Unsicherheit bzw. Konkavität und Präferenz für späte Auflösung von Unsicherheit.

Bemerkung 4.8 (Unabhängigkeit von der Konsumvergangenheit). *Kreps und Porteus
(1978, Korollar 4, Axiom 6.1) weisen nach, dass die Sätze 4.4, 4.5 und 4.7 sich auf einen
vergangenheitsunabhängigen Kontext übertragen lassen. Aus den Relationen $\succcurlyeq_{h_t}$ werden
dabei Relationen $\succcurlyeq_t$ und die Funktionen verändern sich auf folgende Weise:*

$$\begin{array}{ccc}
\mathrm{U} : \mathcal{H}_{T+1} \to \mathbb{R} & \hookrightarrow & \mathrm{U} : \mathcal{C}_T \to \mathbb{R} \\[4pt]
\mathrm{H}_t : \mathcal{H}_t \times \mathcal{C}_t \times \mathbb{R} \to \mathbb{R} & \hookrightarrow & \mathrm{H}_t : \mathcal{C}_t \times \mathbb{R} \to \mathbb{R} \\[4pt]
\mathrm{U}_{h_t} : \mathcal{C}_t \times \mathcal{X}_{t+1}^{(*)} \to \mathbb{R} & \hookrightarrow & \mathrm{U}_t : \mathcal{C}_t \times \mathcal{X}_{t+1}^{(*)} \to \mathbb{R} \\[4pt]
\mathrm{U}_{h_T} : \mathcal{C}_T \to \mathbb{R} & \hookrightarrow & \mathrm{U}_T : \mathcal{C}_T \to \mathbb{R} \\[4pt]
\mathrm{U}_{h_t}(c_t, x_{t+1}) = & \hookrightarrow & \mathrm{U}_t(c_t, x_{t+1}) = \\[4pt]
\displaystyle\max_{L_{t+1} \in x_{t+1}} \mathrm{H}_t\left(h_t, c_t, \mathrm{E}[\mathrm{U}_{(h_t, c_t)}(Z_{L_{t+1}})]\right) & \hookrightarrow & \displaystyle\max_{L_{t+1} \in x_{t+1}} \mathrm{H}_t\left(c_t, \mathrm{E}[\mathrm{U}_{t+1}(Z_{L_{t+1}})]\right) \\[4pt]
\mathrm{U}_{h_T}(c_T) = \mathrm{U}(h_T, c_T) & \hookrightarrow & \mathrm{U}_T(c_T) = \mathrm{U}(c_T).
\end{array}$$

Dabei bedeutet $\mathcal{X}_{t+1}^{(*)}$, dass je nach Kontext $\mathcal{X}_{t+1}^*$ oder $\mathcal{X}_{t+1}$ gemeint ist.

Im nächsten Abschnitt wird die gebräuchlichste Form der rekursiven Nutzenfunktion nach
Epstein und Zin (1989) und Weil (1990) – die *EZ-Nutzenfunktion* – vorgestellt. Bei dieser
wird die Präferenz bzgl. des Zeitpunktes der Auflösung von Unsicherheit von dem Verhältnis zweier Parameter abhängen. Weder Epstein und Zin (1989) noch Weil (1990) beweisen
dies allerdings, sondern stellen dies jeweils nur knapp mit einer Andeutung in Richtung
Kreps und Porteus (1978, Lemma 3) fest. Hier wird ein Beweis mittels des Satzes 4.7

durchgeführt. Außerdem werden im folgenden Abschnitt die bereits angesprochenen Probleme der additiv separablen Nutzenfunktion durch Verwenden der EZ-Nutzenfunktion beispielhaft gelöst.

4.2   Rekursive Epstein-Zin-Nutzenfunktionen

Auf Epstein und Zin (1989) geht die gebräuchlichste Form der rekursiven Nutzenfunktion zurück. Dabei wird die Theorie von Kreps und Porteus (1978) auf einen unendlichen Zeithorizont erweitert. Außerdem werden anstelle von Nutzenfunktionen Wertefunktionen verwendet. Besonders interessant ist die spezielle Form[59]

$$V_t(c_t, \tilde{c}_{t+1}, \tilde{c}_{t+2}, \dots) = \left((1-\delta)\, c_t^{1-\frac{1}{\psi}} + \delta \, \mathrm{E}_t \left[V_{t+1}(\tilde{c}_{t+1}, \dots)^{1-\gamma} \right]^{\frac{1-\frac{1}{\psi}}{1-\gamma}} \right)^{\frac{1}{1-\frac{1}{\psi}}} \tag{4.28}$$

im Kontext der Präferenz bzgl. des Zeitpunktes der Auflösung von Unsicherheit. Dieser wird im Folgenden genauer betrachtet. Die eingeführten Wertefunktionen sind unabhängig von der Konsumvergangenheit (vgl. Bemerkung 4.8). Bei Epstein und Zin (1989) spielt die Axiomatik im Gegensatz zu Kreps und Porteus (1978) nur eine untergeordnete Rolle. Allerdings werden die zugrunde liegenden Strukturen der Konsumlotteriebäume ausführlich erläutert. Hier wird darauf nur kurz eingegangen und der Schwerpunkt auf den Spezialfall und die Präferenz bzgl. des Zeitpunktes der Auflösung von Unsicherheit gelegt.

Weil (1990) betrachtet ebenfalls eine zu Epstein und Zin (1989) ähnliche Spezialform mit unendlichem Zeithorizont. Diese ist allerdings eine Nutzenfunktion und keine Wertefunktion. Im Gegensatz zu Kreps und Porteus (1978) und Epstein und Zin (1989) wird auf eine Beschreibung der zugrunde liegenden Struktur der Lotteriebäume und auf die Axiomatik gänzlich verzichtet. Weil (1990, Gleichung (2)) führt folgende Form

$$U_t(c_t, \tilde{c}_{t+1}, \tilde{c}_{t+2}, \dots) = H_t\left(c_t, \mathrm{E}_t[U_{t+1}(\tilde{c}_{t+1}, \tilde{c}_{t+2}, \dots)]\right)$$

$$= \frac{\left[(1-\delta)\, c_t^{1-\frac{1}{\psi}} + \delta \left(1 + (1-\delta)(1-\gamma)\mathrm{E}_t[U_{t+1}(\tilde{c}_{t+1}, \dots)] \right)^{\frac{1-\frac{1}{\psi}}{1-\gamma}} \right]^{\frac{1-\gamma}{1-\frac{1}{\psi}}} - 1}{(1-\delta)(1-\gamma)} \tag{4.29}$$

einer Kreps-Porteus-Nutzenfunktion ein, die die zeit- und zustandsseparable Nutzenfunktion erweitert (vgl. mit deren rekursiver Darstellung in den Gleichungen (4.5) und (4.6)). Diese lässt sich auf folgende Weise in die EZ-Nutzenfunktion aus Gleichung (4.28) umformen:[60]

---

[59]   Bei Epstein und Zin (1989, Gleichung (3.8)) ist die Wertefunktion mit dem Faktor $(1-\delta)^{\frac{1}{\psi-1}}$ skaliert. Auf die Parameter wird später genauer eingegangen.

[60]   Die Argumente der Nutzenfunktionen werden zur Vereinfachung der Notation hier weggelassen. Bei Epstein und Zin (1989) sind die Fälle $\gamma = 1$, $\psi = 1$ und $\delta = 1$ ausgeschlossen.

$$1 + (1-\delta)(1-\gamma)\,U_t = \left[(1-\delta)\,c_t^{1-\frac{1}{\psi}} + \delta\left(1 + (1-\delta)(1-\gamma)E_t[U_{t+1}] \right)^{\frac{1-\frac{1}{\psi}}{1-\gamma}} \right]^{\frac{1-\gamma}{1-\frac{1}{\psi}}}$$

$$\Longleftrightarrow$$

$$(1 + (1-\delta)(1-\gamma)\,U_t)^{\frac{1}{1-\gamma}} = \left[(1-\delta)\,c_t^{1-\frac{1}{\psi}} + \delta\left(E_t[1 + (1-\delta)(1-\gamma)U_{t+1}] \right)^{\frac{1-\frac{1}{\psi}}{1-\gamma}} \right]^{\frac{1}{1-\frac{1}{\psi}}}$$

bzw.

$$\frac{(1 + (1-\delta)(1-\gamma)\,U_t)^{\frac{1}{1-\gamma}}}{(1-\delta)^{\frac{1}{1-\frac{1}{\psi}}}} = \left[c_t^{1-\frac{1}{\psi}} + \delta\left(E_t\left[\frac{1 + (1-\delta)(1-\gamma)U_{t+1}}{(1-\delta)^{\frac{1-\gamma}{1-\frac{1}{\psi}}}} \right] \right)^{\frac{1-\frac{1}{\psi}}{1-\gamma}} \right]^{\frac{1}{1-\frac{1}{\psi}}}.$$

Wird nun

$$V_t := (1 + (1-\delta)(1-\gamma)\,U_t)^{\frac{1}{1-\gamma}} \tag{4.30}$$

bzw. $\qquad$ $$V'_t := \frac{(1 + (1-\delta)(1-\gamma)\,U_t)^{\frac{1}{1-\gamma}}}{(1-\delta)^{\frac{1}{1-\frac{1}{\psi}}}}$$

gesetzt, so erhält man die EZ-Nutzenfunktion V_t aus Gleichung (4.28) bzw. V'_t nach Epstein und Zin (1989, Gleichung (3.8))

$$V_t = \left((1-\delta)\,c_t^{1-\frac{1}{\psi}} + \delta\,E_t\left[V_{t+1}^{1-\gamma} \right]^{\frac{1-\frac{1}{\psi}}{1-\gamma}} \right)^{\frac{1}{1-\frac{1}{\psi}}}$$

bzw. $\qquad$ $$V'_t = \left(c_t^{1-\frac{1}{\psi}} + \delta\,E_t\left[(V'_{t+1})^{1-\gamma} \right]^{\frac{1-\frac{1}{\psi}}{1-\gamma}} \right)^{\frac{1}{1-\frac{1}{\psi}}}. \tag{4.31}$$

Die Parameter werden bei Weil (1990, S. 34) wie folgt interpretiert:

δ $\quad$ als subjektiver Diskontierungsfaktor (unter Sicherheit),

γ $\quad$ als konstante relative Risikoaversion (im Folgenden: CRRA) für einperiodige Lotterien nach Arrow (1964) und Pratt (1964) und

ψ $\quad$ als konstante intertemporale Substitutionselastizität (im Folgenden: EIS) für deterministische Konsumströme.

In Abschnitt 4.2.1 wird nun vorgestellt, wie Epstein und Zin (1989) rekursive Nutzenfunktionen bei unendlichem Zeithorizont definieren. Der Spezialfall (4.28) wird dargestellt und die Parameter erläutert. Das Verhältnis zweier dieser Parameter wird über die Präferenz bzgl. des Zeitpunktes der Auflösung von Unsicherheit entscheiden. Dies wird zusammen mit der Lösung der Indifferenzprobleme der zeit- und zustandsseparablen Nutzenfunktion

in Abschnitt 4.2.2 behandelt. Anschließend werden Erweiterungen des Konzeptes – beispielsweise von Duffie und Epstein (1992) – kurz angeführt und ein kurzer Überblick[61]
über die Entwicklung der rekursiven Nutzenfunktionen gegeben.

4.2.1 Epstein-Zin-Nutzenfunktionen

Epstein und Zin (1989) betrachten $\mathbb{R}_+$ als Konsumwertebereiche statt der polnischen Räume in Kreps und Porteus (1978). Außerdem beschränken sie sich nicht auf einen endlichen
Zeithorizont. Dadurch wird es notwendig, das Konsumwachstum und die Höhe der Konsumwerte zu beschränken. Die Struktur der Lotteriebäume ist allerdings der von Kreps
und Porteus (1978) ähnlich und die Zeitpunkte bleiben diskret. Es werden dabei keine
Entscheidungsprobleme betrachtet, sondern nur Lotteriebäume. Es ist also vergleichbar
mit den mehrperiodigen Lotterien (siehe Definition 4.2).

Da der Schwerpunkt dieses Unterabschnitts nicht auf der zugrunde liegenden Struktur
liegen soll, wird vereinfachend angenommen, dass die Mengen $\mathcal{C}_t$, $t = 0, 1, \ldots$ der Konsumwerte zum Zeitpunkt t ein zu allen Zeitpunkten gleiches kompaktes Intervall in $\mathbb{R}_+$
ist. Ein Lotteriebaum aus der Menge der Lotteriebäume $L_t \in \mathcal{L}_t$ ab Zeitpunkt t besteht
aus einem sicheren Konsumwert $c_t \in \mathcal{C}_t$ und einem Wahrscheinlichkeitsmaß auf der Menge
der Lotteriebäume $\mathcal{L}_{t+1}$ ab Zeitpunkt $t + 1$.[62] Da der Zeithorizont unendlich ist, ist der
einzige Unterschied zwischen $\mathcal{L}_t$ und $\mathcal{L}_{t+1}$ nur der Startzeitpunkt. Die Struktur, die folgt,
ist gleich. Also ist[63]

$$\mathcal{L}_t \quad \text{sowohl homöomorph zu} \quad \mathcal{C}_t \times \mathrm{M}(\mathcal{L}_{t+1})$$
$$\text{als auch zu} \quad \mathcal{C}_t \times \mathrm{M}(\mathcal{L}_t),$$

wobei $\mathrm{M}(X)$ die Menge der Borelschen Wahrscheinlichkeitsmaße auf dem Raum X bezeichnet. Anders als bei Kreps und Porteus (1978) haben die Lotteriebäume aus $\mathcal{L}_t$ und
$\mathcal{L}_{t+1}$ dieselbe Struktur wegen des unendlichen Zeithorizonts. Epstein und Zin (1989) fas-
sen die Lotteriebäume $L_t \in \mathcal{L}_t$ auf als $(c_t, \mu) \in \mathcal{C}_t \times \mathrm{M}(\mathcal{L}_{t+1})$. Hier werden – wie in den
vorherigen Abschnitten – die Lotteriebäume $L_t \in \mathcal{L}_t$ über den unsicheren Konsumstrom
$(c_t, \tilde{c}_{t+1}, \tilde{c}_{t+2}, \ldots)$ dargestellt. Dabei ist $c_t \in \mathcal{C}_t$ sicher und $\tilde{c}_{t+i}$ eine Zufallsvariable auf $\mathcal{C}_{t+i}$
für $i \in \{1, 2, \ldots\}$.

Die Abbildung 4.7 zeigt beispielhaft den Aufbau eines Lotteriebaumes $L_0 \in \mathcal{L}_0$. Zu L_0
gehört der sichere Konsumwert $c_0 \in \mathcal{C}_0$ zum Zeitpunkt $t = 0$. Anschließend wird mit
Wahrscheinlichkeit α bzw. $1 - \alpha$ der nächste Lotteriebaum ausgewürfelt: $L_1^{(1)} \in \mathcal{L}_1$ oder
$L_1^{(2)} \in \mathcal{L}_1$. Zu $L_1^{(1)}$ gehört der dann sichere Konsumwert $c_1^{(1)} \in \mathcal{C}_1$ und die anschließende
Lotterie, die aus $L_2^{(1,1)} \in \mathcal{L}_1$ und $L_2^{(1,2)} \in \mathcal{L}_1$ besteht. Zu $L_1^{(2)}$ gehört der dann sichere
Konsumwert $c_1^{(2)} \in \mathcal{C}_1$ und die anschließende (sichere) Lotterie. Anders als bei Kreps und

---

[61]   Dieser Überblick erhebt keinen Anspruch auf Vollständigkeit.

[62]   Epstein und Zin (1989, S. 940 ff.) bauen ihre rekursive Struktur etwas anders auf. Dort entsteht der
       gesamte Baum durch Grenzwertbildung über den Zeitpunkt t gewisser Teilbäume, bei denen ab t
       der restliche Konsumstrom sicher ist.

[63]   Vgl. Epstein und Zin (1989, Theorem 2.1). Homöomorph bedeutet, dass es eine bijektive, stetige
       Abbildung mit stetiger Umkehrabbildung zwischen den Räumen gibt.

Abbildung 4.7: Struktur Lotteriebaum Epstein-Zin

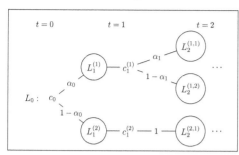

Die Abbildung zeigt beispielhaft den Aufbau eines Lotteriebaumes $L_0 \in \mathcal{L}_0$ bei Epstein und Zin (1989). Der Konsumwert zum Zeitpunkt $t = 0$ ist sicher $c_0 \in \mathcal{C}_0$. Anschließend wird der nächste Lotteriebaum ausgewürfelt: $L_1^{(1)} \in \mathcal{L}_1$ oder $L_1^{(2)} \in \mathcal{L}_1$. Zu $L_1^{(1)}$ bzw. $L_1^{(2)}$ gehört der dann sichere Konsumwert $c_1^{(1)} \in \mathcal{C}_1$ bzw. $c_1^{(2)} \in \mathcal{C}_1$ und die anschließende Lotterie.

Quelle: Eigene Darstellung.

Porteus (1978) besteht folglich ein Lotteriebaum zunächst aus einem sicheren Konsumwert (c_0) in Verbindung mit einer Lotterie über den möglichen, nachfolgenden Lotteriebaum $(L_1^{(1)}$ oder $L_1^{(2)})$.

Aufbauend auf dieser Struktur wird wie bei Epstein und Zin (1989, S. 944 f.) zunächst die allgemeine Form der rekursiven Nutzenfunktion $V_t : \mathcal{L}_t \to \mathbb{R}_+$ mit

$$V_t(c_t, \tilde{c}_{t+1}, \tilde{c}_{t+2}, \dots) = W_t(c_t, \nu[V_{t+1}(\tilde{c}_{t+1}, \tilde{c}_{t+2}, \dots)]) \tag{4.32}$$

für $(c_t, \tilde{c}_{t+1}, \tilde{c}_{t+2}, \dots) \in \mathcal{L}_t$ eingeführt. Dabei bezeichnet $W_t : \mathbb{R}_+ \times \mathbb{R}_+ \to \mathbb{R}_+$ eine monoton steigende Aggregatorfunktion und ν ein Sicherheitsäquivalent-Funktional. Ein Sicherheitsäquivalent-Funktional ν ist laut Epstein und Zin (1989, S. 944) eine Abbildung von den Borelschen Wahrscheinlichkeitsmaßen auf $\mathbb{R}_+$ nach $\mathbb{R}_+$ mit den Eigenschaften, dass ν konsistent mit der Stochastischen Dominanz erster und zweiter Ordnung[64] und $\nu[\delta_x] = x$ für alle Dirac-Maße δ_x mit Einheitsmasse $x \in \mathbb{R}_+$ ist. Wir bleiben hier bei der Notation aus den vorherigen Abschnitten und wenden ν nicht auf Wahrscheinlichkeitsmaße sondern auf Zufallsvariablen an. Man beachte dabei, dass $V_{t+1}(\tilde{c}_{t+1}, \tilde{c}_{t+2}, \dots)$ eine Zufallsvariable auf $\mathbb{R}_+$ für den (zum Zeitpunkt t) unsicheren Konsumstrom $(\tilde{c}_{t+1}, \tilde{c}_{t+2}, \dots)$ ist.

Gebräuchlichster Spezialfall: EZ-Nutzenfunktion

In ihrer weiteren Analyse beschränken sich Epstein und Zin (1989) auf die CES-Aggregatorfunktion $W_t : \mathbb{R}_+ \times \mathbb{R}_+ \to \mathbb{R}_+$

$$W_t(x, y) = \left((1 - \delta) x^{1 - \frac{1}{\psi}} + \delta y^{1 - \frac{1}{\psi}} \right)^{\frac{1}{1 - \frac{1}{\psi}}} \tag{4.33}$$

mit $0 < \delta < 1$ und konstanter *intertemporaler Substitutionselastizität* (EIS) $0 < \psi \neq 1$. Als mögliche Sicherheitsäquivalent-Funktionale geben Epstein und Zin (1989, S. 947 ff.) drei aufeinander aufbauende Klassen an. Die erste führt zu den zeit- und zustandsseparablen

---

[64]   Vgl. Trautmann (2007, S. 246 f.).

Nutzenfunktionen. Die dritte sind die impliziten Sicherheitsäquivalent-Funktionale nach Chew (1989) und Dekel (1986). Diese werden in Abschnitt 4.2.3 kurz angesprochen. Die wichtigste Form sind die CRRA-Sicherheitsäquivalent-Funktionale[65]

$$\nu(Z) = u^{-1}\left(E\left[u\left(Z\right)\right]\right) = E\left[Z^{1-\gamma}\right]^{\frac{1}{1-\gamma}} \qquad \text{für Zufallsvariablen } Z \text{ auf } \mathbb{R}_+ \qquad (4.34)$$

mit *konstanter relativer Risikoaversion* (CRRA) $0 < \gamma \neq 1$. Diese basieren auf der CRRA-Nutzenfunktion

$$u(x) = \frac{x^{1-\gamma}}{1-\gamma} \qquad (4.35)$$

und sind homogen vom Grad 1. Daraus folgt die Darstellung der *EZ-Nutzenfunktion* V_t : $\mathcal{L}_t \to \mathbb{R}_+$

$$V_t(c_t, \tilde{c}_{t+1}, \tilde{c}_{t+2}, \ldots) = \left((1-\delta) c_t^{1-\frac{1}{\psi}} + \delta E_t\left[V_{t+1}(\tilde{c}_{t+1}, \ldots)^{1-\gamma}\right]^{\frac{1-\frac{1}{\psi}}{1-\gamma}} \right)^{\frac{1}{1-\frac{1}{\psi}}}, \qquad (4.36)$$

die bereits in Gleichung (4.28) angesprochen wurde. Die Parameter $0 < \delta < 1$, $0 < \gamma \neq 1$ und $0 < \psi \neq 1$ können dabei auf folgende Art und Weise interpretiert werden. Backus, Routledge und Zin (2005, S. 341) fassen δ ähnlich zu Weil (1990) − wie oben angegeben − als konstanten Diskontierungsfaktor auf. Das Konzept der konstanten relativen Risikoaversion ist bereits wohlbekannt. Der zugehörige CRRA-Parameter γ beschreibt die (zeitlose) Präferenz bzgl. der Glättung über Zustände einer Verteilung. Das heißt, dass ein höherer CRRA-Parameter γ − also eine höhere Risikoaversion − zu einer stärkeren Präferenz für weniger Risiko − also kleineren Abweichungen im Mittel − führt. Ähnliches gilt für die intertemporale Substitutionselastizität ψ. Allerdings beschreibt diese eine intertemporale Präferenz bzgl. der Glättung über einen sicheren Konsumstrom. Das liegt daran, dass die Aggregatorfunktion W_t als eine Art CRRA-Sicherheitsäquivalent

$$W_t(x, y) = v^{-1}\left((1-\delta) v(x) + \delta v(y) \right) \qquad \text{mit} \qquad v(x) = \frac{x^{1-\frac{1}{\psi}}}{1-\frac{1}{\psi}} \qquad (4.37)$$

darstellbar ist. Dies veranschaulicht Abbildung 4.8. Anstelle der Eintrittswahrscheinlichkeiten der Zustände tritt der Zeitpräferenzparameter δ bzw. $1-\delta$. Werden die Exponenten in den Gleichungen in Abbildung 4.8 verglichen, so wird klar, dass anders als bei der Risikoaversion eine niedrigere EIS ψ zu einer stärkeren Präferenz für die Glättung eines sicheren Konsumstroms über die Zeit führt.

Eine weitere Herangehensweise zur Interpretation der intertemporalen Substitutionselastizität ψ geht über die intertemporale Grenzrate der Substitution iGRS in einem Ein-Perioden-Modell mit zwei Zeitpunkten unter Sicherheit. Bei vollkommenem Finanzmarkt entspricht diese laut Trautmann (2007, S. 43 f.) im Absolutbetrag der risikolosen Bruttoverzinsung $1 + r_f$:

---

[65]   Bei Epstein und Zin (1989, S. 947) werden diese mit Class 2 (Kreps/Porteus) bezeichnet.

Abbildung 4.8: Präferenz bzgl. Glättung durch CRRA und EIS

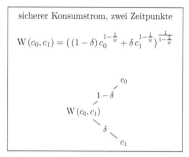

Verteilung mit zwei Zuständen z_1, z_2

$$\nu(\tilde{c}) = u^{-1}\left(E\left[u\left(\tilde{c}\right)\right]\right)$$
$$= \left((1-\alpha)c_{z_1}^{1-\gamma} + \alpha\, c_{z_2}^{1-\gamma}\right)^{\frac{1}{1-\gamma}}$$

sicherer Konsumstrom, zwei Zeitpunkte

$$W(c_0,c_1) = \left((1-\delta)c_0^{1-\frac{1}{\psi}} + \delta\, c_1^{1-\frac{1}{\psi}}\right)^{\frac{1}{1-\frac{1}{\psi}}}$$

Quelle: Eigene Darstellung.

Die Abbildung veranschaulicht die Gemeinsamkeiten von und Unterschiede zwischen dem Risikoaversionsparameter γ und der intertemporalen Substitutionselastizität ψ. Beide liefern Präferenzen bzgl. einer Glättung. Bei γ geht es um die Glättung über Zustände eines Zeitpunktes und bei ψ um die Glättung eines sicheren Konsumstroms im Zeitablauf. Hier werden beispielhaft zwei Zustände bzw. zwei Zeitpunkte betrachtet. Die Struktur der Konsumverteilung über die zwei Zustände mit Wahrscheinlichkeit α bzw. $1-\alpha$ bei der Risikoaversion ist vergleichbar mit der Struktur des Konsumstroms über die zwei Zeitpunkte mit Zeitpräferenz δ bzw. $1-\delta$. Während eine höhere Risikoaversion γ eine Präferenz für mehr Glättung bedeutet, ist es bei der intertemporalen Substitutionselastizität ψ anders herum.

$$\text{iGRS} := -\frac{\partial V(c_0,c_1)/\partial c_0}{\partial V(c_0,c_1)/\partial c_1} = -(1+r_f). \tag{4.38}$$

Aus der intertemporalen Grenzrate der Substitution und Gleichung (4.38) erhält man eine Darstellung des Parameters ψ, die das Konsumwachstum und die risikolose Bruttoverzinsung enthält. Dazu wird zunächst der Kehrwert der intertemporalen Grenzrate der Substitution für die EZ-Nutzenfunktion (vgl. Fußnote 59 und Gleichung (4.36) mit $V_1(c) = (1-\delta)^{\frac{1}{1-\frac{1}{\psi}}} \cdot c$)

$$V_0(c_0,c_1) = \left((1-\delta)c_0^{1-\frac{1}{\psi}} + \delta\cdot(1-\delta)\, c_1^{1-\frac{1}{\psi}}\right)^{\frac{1}{1-\frac{1}{\psi}}} \tag{4.39}$$

bestimmt:

$$-\frac{\partial V_0(c_0,c_1)/\partial c_1}{\partial V_0(c_0,c_1)/\partial c_0} = -\frac{\delta\cdot(1-\delta)\, c_1^{-\frac{1}{\psi}}\left((1-\delta)c_0^{1-\frac{1}{\psi}} + \delta\cdot(1-\delta)\, c_1^{1-\frac{1}{\psi}}\right)^{\frac{1}{1-\frac{1}{\psi}}-1}}{(1-\delta)\, c_0^{-\frac{1}{\psi}}\left((1-\delta)c_0^{1-\frac{1}{\psi}} + \delta\cdot(1-\delta)\, c_1^{1-\frac{1}{\psi}}\right)^{\frac{1}{1-\frac{1}{\psi}}-1}}$$

$$= -\delta\left(\frac{c_1}{c_0}\right)^{-\frac{1}{\psi}}.$$

Durch Auflösen nach dem Konsumwachstum und Anwenden des Logarithmus erhält man:

$$\log\left(\frac{c_1}{c_0}\right) = \psi\left(\log(\delta) - \log\left(\frac{\partial V_0(c_0,c_1)/\partial c_1}{\partial V_0(c_0,c_1)/\partial c_0}\right)\right). \tag{4.40}$$

Wird folgende Ableitung gebildet und Gleichung (4.38) ausgenutzt, so ergibt sich folgender Zusammenhang:

$$\psi = \frac{\partial \log(c_1/c_0)}{\partial\left(-\log\left(\frac{\partial V_0(c_0,c_1)/\partial c_1}{\partial V_0(c_0,c_1)/\partial c_0}\right)\right)} = \frac{\partial \log(c_1/c_0)}{\partial \log(1+r_f)}. \tag{4.41}$$

Die intertemporale Substitutionselastizität ψ ist also die Elastizität des Konsumwachstums c_1/c_0 bezüglich des relativen Preises des Konsums $1 + r_f$. Aus dieser Darstellung lässt sich folgern, dass durch die intertemporale Substitutionselastizität zwei verschiedene Effekte beschrieben werden: der Einkommenseffekt und der Substitutionseffekt. Der Einkommenseffekt sagt aus, dass ein höherer risikoloser Zinssatz zu mehr Konsum in *allen* Perioden führt; während der Substitutionseffekt aussagt, dass ein höherer risikoloser Zinssatz zu einer Änderung des Konsumwachstums (zu Gunsten des morgigen Konsums) führt. Bei einer EIS von $\psi > 1$ dominiert der Substitutionseffekt − der „Zähler" $\partial \log(c_1/c_0)$ hat mehr Gewicht. Bei einer EIS von $0 < \psi < 1$ dominiert der Einkommenseffekt − der „Nenner" $\partial \log(1 + r_f)$ hat mehr Gewicht.[66]

Als Nächstes wird gezeigt, dass die Präferenz bzgl. des Zeitpunktes der Auflösung von Unsicherheit von dem Verhältnis der beiden Parameter γ und ψ abhängt. Dies wird mittels des Satzes 4.7 bewiesen. Daraus folgt dann auch, dass das Indifferenzproblem der zeit- und zustandsseparablen Nutzenfunktion bzgl. der Präferenz für frühe (oder späte) Auflösung von Unsicherheit durch Erweiterung auf die EZ-Nutzenfunktion gelöst wird. Ein Beispiel wird dies veranschaulichen und auch das zweite Indifferenzproblem bzgl. der Präferenz bzgl. Diversifikation über die Zeit aufgreifen.

4.2.2 Präferenz für frühe Auflösung von Unsicherheit

Eine Präferenz für frühe Auflösung von Unsicherheit liegt vor, wenn der CRRA-Parameter γ größer als der Kehrwert des EIS-Parameters ψ ist. Um dies mittels des Satzes 4.7 zu zeigen, muss zunächst die EZ-Nutzenfunktion (Gleichung (4.36)) in die Struktur von Kreps und Porteus (1978)

$$U_t(c_t, \tilde{c}_{t+1}, \tilde{c}_{t+2}, \dots) = H_t\left(c_t, E_t\left[U_{t+1}(\tilde{c}_{t+1}, \tilde{c}_{t+2}, \dots)\right]\right) \tag{4.42}$$

gebracht werden. Nach Epstein und Zin (1989, S. 948) wird dies durch die ordinal äquivalente Darstellung[67]

$$U_t(c_t, \tilde{c}_{t+1}, \tilde{c}_{t+2}, \dots) = \frac{V_t(c_t, \tilde{c}_{t+1}, \tilde{c}_{t+2}, \dots)^{1-\gamma}}{1-\gamma}, \qquad U_t : \mathcal{L}_t \to \mathbb{R} \tag{4.43}$$

---

[66] Vgl. Campbell und Viceira (2002, S. 53 f.).

[67] Beide Darstellungen erzeugen dieselben Präferenzen.

und die Aggregatorfunktion $H_t : \mathbb{R}_+ \times \mathbb{R}_+ \to \mathbb{R}_+$ für $0 < \gamma < 1$ bzw.[68] $H_t : \mathbb{R}_+ \times \mathbb{R}_- \to \mathbb{R}_-$ für $1 < \gamma$

$$H_t(x,y) = \frac{\left((1-\delta)\, x^{1-\frac{1}{\psi}} + \delta\, ((1-\gamma)\, y)^{\frac{1-\frac{1}{\psi}}{1-\gamma}} \right)^{\frac{1-\gamma}{1-\frac{1}{\psi}}}}{1-\gamma} \qquad (4.44)$$

erreicht. Darauf kann Satz 4.7 angewandt werden und das folgende Korollar lässt sich beweisen.

Korollar 4.9 (Zusammenhang EZ-Parameter und zeitliche Präferenz). *Es gilt zwischen der EZ-Nutzenfunktion V_t (Gleichung (4.36)) und der Präferenz bzgl. des Zeitpunktes der Auflösung von Unsicherheit im Sinne von Definition 4.6 und Kreps und Porteus (1978) folgender Zusammenhang:*

$$\gamma \geq \frac{1}{\psi} \qquad \Longleftrightarrow \qquad \textit{Präferenz für frühe Auflösung}$$

$$\gamma = \frac{1}{\psi} \qquad \Longleftrightarrow \qquad \textit{Indifferenz}$$

$$\gamma \leq \frac{1}{\psi} \qquad \Longleftrightarrow \qquad \textit{Präferenz für späte Auflösung.}$$

Beweis. Durch die ordinal äquivalente Darstellung U_t (Gleichung (4.42) bzw. (4.43)) der EZ-Nutzenfunktion V_t (Gleichung (4.36)) genügt es wegen Satz 4.7 die Krümmung der Aggregatorfunktion H_t (Gleichung (4.44)) im zweiten Argument für den relevanten Definitionsbereich zu analysieren.

Indifferenz $\Leftrightarrow \gamma = 1/\psi$:
Nach Satz 4.7 liegt eine Indifferenz bzgl. der Auflösung von Unsicherheit genau dann vor, wenn die Aggregatorfunktion im zweiten Argument linear ist − das heißt für alle $x \in \mathbb{R}_+$ die Form

$$H_t(x,y) = a(x) + b(x) \cdot y$$

für Konstanten $a(x), b(x) \in \mathbb{R}$ besitzt. Anhand der Form der Aggregatorfunktion H_t ist direkt ersichtlich, dass dies genau dann der Fall ist, wenn $\gamma = 1/\psi$ ist.

Präferenz für frühe Auflösung $\Leftrightarrow \gamma \geq 1/\psi$:
Nach Satz 4.7 liegt eine Präferenz für frühe Auflösung von Unsicherheit genau dann vor, wenn die Aggregatorfunktion im zweiten Argument konvex ist. Eine zweimal differenzierbare Funktion ist genau dann konvex, wenn die zweite Ableitung größer gleich null ist. Es wird für festes $x \in \mathbb{R}_+$ die zweite Ableitung von $H_t(x,y)$ nach y

$$\frac{\partial^2 H(x,y)}{(\partial y)^2} = \frac{\partial}{\partial y}\left[\delta\,((1-\gamma)\,y)^{\frac{1-\frac{1}{\psi}}{1-\gamma}-1} \cdot \left((1-\delta)\, x^{1-\frac{1}{\psi}} + \delta\,((1-\gamma)\,y)^{\frac{1-\frac{1}{\psi}}{1-\gamma}} \right)^{\frac{1-\gamma}{1-\frac{1}{\psi}}-1} \right]$$

---

[68] Die Fallunterscheidung ist notwendig, damit die Funktion wohldefiniert ist.

$$= \frac{\partial}{\partial y} \left[\delta \left((1-\gamma) y \right)^{\frac{\gamma - \frac{1}{\psi}}{1-\gamma}} \cdot \left((1-\delta) x^{1-\frac{1}{\psi}} + \delta \left((1-\gamma) y \right)^{\frac{1-\frac{1}{\psi}}{1-\gamma}} \right)^{\frac{\frac{1}{\psi}-\gamma}{1-\frac{1}{\psi}}} \right]$$

$$= \left(\gamma - \frac{1}{\psi} \right) \delta \left((1-\gamma) y \right)^{\frac{\gamma - \frac{1}{\psi}}{1-\gamma}-1} \left((1-\delta) x^{1-\frac{1}{\psi}} + \delta \left((1-\gamma) y \right)^{\frac{1-\frac{1}{\psi}}{1-\gamma}} \right)^{\frac{\frac{1}{\psi}-\gamma}{1-\frac{1}{\psi}}}$$

$$+ \left(\gamma - \frac{1}{\psi} \right) \left(\delta \left((1-\gamma) y \right)^{\frac{\gamma - \frac{1}{\psi}}{1-\gamma}} \right)^2 \left((1-\delta) x^{1-\frac{1}{\psi}} + \delta \left((1-\gamma) y \right)^{\frac{1-\frac{1}{\psi}}{1-\gamma}} \right)^{\frac{\frac{1}{\psi}-\gamma}{1-\frac{1}{\psi}}-1}$$

betrachtet. Da alle Faktoren bis auf $\gamma - 1/\psi$ größer null sind, ist die Aggregatorfunktion genau dann im zweiten Argument konvex, wenn $\gamma \geq 1/\psi$ ist.

Präferenz für späte Auflösung $\Leftrightarrow \gamma \leq 1/\psi$:
Nach Satz 4.7 liegt eine Präferenz für späte Auflösung von Unsicherheit genau dann vor, wenn die Aggregatorfunktion im zweiten Argument konkav ist. Eine zweimal differenzierbare Funktion ist genau dann konkav, wenn die zweite Ableitung kleiner gleich null ist. Da alle Faktoren der zweiten Ableitung von H_t bis auf $\gamma - 1/\psi$ größer null sind, ist die Aggregatorfunktion genau dann im zweiten Argument konkav, wenn $\gamma \leq 1/\psi$ ist.   *qed*

Man beachte bei Korollar 4.9, dass nach Definition 4.6 eine Indifferenz bzgl. des Zeitpunktes der Auflösung von Unsicherheit gleichzeitig sowohl eine Präferenz für frühe Auflösung von Unsicherheit als auch eine Präferenz für späte Auflösung von Unsicherheit beinhaltet. Folgende Definition dient der strikteren Trennung zwischen den Begriffen.

Definition 4.10 (Strikte Präferenz). *Im Kontext der EZ-Nutzenfunktionen* V_t *(Gleichung (4.36)) liegt eine* strikte Präferenz für frühe Auflösung von Unsicherheit *vor, falls*

$$\gamma > \frac{1}{\psi}$$

ist. Eine strikte Präferenz für späte Auflösung von Unsicherheit *liegt vor, falls*

$$\gamma < \frac{1}{\psi}$$

ist.

Abschließend werden die Indifferenzprobleme aus dem Vorspann des Kapitels noch einmal betrachtet. Von den in den Abbildungen 4.1 und 4.2 dargestellten Konsumströmen wird K_3^B leicht angepasst, damit keine Probleme bedingt durch die Unendlichkeit der Konsumströme auftauchen. Dafür wird der Konsumstrom ab dem Zeitpunkt $t = 2$ zu einem sicheren, konstanten Konsumstrom in Höhe des zuletzt ausgewürfelten Wertes. Die vier betrachteten Konsumströme sind in Abbildung 4.9 dargestellt. Für die Berechnung der Nutzen der einzelnen Konsumströme wird zunächst der Nutzen eines sicheren Konsumstroms $c, c, \ldots$ ausgerechnet. Dieser kommt in allen vier Konsumströmen ab Zeitpunkt

Abbildung 4.9: Indifferenzprobleme

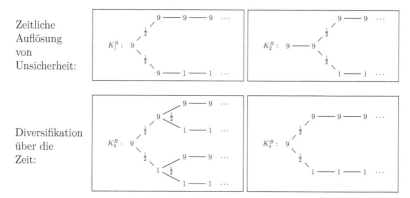

Quelle: Eigene Darstellung.

Die Abbildung zeigt die Konsumströme aus den Abbildungen 4.1 und 4.2. Dabei ist K_3^B insofern angepasst, dass ab Zeitpunkt $t = 2$ der Konsumstrom sicher ist. Die oberen Konsumströme stellen das Indifferenzproblem „zeitliche Auflösung von Unsicherheit" und die unteren das Indifferenzproblem „Diversifikation über die Zeit" der zeit- und zustandsseparablen Nutzenfunktion dar.

$t = 2$ mit $c = 1$ bzw. $c = 9$ vor. Der EZ-Nutzen eines sicheren Konsumstroms $c, c, \ldots$ ist $V_t(c, c, \ldots) = c$, da[69]

$$V_t(c, c, \ldots)^{1 - \frac{1}{\psi}} = (1 - \delta) c^{1 - \frac{1}{\psi}} + \delta \operatorname{E}_t \left[V_{t+1}(c, \ldots)^{1 - \gamma} \right]^{\frac{1 - \frac{1}{\psi}}{1 - \gamma}}$$

$$= (1 - \delta) c^{1 - \frac{1}{\psi}} + \delta V_t(c, \ldots)^{1 - \frac{1}{\psi}}$$

ist. Damit können die EZ-Nutzen der vier Konsumströme ausgerechnet werden als

$$V_0(K_1^B) = \left((1 - \delta) 9^{1 - \frac{1}{\psi}} + \delta \left(\frac{9^{1-\gamma} + \left((1-\delta)9^{1-\frac{1}{\psi}} + \delta \right)^{\frac{1-\gamma}{1-\frac{1}{\psi}}}}{2} \right)^{\frac{1 - \frac{1}{\psi}}{1 - \gamma}} \right)^{\frac{1}{1 - \frac{1}{\psi}}}$$

$$V_0(K_2^B) = \left((1 - \delta) 9^{1 - \frac{1}{\psi}} + \delta (1 - \delta) 9^{1 - \frac{1}{\psi}} + \delta^2 \left(\frac{9^{1-\gamma} + 1}{2} \right)^{\frac{1 - \frac{1}{\psi}}{1 - \gamma}} \right)^{\frac{1}{1 - \frac{1}{\psi}}}$$

---

[69] Die Funktionen V_t und V_{t+1} sind bedingt durch den unendlichen Zeithorizont und die gewählte Struktur identisch.

Abbildung 4.10: Präferenzen für frühe Auflösung/Diversifikation

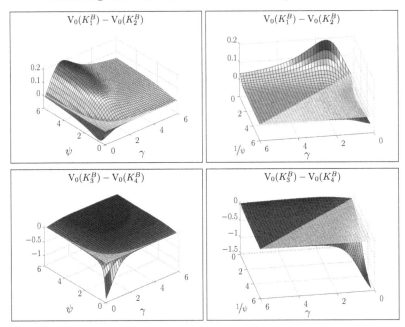

Quelle: Eigene Darstellung und Berechnungen.

Die Abbildung zeigt die Differenzen $V_0(K_1^B) - V_0(K_2^B)$ (oben) und $V_0(K_3^B) - V_0(K_4^B)$ (unten) mit $\delta = 0{,}95$ für die Konsumströme aus den Abbildungen 4.1 und 4.2. Links sind jeweils Parameterpaare γ, ψ und rechts γ, $1/\psi$ zugrunde gelegt. Die Nullebene ist jeweils transparent eingezeichnet. Punkte auf der Nullebene bedeuten Indifferenz und Punkte oberhalb Präferenz für frühe Auflösung (oben) bzw. für Diversifikation über die Zeit (unten). Entscheidend ist das Verhältnis zwischen γ und $1/\psi$.

$$V_0(K_3^B) = \left((1-\delta)9^{1-\frac{1}{\psi}} + \delta \cdot \right.$$

$$\left. \frac{\left(\left((1-\delta)9^{1-\frac{1}{\psi}} + \delta \left(\frac{9^{1-\gamma}+1}{2} \right)^{\frac{1-\frac{1}{\psi}}{1-\gamma}} \right)^{\frac{1-\gamma}{1-\frac{1}{\psi}}} + \left((1-\delta) + \delta \left(\frac{9^{1-\gamma}+1}{2} \right)^{\frac{1-\frac{1}{\psi}}{1-\gamma}} \right)^{\frac{1-\gamma}{1-\frac{1}{\psi}}} \right)^{\frac{1-\frac{1}{\psi}}{1-\gamma}}}{2^{\frac{1-\frac{1}{\psi}}{1-\gamma}}} \right)^{\frac{1}{1-\frac{1}{\psi}}}$$

$$V_0(K_4^B) = \left((1-\delta)9^{1-\frac{1}{\psi}} + \delta \left(\frac{9^{1-\gamma}+1}{2} \right)^{\frac{1-\frac{1}{\psi}}{1-\gamma}} \right)^{\frac{1}{1-\frac{1}{\psi}}} .$$

Die ersten beiden Nutzen stellen ein Beispiel für die Präferenz bzgl. des Zeitpunktes der Auflösung von Unsicherheit dar. Ist die Differenz $V_0(K_1^B) - V_0(K_2^B)$ größer (kleiner) null, so liegt eine strikte Präferenz für frühe (späte) Auflösung von Unsicherheit vor. Ist diese gleich null, so liegt eine Indifferenz bzgl. des Zeitpunktes der Auflösung von Unsicherheit vor. Die anderen beiden Nutzen stellen ein Beispiel für die Präferenz bzgl. Diversifikation über die Zeit dar. Ist die Differenz $V_0(K_3^B) - V_0(K_4^B)$ größer null, so liegt eine Präferenz für Diversifikation über die Zeit vor. Abbildung 4.10 betrachtet diese Differenzen für $\delta = 0{,}95$ und unterschiedliche Parameterpaare γ, ψ. Die Ebenen in den oberen Graphen zeigen die Nutzendifferenz $V_0(K_1^B) - V_0(K_2^B)$ in Abhängigkeit von γ und ψ (linkes Bild) bzw. γ und $1/\psi$ (rechtes Bild). Die Ebenen in den unteren Graphen zeigen die Nutzendifferenz $V_0(K_3^B) - V_0(K_4^B)$ ebenfalls in Abhängigkeit von γ und ψ (linkes Bild) bzw. γ und $1/\psi$ (rechtes Bild). In allen Graphen ist die Nullebene als semi-transparentes Gitter eingezeichnet. Liegt also die jeweilige Ebene an einer Stelle oberhalb der Nullebene, so liegt für dieses Parameterpaar eine Präferenz für frühe Auflösung von Unsicherheit bzw. eine Präferenz für Diversifikation über die Zeit vor. Es lässt sich an den Schnittlinien (die Kurven links und die Geraden rechts) mit der Nullebene erkennen, dass für beide Präferenzprobleme eine Indifferenz bei $\gamma = 1/\psi$ vorliegt. Die Präferenz für frühe Auflösung von Unsicherheit liegt wie die Präferenz für Diversifikation über die Zeit bei $\gamma > 1/\psi$ vor. Anhand dieses Beispiels lässt sich vermuten, dass die EZ-Nutzenfunktionen nicht zwischen den beiden Präferenzen differenzieren können. Eine Untersuchung dieses Zusammenhangs bzw. gar eine Erweiterung der Nutzenfunktionen, um eine Unterscheidung zu ermöglichen, liegt im Rahmen dieser Dissertation.

Als Nächstes wird ein kurzer Überblick über die Erweiterungen der EZ-Nutzenfunktionen sowie ein kurzer Überblick über die Entwicklung der rekursiven Nutzenfunktionen gegeben.

4.2.3 Erweiterungen

In diesem Unterabschnitt werden Ansätze bzw. Veröffentlichungen vorgestellt, die die vorgestellten EZ-Nutzenfunktionen erweitern. Dabei wird keine genaue Analyse vorgenommen, sondern lediglich die jeweilige Idee bzw. erweiterte Darstellung grob skizziert.

Zunächst wird die Erweiterung der EZ-Nutzenfunktionen betrachtet, die bereits bei Epstein und Zin (1989, S. 948) als dritte Sicherheitsäquivalent-Klasse eingeführt wird. Diese basiert auf den **impliziten Chew (1989)-Dekel (1986)-Sicherheitsäquivalent-Funktionalen** ν definiert durch

$$0 = \mathrm{E}\left[\phi\left(Z, \nu(Z)\right)\right] \tag{4.45}$$

mit $\phi(x, y)$ monoton steigend in x, monoton fallend und konkav in y, stetig in beiden Argumenten und $\phi(x,x) = 0$. Die EZ-Nutzenfunktionen (Gleichung (4.36)) sind ein Spezialfall, da man durch Wahl von $\phi(x,y) = \mathrm{u}(x) - \mathrm{u}(y)$ mit der CRRA-Nutzenfunktion u (Gleichung (4.35)) für ν

$$0 = \mathrm{E}\left[\mathrm{u}\left(Z\right) - \mathrm{u}\left(\nu(Z)\right)\right] = \mathrm{E}\left[\mathrm{u}\left(Z\right)\right] - \mathrm{u}\left(\nu(Z)\right)$$

$$\Rightarrow \qquad \nu(Z) = \mathrm{u}^{-1}\left(\mathrm{E}\left[\mathrm{u}\left(Z\right)\right]\right)$$

erhält. Durch diese Sicherheitsäquivalent-Funktionale kann das bekannte Allais-Paradoxon gelöst werden. Die von Neumann-Morgenstern-Axiomatik wird durch die impliziten Sicherheitsäquivalent-Funktionale so verändert, dass aus dem Axiom vNM-3 das folgende Axiom wird.[70]

Axiom vNM-3′ (Betweenness). *Für alle $L, L' \in \mathcal{L}$ gilt:*

$$L \sim L' \quad \Longrightarrow \quad L \sim \alpha\,L + (1 - \alpha)\,L'$$

für alle $\alpha \in [0,1]$.

Ein anderer Spezialfall der impliziten Sicherheitsäquivalenz-Funktionale bildet die „Generalized Disappointment Aversion" von Routledge und Zin (2010) basierend auf Gul (1991). Dort wird $\phi(x, y) = \mathrm{u}(x) - \mathrm{u}(y) - \eta \cdot (\mathrm{u}(\beta\,y) - \mathrm{u}(x))^{+}$ gesetzt, wodurch folgende implizite Darstellung

$$\mathrm{u}\left(\nu(Z)\right) = \mathrm{E}\left[\mathrm{u}\left(Z\right) - \eta \cdot \left(\mathrm{u}\left(\beta\,\nu(Z)\right) - \mathrm{u}\left(Z\right)\right)^{+}\right] \tag{4.46}$$

für eine Periodennutzenfunktion u herauskommt. Dabei ist β ein Parameter, der die Enttäuschungsschwelle festlegt, und η beschreibt die Intensität der Enttäuschungsaversion. Die Darstellung kann so interpretiert werden, dass mögliche Ausgänge der Zufallsvariable Z mit $\mathrm{u}(Z) < \mathrm{u}(\beta\nu)$ den Nutzen des Sicherheitsäquivalents $\mathrm{u}(\nu(Z))$ verringern. Daher der Begriff „Disappointment Aversion" bzw. Enttäuschungsaversion.

Eine andere Erweiterung stammt von Duffie und Epstein (1992). Die EZ-Nutzenfunktionen werden zu **zeitstetigen rekursiven Nutzenfunktionen** erweitert. Duffie und Epstein (1992, S. 365) erhalten als (normalisierte) allgemeine Darstellung[71]

$$\bar{\mathrm{V}}_t = \mathrm{E}\left[\int_t^T \bar{\mathrm{W}}_{\mathrm{st}}\left(c_s, \bar{\mathrm{V}}_s\right) ds\right]. \tag{4.47}$$

Dabei sind das aus dem Diskreten übertragene Sicherheitsäquivalent-Funktional ν_{st} und die Aggregatorfunktion W_{st} normalisiert zu $\bar{\nu}_{\mathrm{st}}(.) = \mathrm{E}[.]$ und $\bar{\mathrm{W}}_{\mathrm{st}}$. Wie diese in Bezug auf die EZ-Nutzenfunktionen mit CRRA-Sicherheitsäquivalent (Gleichung (4.36)) und mit Chew (1989)-Dekel (1986)-Sicherheitsäquivalent aussehen, stellen Duffie und Epstein (1992, S. 367 und S. 370) vor. Im Falle der EZ-Nutzenfunktion (Gleichung (4.36)) haben diese die Form

$$\mathrm{W}_{\mathrm{st}}(x, y) = \frac{\delta}{1 - \frac{1}{\psi}} \cdot \frac{x^{1 - \frac{1}{\psi}} - y^{1 - \frac{1}{\psi}}}{y^{-\frac{1}{\psi}}} \qquad \qquad \nu_{\mathrm{st}}(Z) = \mathrm{E}\left[Z^{1-\gamma}\right]^{\frac{1}{1-\gamma}} \tag{4.48}$$

---

[70] Vgl. Schmidt (2004, S. 771 ff.).

[71] Hier wird diese etwas vereinfacht dargestellt. So wird die Filtration bei der Erwartungswertbildung unterdrückt und die Struktur von Sicherheitsäquivalent und Aggregatorfunktion nur angedeutet. Der Zeithorizont wird beschränkt, obschon der Anhang von Duffie und Epstein (1992) eine Version mit unendlichem Zeithorizont nach Costis Skiadas enthält.

$$\bar{W}_{st}(x,y) = \frac{\delta}{1-\frac{1}{\psi}} \cdot \frac{x^{1-\frac{1}{\psi}} - ((1-\gamma)y)^{\frac{1-\frac{1}{\psi}}{1-\gamma}}}{((1-\gamma)y)^{\frac{1-\frac{1}{\psi}}{1-\gamma}-1}} \qquad \bar{\nu}_{st}(Z) = \mathrm{E}\,[Z]\,, \qquad (4.49)$$

wobei die Bedeutung der Parameter bestehen bleibt. Der Übergang vom Zeitdiskreten zum Zeitstetigen wird in Duffie und Epstein (1992) nur durch eine Heuristik angedeutet. Kraft und Seifried (2010, S. 122) weisen darauf hin, dass diese Heuristik − wie dargestellt − nicht korrekt ist. Problematisch ist, dass der Raum der Wahrscheinlichkeitsmaße nicht abgeschlossen bzgl. elementweiser Addition ist. In Kraft und Seifried (2014) wird der korrekte Übergang vom Zeitdiskreten zum Zeitstetigen ausgeführt.

Die letzte hier vorgestellte Erweiterung basiert auf Ju und Miao (2012). Zusätzlich zu dem Risiko, das durch den Zufall in den Lotterien vorliegt, wird eine **Ambiguität bzw. Unsicherheit bzgl. der wahren Verteilung** modelliert. Die einperiodige Grundlage stammt unter anderem von Klibanoff, Marinacci und Mukerji (2005). Die Ambiguität wird dabei derart modelliert, dass eine Verteilung μ_t über die möglichen Verteilungen $L_t \in \mathcal{L}_t$ betrachtet wird. Dadurch erweitert sich das Sicherheitsäquivalent-Funktional zu einem doppelten Sicherheitsäquivalent-Funktional, bei dem zwei Periodennutzenfunktionen u mit Erwartungswert bzgl. L_t und v mit Erwartungswert bzgl. μ_t verwendet werden. Die allgemeine Darstellung lautet nach Ju und Miao (2012, S. 564)

$$V_t(c_t, \tilde{c}_{t+1}, \tilde{c}_{t+2}, \dots) = W_t(c_t, \nu_\mu[V_{t+1}(\tilde{c}_{t+1}, \tilde{c}_{t+2}, \dots)]) \qquad (4.50)$$

$$\nu_\mu(Z) = v^{-1}\left(\mathrm{E}_{\mu_t}\left[v \circ u^{-1}\left(\mathrm{E}_{L_t}\left[u(Z)\right]\right)\right]\right) \qquad (4.51)$$

und die spezielle Kreps-Porteus-Darstellung nach Ju und Miao (2012, S. 565)

$$V_t(c_t, \tilde{c}_{t+1}, \dots) = \left((1-\delta)c_t^{1-\frac{1}{\psi}} + \delta\,\nu_\mu[V_{t+1}(\tilde{c}_{t+1}, \dots)]^{1-\frac{1}{\psi}}\right)^{\frac{1}{1-\frac{1}{\psi}}} \qquad (4.52)$$

$$\nu_\mu(Z) = \mathrm{E}_{\mu_t}\left[\mathrm{E}_{L_t}\left[Z^{1-\gamma}\right]^{\frac{1-\eta}{1-\gamma}}\right]^{\frac{1}{1-\eta}}. \qquad (4.53)$$

Dabei haben die Parameter die gleiche Bedeutung, die weiter oben diskutiert wurde. Zusätzlich stellt der Parameter η die Ambiguitätsaversion bzgl. der wahren Verteilung ähnlich der Bedeutung des CRRA-Parameters γ dar.

Abbildung 4.11 stellt die Erweiterungen und Vorläufer der EZ-Nutzenfunktionen anschaulich dar. Koopmans (1960) führte die rekursive Struktur unter Sicherheit ein. Kreps und Porteus (1978) und Epstein und Zin (1989) (und damit auch die Form der CES-Aggregatorfunktion und des CRRA-Sicherheitsäquivalents) sind in diesem Kapitel ausführlich dargestellt. Die Erweiterungen bzw. die impliziten Sicherheitsäquivalente sind in diesem Unterabschnitt knapp dargestellt.

Abbildung 4.11: Entwicklung der rekursiven Nutzenfunktionen

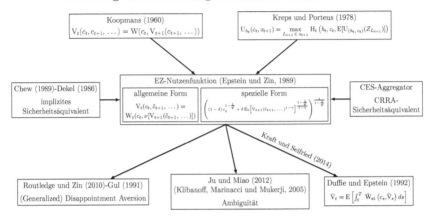

Quelle: Eigene Darstellung.

Die Abbildung stellt die Entwicklung der rekursiven Nutzenfunktionen um die Arbeit von Epstein und Zin (1989) dar.

4.3 Das Equity Premium Puzzle und eine mögliche Lösung

In diesem Abschnitt wird gezeigt, welchen Nutzen die EZ-Nutzenfunktionen stiften. Mit ihnen kann das Equity Premium Puzzle gelöst bzw. abgeschwächt werden. Dazu wird zunächst das Equity Premium Puzzle nach Mehra und Prescott (1985) bzw. Mehra und Prescott (2003) in Abschnitt 4.3.1 vorgestellt. Dort wird auch die direkte Erweiterung des Modells von Mehra und Prescott (1985) mit EZ-(Weil)-Nutzenfunktion durch Weil (1989) und dessen Risk-Free Rate Puzzle angesprochen. Die Lösung mittels des Long Run Risk Models (LRRM) von Bansal und Yaron (2004) wird in Abschnitt 4.3.2 behandelt.

Das Equity Premium Puzzle beschreibt die Diskrepanz zwischen Modell und Wirklichkeit im Hinblick auf die Risikoprämie der riskanten Wertpapiere bzw. des Marktportefeuilles gegenüber dem risikolosen Zinssatz. Als Modell dient dabei das Consumption Based Capital Asset Pricing Model (CCAPM)[72] mit zeit- und zustandsseparabler Nutzenfunktion mit CRRA-Periodennutzenfunktion. Die über verschiedene Zeiträume (1802–2000)[73] beobachtete Risikoprämie lässt sich dabei nur mit einer unrealistisch hohen Risikoaversion erklären.

---

[72] Vgl. Lucas (1978).

[73] Vgl. Mehra und Prescott (2003).

4.3.1 Das Equity Premium Puzzle

Zunächst wird die klassische Variante von Mehra und Prescott (1985) vorgestellt. Diese basiert auf folgendem CCAPM in Anlehnung an Lucas (1978). Die Ökonomie wird auf Makroebene betrachtet — beispielsweise dargestellt durch einen einzelnen Baum mit verderblicher Frucht wie bei Weil (1989) oder durch ein Marktportefeuille, das eine Dividende zahlt. Die komplette Wirtschaftsleistung der Ökonomie wird im Gleichgewicht konsumiert[74] und wird daher zum Zeitpunkt t mit c_t bezeichnet. Das Wachstum der Wirtschaftsleistung der Ökonomie — gleichbedeutend mit dem Konsumwachstum — wird mit $g_{ct} = c_t/c_{t-1}$ notiert und durch die ergodische Markovkette[75]

$$\text{P}\left[g_{ct+1} = g_c{}^+, g_{ct} = g_c{}^+\right] = \text{P}\left[g_{ct+1} = g_c{}^-, g_{ct} = g_c{}^-\right] = \alpha$$

$$\text{P}\left[g_{ct+1} = g_c{}^+, g_{ct} = g_c{}^-\right] = \text{P}\left[g_{ct+1} = g_c{}^-, g_{ct} = g_c{}^+\right] = 1 - \alpha \qquad (4.54)$$

mit $g_c{}^-, g_c{}^+ \in \mathbb{R}_+$, $0 \leq \alpha \leq 1$ und den beiden möglichen Zuständen $-, +$ beschrieben. Außerdem existiert ein repräsentativer Investor, der eine zeit- und zustandsseparable Nutzenfunktion U (Gleichung (4.3)) mit CRRA-Periodennutzenfunktion u (Gleichung (4.35)) maximiert. Zusätzlich wird angenommen, dass für die folgende Matrix

$$\lim_{n\to\infty} \delta^n \begin{pmatrix} \alpha\,(g_c{}^+)^{1-\gamma} & (1-\alpha)\,(g_c{}^-)^{1-\gamma} \\ (1-\alpha)\,(g_c{}^+)^{1-\gamma} & \alpha\,(g_c{}^-)^{1-\gamma} \end{pmatrix}^n = 0 \qquad (4.55)$$

ist. Es seien ein risikoloses Wertpapier mit (realem) Zinssatz $r_{f,t} = (r_{f,t}^-, r_{f,t}^+)$ und ein Wertpapier mit Preis $S_t = (S_t^-, S_t^+)$ und (realer) diskreter Nettorendite $R_{t+1} = (R_{t+1}^-, R_{t+1}^+)$ in den Zuständen $-, +$ handelbar, das die gesamte Ökonomie abbildet und im (stationären) Gleichgewicht homogen vom Grad 1 ($S_t^+ = k^+ \cdot c_t$ bzw. $S_t^- = k^- \cdot c_t$) ist.[76] Über die Eulergleichung[77] leiten Mehra und Prescott (1985, S. 151 ff.) unter der Homogenität das „quasi-lineare" Gleichungssystem in $\text{E}[r_{f,t}]$, $\text{E}[R_t]$, k^+ und k^- — gegeben die Parameter der Markovkette und der Nutzenfunktion —[78]

$$\text{E}[r_{f,t}] = \frac{1}{2}\,r_{f,t}^+ + \frac{1}{2}\,r_{f,t}^-$$

$$= \frac{1}{2}\left(\frac{1}{\delta\left(\alpha\,(g_c{}^+)^{-\gamma} + (1-\alpha)\,(g_c{}^-)^{-\gamma}\right)} - 1\right)$$

---

[74] Vgl. Weil (1989, S. 407).

[75] Mehra und Prescott (1985) betrachten mehr als zwei Zustände in ihrem theoretischen Teil — beschränken sich allerdings in der Empirie auf zwei Zustände.

[76] Vgl. Weil (1989, S. 407).

[77] Der Erwartungswert von stochastischem Diskontierungsfaktor multipliziert mit Wertpapierrendite ist gleich eins für alle Wertpapiere.

[78] Das Gleichungssystem ist „quasi-linear", da aus den letzten beiden Gleichungen k^+ und k^- bestimmt und die ersten beiden Gleichungen gelöst werden können. Der invariante Vektor π aus Mehra und Prescott (1985, S. 153) ist hier wegen der Struktur der Markovkette $\pi = (1/2, 1/2)$. Die letzten beiden Gleichungen sind die Gleichungen (9) von Mehra und Prescott (1985) und die ersten beiden entstehen durch Zusammensetzen der Gleichungen (10)–(14).

$$+ \frac{1}{2} \left(\frac{1}{\delta \left(\alpha \, (g_c{}^-)^{-\gamma} + (1 - \alpha) \, (g_c{}^+)^{-\gamma} \right)} - 1 \right)$$

$$E[R_{t+1}] = \frac{1}{2} R_{t+1}^+ + \frac{1}{2} R_{t+1}^- \tag{4.56}$$

$$= \frac{1}{2} \left(\alpha \left(\frac{g_c{}^+(k^+ + 1)}{k^+} - 1 \right) + (1 - \alpha) \left(\frac{g_c{}^-(k^- + 1)}{k^+} - 1 \right) \right)$$

$$+ \frac{1}{2} \left(\alpha \left(\frac{g_c{}^-(k^- + 1)}{k^-} - 1 \right) + (1 - \alpha) \left(\frac{g_c{}^+(k^+ + 1)}{k^-} - 1 \right) \right)$$

$$k^+ = \delta \left(\alpha \left(g_c{}^+ \right)^{1-\gamma} (k^+ + 1) + (1 - \alpha) \left(g_c{}^- \right)^{1-\gamma} (k^- + 1) \right)$$

$$k^- = \delta \left(\alpha \left(g_c{}^- \right)^{1-\gamma} (k^- + 1) + (1 - \alpha) \left(g_c{}^+ \right)^{1-\gamma} (k^+ + 1) \right)$$

her. Mehra und Prescott (1985, S. 154) schätzen anhand US-Daten im Zeitraum 1889−1978 die Parameter der Markovkette als $\alpha = 0{,}43$, $g_c{}^- = 1 + 0{,}018 - 0{,}036 = 0{,}982$ und $g_c{}^+ = 1 + 0{,}018 + 0{,}036 = 1{,}054$. Die Renditen werden aus den Daten als $E[r_{f,t}] = 0{,}8$ % p. a. und $E[R_{t+1}] = 6{,}98$ % p. a. und damit die Risikoprämie als $E[R_{t+1}] - E[r_{f,t}] = 6{,}18$ % p. a. geschätzt. Um diese Renditen aus den obigen Gleichungen modelltheoretisch zu erhalten, wird das Gleichungssystem für unterschiedliche Parameterpaare (δ, γ) gelöst und in Tabelle 4.1 dargestellt. Die geschätzte Risikoprämie erhält man am ehesten bei den Parametern $\gamma = 20$ und $\delta = 0.999$ (kursiv). Allerdings ist dieser Risikoaversionsparameter unrealistisch hoch. Dieses Phänomen wird als *Equity Premium Puzzle* bezeichnet. Laut Mehra und Prescott (1985, S. 154) sollte dieser maximal gleich 10 sein. Außerdem ist der modelltheoretische risikolose Zinssatz mit 12,83 % p. a. zu hoch bei diesen Parametern. Dieses Phänomen wird nach Weil (1989) als *Risk-Free Rate Puzzle* bezeichnet. Andererseits erhält man den geschätzten risikolosen Zinssatz näherungsweise durch die Parametern $\gamma = 0{,}5$ und $\delta = 0{,}999$ (fett). Allerdings ist dabei die modelltheoretische Risikoprämie mit 0,06 % p. a. unrealistisch niedrig.

Als Nächstes wird die leicht abgewandelte Variante von Mehra und Prescott (2003) vorgestellt. Die Ökonomie wird durch ein Marktportefeuille mit Preis S_t und diskreter Nettorendite R_{t+1} beschrieben. Dieses zahlt eine Dividende DIV_t, von der ein absoluter Anteil c_t konsumiert wird. Die Homogenität vom Grad 1 des Wertpapierpreises bezüglich der Dividende bleibt bestehen. Allerdings wird die Annahme der Markovkette dadurch ersetzt, dass das unabhängig und identisch verteilte Konsumwachstum $g_{ct} = {}^{c_t}/c_{t-1}$ und das unabhängig und identisch verteilte Dividendenwachstum $g_{dt} = {}^{\mathrm{DIV}_t}/\mathrm{DIV}_{t-1}$ gemeinsam lognormalverteilt sind. Die Parameter dieser Verteilung werden auf folgende Weise notiert: Erwartungswerte μ_c, μ_{DIV}, Standardabweichungen σ_c, σ_{DIV} und Kovarianz $\sigma_{c,\mathrm{DIV}}$. Wegen der gemeinsamen Log-Normalverteilung und der Homogenität leiten Mehra und Prescott (2003, S. 17 ff.) aus der Eulergleichung die Gleichungen

$$\log\left(1 + E[R_{t+1}]\right) = -\log(\delta) + \gamma \, \mu_c - \frac{1}{2} \gamma^2 \, \sigma_c^2 + \gamma \, \sigma_{c,\mathrm{DIV}}$$

$$\log\left(1 + r_{f,t}\right) = -\log(\delta) + \gamma \, \mu_c - \frac{1}{2} \gamma^2 \, \sigma_c^2 \tag{4.57}$$

Tabelle 4.1: Risikoprämie und risikoloser Zinssatz in % p. a.

$\dfrac{E[R_{t+1}] - E[r_{f,t}]}{E[r_{f,t}]}$		γ					
		0,5	2	5	10	15	20	50
	0,75	0,08	0,37	1,19	3,16	5,60	8,18	16,99
		34,47	37,67	43,16	49,30	51,57	50,29	6,35
	0,90	0,06	0,31	1,04	2,84	5,12	7,58	16,33
		12,05	14,73	19,30	24,41	26,31	25,24	-11,37
δ	0,95	0,06	0,30	1,00	2,75	5,00	7,41	16,15
		6,16	8,69	13,02	17,87	19,66	18,65	-16,04
	0,99	0,06	0,29	0,97	2,69	4,90	7,29	16,02
		1,87	4,30	8,45	13,10	14,83	13,86	-19,43
	0,999	0,06	0,28	0,96	2,68	4,88	**7,27**	15,99
		0,95	3,36	7,48	12,09	13,79	**12,83**	-20,16

Quelle: Eigene Darstellung und Berechnungen.

Die Tabelle zeigt das Equity Premium Puzzle nach Mehra und Prescott (1985) und das Risk-Free Rate Puzzle anhand des Modells und der Daten von Mehra und Prescott (1985). Die Parameter der Markovkette wurden von Mehra und Prescott (1985) geschätzt als $\alpha = 0{,}43$, $g_c^- = 0{,}982$, $g_c^+ = 1{,}054$. Die beobachtete Risikoprämie von 6,18 % p. a. wird näherungsweise von den Parametern $\gamma = 20$ und $\delta = 0{,}999$ modelltheoretisch erklärt (kursiv). Dabei sind γ und der zugehörige risikolose Zinssatz von 12,83 % p. a. unrealistisch hoch. Der beobachtete risikolose Zinssatz von 0,8 % p. a. wird näherungsweise von den Parametern $\gamma = 0{,}5$ und $\delta = 0{,}999$ modelltheoretisch erklärt (fett). Dabei ist die zugehörige Risikoprämie von 0,06 % p. a. unrealistisch niedrig.

$$\log\left(1 + E[R_{t+1}]\right) - \log\left(1 + r_{f,t}\right) = \gamma\,\sigma_{c,\mathrm{DIV}}$$

her. Mehra und Prescott (2003, S. 19) nehmen nun die Gleichgewichtsbedingung $g_c = g_d$ an und erhalten

$$\log\left(1 + E[R_{t+1}]\right) - \log\left(1 + r_{f,t}\right) = \gamma\,\sigma_c^2. \tag{4.58}$$

Mit den Daten von Mehra und Prescott (1985), d.h. $r_{f,t} = 0{,}8$ % p. a., $E[R_{t+1}] = 6{,}98$ % p. a., $\mu_c = 1{,}018$ und $\sigma_c = 0{,}036$, erhält man implizit γ als

$$\gamma = \frac{\log\left(1 + E[R_{t+1}]\right) - \log\left(1 + r_{f,t}\right)}{\sigma_c^2} = 45{,}91. \tag{4.59}$$

Dieser implizite Risikoaversionsparameter ist unrealistisch hoch.[79]

---

[79] Jacob Sagi verbildlichte im Rahmen eines PhD-Kurses in Frankfurt am Main im Jahr 2014 diese Risikoaversion scherzhaft: Ein so risikoaverser Investor würde sich nicht trauen duschen zu gehen, weil er ausrutschen könnte.

Lösungsversuch von Weil

Weil (1989) betrachtet im Modell von Mehra und Prescott (1985) statt des repräsentativen Investors mit zeit- und zustandsseparabler Nutzenfunktion einen repräsentativen Investor mit einer EZ-Weil-Nutzenfunktion U (Gleichung (4.29)). Dies macht die Berechnung der Eulergleichung komplizierter.[80] Die Ökonomie wird auch hier wieder im Gleichgewicht betrachtet, sodass Weil (1989, S. 407 f. und S. 412) aus der Eulergleichung über die Homogenität vom Grad 1 das nicht-lineare Gleichungssystem[81]

$$\mathrm{E}[r_{f,t}] = \frac{1}{2} \frac{1}{\delta^{\frac{1-\gamma}{1-\frac{1}{\psi}}} \left(\alpha \, (g_c{}^+)^{-\gamma} \left(\frac{k^++1}{k^+} \right)^{\frac{\frac{1}{\psi}-\gamma}{1-\frac{1}{\psi}}} + (1-\alpha) \, (g_c{}^-)^{-\gamma} \left(\frac{k^-+1}{k^+} \right)^{\frac{\frac{1}{\psi}-\gamma}{1-\frac{1}{\psi}}} \right)}$$

$$+ \frac{1}{2} \frac{1}{\delta^{\frac{1-\gamma}{1-\frac{1}{\psi}}} \left(\alpha \, (g_c{}^-)^{-\gamma} \left(\frac{k^-+1}{k^-} \right)^{\frac{\frac{1}{\psi}-\gamma}{1-\frac{1}{\psi}}} + (1-\alpha) \, (g_c{}^+)^{-\gamma} \left(\frac{k^++1}{k^-} \right)^{\frac{\frac{1}{\psi}-\gamma}{1-\frac{1}{\psi}}} \right)} - 1$$

$$\mathrm{E}[R_{t+1}] = \frac{1}{2} \left(\alpha \left(\frac{g_c{}^+(k^+ + 1)}{k^+} \right) + (1-\alpha) \left(\frac{g_c{}^-(k^- + 1)}{k^+} \right) \right)$$
$$+ \frac{1}{2} \left(\alpha \left(\frac{g_c{}^-(k^- + 1)}{k^-} \right) + (1-\alpha) \left(\frac{g_c{}^+(k^+ + 1)}{k^-} \right) \right) - 1 \tag{4.60}$$

$$k^+ = \delta \left(\alpha \left(g_c{}^+ \right)^{1-\gamma} (k^+ + 1)^{\frac{1-\gamma}{1-\frac{1}{\psi}}} + (1-\alpha) \left(g_c{}^- \right)^{1-\gamma} (k^- + 1)^{\frac{1-\gamma}{1-\frac{1}{\psi}}} \right)^{\frac{1-\frac{1}{\psi}}{1-\gamma}}$$

$$k^- = \delta \left(\alpha \left(g_c{}^- \right)^{1-\gamma} (k^- + 1)^{\frac{1-\gamma}{1-\frac{1}{\psi}}} + (1-\alpha) \left(g_c{}^+ \right)^{1-\gamma} (k^+ + 1)^{\frac{1-\gamma}{1-\frac{1}{\psi}}} \right)^{\frac{1-\frac{1}{\psi}}{1-\gamma}}$$

herleitet. Anders als Mehra und Prescott (1985, 2003) betrachtet Weil (1989, Gleichung (17)) die relative Risikoprämie (brutto)

$$\mathrm{rEP} := \frac{1 + \mathrm{E}[R_{t+1}]}{1 + \mathrm{E}[r_{f,t}]}. \tag{4.61}$$

Er nutzt ebenfalls die geschätzten Werte von Mehra und Prescott (1985), die in diesem Abschnitt schon mehrfach angesprochen wurden. Aus dem geschätzten risikolosen Zinssatz $r_{f,t} = 0{,}8\,\%$ p. a. und der geschätzten Marktrendite $\mathrm{E}[R_{t+1}] = 6{,}98\,\%$ p. a. wird die relative Risikoprämie (netto) als

---

[80] Die Berechnung der wohlbekannten Eulergleichung für die Variante der EZ-Nutzenfunktionen von Weil ist in Weil (1989, S. 405 f., Gleichung (11)) und für die EZ-Nutzenfunktionen, wie sie im letzten Abschnitt behandelt wurden, in Epstein und Zin (1989, S. 956 ff., Gleichung (6.6)) bzw. Epstein und Zin (1991, S. 266 ff., Gleichung (16)) ausführlich dargestellt.

[81] Vgl. die Gleichungen (15), (16) in Verbindung mit S. 412 und Gleichung (14) bei Weil (1989).

Tabelle 4.2: Relative Risikoprämie und risikoloser Zinssatz in % p. a. ($\delta = 0,95$)

rEP $-$ 1 $E[r_{f,t}]$	0,5	5	γ 10	20	45
2	0,06	0,51	1,01	1,89	3,14
	6,16	5,79	5,40	4,73	3,93
0,2	0,18	0,88	1,64	2,91	4,34
	14,81	13,02	11,11	7,75	2,45
ψ 0,1	0,35	1,31	2,33	4,04	5,72
	25,32	21,68	17,87	11,23	0,85
0,05	0,72	2,12	3,66	6,25	8,66
	49,55	41,26	32,80	18,65	-2,23
$1/45$	1,36	3,58	**6,22**	11,22	17,11
	135,56	107,44	80,69	40,39	-9,22

Quelle: In Anlehnung an Weil (1989, Tabelle 1).

Die Tabelle zeigt den Lösungsansatz des Equity Premium Puzzles von Weil (1989). Dieser benutzt die Modellparameter und geschätzten Renditen von Mehra und Prescott (1985) ($\alpha = 0,43$, $g_c^- = 0,982$, $g_c^+ = 1,054$, $r_{f,t} = 0,8$ % p. a. und $E[R_{t+1}] = 6,98$ % p. a.). Die beobachtete Risikoprämie von 6,13 % p. a. wird näherungsweise von den Parametern $\gamma = 10$ und $\psi = 1/45$ modelltheoretisch erklärt (fett). Dabei ist der zugehörige risikolose Zinssatz von 80,69 % p. a. viel zu hoch. Der beobachtete risikolose Zinssatz zusammen mit der Risikoprämie kann modelltheoretisch durch Parameter in den Bereichen $20 \leq \gamma \leq 45$, $0,05 \leq \psi \leq 0,1$ erklärt werden (Box).

$$\text{rEP} - 1 = \frac{1 + E[R_{t+1}]}{1 + E[r_{f,t}]} - 1 = 6,13 \ \% \tag{4.62}$$

berechnet. Tabelle 4.2 zeigt die Lösung von Weil (1989) der obigen Gleichungen für diese Werte in Abhängigkeit von unterschiedlichen Parameterpaaren (ψ, γ) für $\delta = 0,95$. Die geschätzte Risikoprämie erhält man näherungsweise durch die Parameter $\gamma = 10$ und $\psi = 1/45$ (fett). Der Risikoaversionsparameter ist also im Sinne von Mehra und Prescott (1985, S. 154) akzeptabel. Allerdings ist der modelltheoretische risikolose Zinssatz bei diesen Parametern mit 80,69 % p. a. viel zu hoch. Dieses Phänomen wird nach Weil (1989) als *Risk-Free Rate Puzzle* bezeichnet. Durch die Verwendung der rekursiven Nutzenfunktion kann andererseits sowohl der geschätzte risikolose Zinssatz als auch die geschätzte Risikoprämie mit einem Parameterpaar (ψ, γ) im Bereich $20 \leq \gamma \leq 45$, $0,05 \leq \psi \leq 0,1$ modelltheoretisch erklärt werden (umrahmt). Dabei ist aber die Risikoaversion wieder außerhalb des nach Mehra und Prescott (1985, S. 154) akzeptablen Bereichs von unter 10.

Zum Abschluss dieses Kapitels wird das Long Run Risk Model von Bansal und Yaron (2004) und deren Lösung des Equity Premium Puzzles im Rahmen dieses Modells vorgestellt.

4.3.2   Lösung durch Bansal-Yaron

Bansal und Yaron (2004) betrachten ebenfalls einen repräsentativen Investor mit EZ-Nutzenfunktion V (Gleichung (4.36)) – ähnlich zu Weil (1989). Allerdings wird nicht die Struktur einer Markovkette angenommen. Sie betrachten stattdessen ihr Long Run Risk Model in zwei unterschiedlichen Varianten. Dabei sind die Konsumwachstumsrate $g_{ct}^r = \log(g_{ct}) = \log(c_t/c_{t-1})$ und die Dividendenwachstumsrate $g_{dt}^r = \log(g_{dt}) = \log(\mathrm{DIV}_t/\mathrm{DIV}_{t-1})$ getrieben von der Wachstumsrate der Ökonomie[82] g_{et}^r. Bei der ersten Variante folgen diese dem stochastischen Prozess[83]

$$g_{et+1}^r = \phi_e \cdot g_{et}^r + \varphi_e \cdot \sigma \cdot \varepsilon_{e,t+1}$$

$$g_{ct+1}^r = \mu_c + g_{et}^r + \sigma \cdot \varepsilon_{c,t+1} \tag{4.63}$$

$$g_{dt+1}^r = \mu_d + \phi_d \cdot g_{et}^r + \varphi_d \cdot \sigma \cdot \varepsilon_{d,t+1}$$

mit $\varepsilon_{e,t+1}$, $\varepsilon_{c,t+1}$ und $\varepsilon_{d,t+1}$ (auch untereinander) unabhängig und identisch standardnormalverteilt. Die Parameter werden dabei wie folgt interpretiert. ϕ_e ist die Persistenz der Wachstumsrate der Ökonomie. σ beschreibt die Standardabweichung der Konsumwachstumsrate, $\varphi_e \cdot \sigma$ die Standardabweichung der Wachstumsrate der Ökonomie und $\varphi_d \cdot \sigma$ mit $\varphi_d > 1$ die Standardabweichung der Dividendenwachstumsrate. ϕ_d kann nach Bansal und Yaron (2004, S. 1485) interpretiert werden als Hebelfaktor der Dividendenwachstumsrate bzgl. der Wachstumsrate der Ökonomie. μ_c bzw. μ_d sind die unbedingten Erwartungswertanteile der Konsumwachstumsrate bzw. der Dividendenwachstumsrate.

Bei der zweiten Variante – dem eigentlichen LRRM – wird die konstante Standardabweichung σ der Konsumwachstumsrate durch einen stochastischen Prozess σ_t, der die Unsicherheit in der Ökonomie zeitlich veränderlich macht, ersetzt. Insgesamt folgt die Ökonomie dem stochastischen Prozess[84]

$$g_{et+1}^r = \phi_e \cdot g_{et}^r + \varphi_e \cdot \sigma_t \cdot \varepsilon_{e,t+1}$$

$$g_{ct+1}^r = \mu_c + g_{et}^r + \sigma_t \cdot \varepsilon_{c,t+1} \tag{4.64}$$

$$g_{dt+1}^r = \mu_d + \phi_d \cdot g_{et}^r + \varphi_d \cdot \sigma_t \cdot \varepsilon_{d,t+1}$$

$$\sigma_{t+1}^2 = \bar{\sigma}^2 + \phi_v \cdot \left(\sigma_t^2 - \bar{\sigma}^2\right) + \sigma_v \cdot \varepsilon_{v,t+1}$$

mit $\varepsilon_{e,t+1}$, $\varepsilon_{c,t+1}$, $\varepsilon_{d,t+1}$ und $\varepsilon_{v,t+1}$ unabhängig und identisch standardnormalverteilt. Die Parameter aus der ersten Variante behalten dabei ihre Bedeutung. Die Varianz σ_{t+1}^2 des Konsumwachstums folgt einem Mean Reversion-Prozess mit unbedingtem Erwartungswert $\bar{\sigma}^2$. Zudem steht der Parameter ϕ_v für die Beständigkeit der Volatilitätsschocks laut Bansal und Yaron (2004, S. 1487) und σ_v für deren Standardabweichung.

---

[82]   Bansal und Yaron (2004, S. 1485) bezeichnen diesen stochastischen Prozess als bedingten Erwartungswert der Konsumwachstumsrate.

[83]   Vgl. Bansal und Yaron (2004, S. 1485). Die Autoren verweisen dort auf andere Autoren wie Campbell (1999) und Wachter (2006, ursprünglicher Titel: „Habit formation and returns on stocks and bonds"), die ähnliche Prozesse betrachten.

[84]   Vgl. Bansal und Yaron (2004, S. 1487).

Bei beiden Varianten gelangen Bansal und Yaron (2004) über die bekannte Eulergleichung (wie bei Weil (1989)) und durch auf Campbell und Shiller (1988) basierenden linearen Approximationen der Marktrendite und der Rendite des „Konsumwertpapiers" auf geschlossene Darstellungen der Risikoprämie.[85] Bei der ersten Variante erhalten Bansal und Yaron (2004, S. 1486) die Darstellung

$$\mathrm{E}\left[\log(R_{t+1}) - \log(r_{f,t})\right] = \beta_{\mathrm{e}} \cdot \lambda_{\mathrm{e}} \cdot \sigma^2 - \frac{1}{2}\,\mathrm{Var}[\log(R_{t+1})], \qquad (4.65)$$

wobei β_{e} und λ_{e} von den Parametern der Nutzenfunktion, der Approximationen und der Wachstumsrate der Ökonomie abhängen. Ökonomisch interpretieren lassen sich β_{e} als Sensitivität der Marktrendite bzgl. Schwankungen in der Wachstumsrate der Ökonomie und λ_{e} als Preis für das Eingehen des Risikos basierend auf diesen Schwankungen.[86] Diese Darstellung erinnert an die Darstellung von Mehra und Prescott (2003) Gleichung (4.58). Allerdings tritt anstelle des Risikoaversionsparameters der komplexere Ausdruck $\beta_{\mathrm{e}} \cdot \lambda_{\mathrm{e}}$, der unter anderem von der Risikoaversion abhängt. Der Korrekturterm mit der Varianz der Marktrendite kommt hier dadurch zu Stande, dass der Logarithmus innerhalb des Erwartungswertes steht. Bei dem eigentlichen LRRM erhalten Bansal und Yaron (2004, S. 1486) die Darstellung

$$\mathrm{E}\left[\log(R_{t+1}) - \log(r_{f,t})\right] = \beta_{\mathrm{e}} \cdot \lambda_{\mathrm{e}} \cdot \sigma_t^2 + \beta_{\mathrm{v}} \cdot \lambda_{\mathrm{v}} \cdot \bar{\sigma}^2 - \frac{1}{2}\,\mathrm{Var}[\log(R_{t+1})], \qquad (4.66)$$

wobei β_{e} und λ_{e} dieselben Parameter wie zuvor sind und β_{v} und λ_{v} ebenfalls von den Parametern der Nutzenfunktion, der Approximationen und der Wachstumsrate der Ökonomie abhängen. Der Unterschied liegt nun darin, dass zusätzlich zu der Risikoprämie bedingt durch die Schwankungen in der Wachstumsrate der Ökonomie auch eine Risikoprämie für die Risiken durch die Unsicherheit bzgl. dieser Schwankungen hinzu kommt. Außerdem ist erstere Risikoprämie nun zeitlich veränderlich, da die Schwankungen zeitlich veränderlich sind.[87]

Zusätzlich zu den approximativen, geschlossenen Darstellungen der Risikoprämie überprüfen Bansal und Yaron (2004) ihr Modell numerisch im Vergleich zu amerikanischen Daten im Zeitraum 1928–1998 (auf monatlicher Basis). Die Parameter des LRRM werden von Bansal und Yaron (2004, S. 1489 f.) dabei wie folgt gewählt: $\phi_{\mathrm{e}} = 0{,}979$, $\varphi_{\mathrm{e}} = 0{,}044$, $\phi_{\mathrm{d}} = 3$, $\varphi_{\mathrm{d}} = 4{,}5$ und $\bar{\sigma} = 0{,}0078$. Die Autoren begründen jeweils die Wahl dieser Parameter. Die Parameter $\mu_{\mathrm{c}} = 0{,}15\ \% = \mu_{\mathrm{d}}$, $\phi_{\mathrm{v}} = 0{,}987$ und $\sigma_{\mathrm{v}} = 0{,}0000023$ werden ohne Begründung von Bansal und Yaron (2004) verwendet. Bansal und Yaron (2004, Fußnote 13) weisen darauf hin, dass bei ihrer numerischen Simulation negative Werte des Prozesses σ_t durch marginal positive ersetzt wurden und dies bei ca. 5 % der Werte vorkam. Anhand von Tabelle 4.3 erkennt man, dass bei einer Parameterwahl $\delta = 0{,}998$, $\gamma = 10$ und $\psi = 1{,}5$ der EZ-Nutzenfunktion die empirisch bestimmte Risikoprämie in Höhe von 6,33 % p. a., der risikolose Zinssatz in Höhe von 0,86 % p. a. und die Volatilität der Mark-

---

[85] Vgl. Bansal und Yaron (2004, Gleichung (2)). Das Konsumwertpapier ist dadurch charakterisiert, dass es als Dividende den aggregierten Konsum auszahlt.

[86] Vgl. Bansal und Yaron (2004, S. 1486).

[87] Vgl. Bansal und Yaron (2004, S. 1488).

Tabelle 4.3: Schätzung und Modellsimulation Bansal-Yaron (in % p. a.)

Fundamentalgröße	Schätzung Daten 1929−98	Model $\psi = 1{,}5$, $\gamma = 10$
Risikoprämie	6,33	6,84
Risikolose Zinssatz	0,86	0,93
dessen Volatilität	0,97	0,57
Volatilität Markt	19,42	18,65

Quelle: In Anlehnung an Bansal und Yaron (2004, Tabelle IV).

Die Tabelle zeigt die Lösung des Equity Premium Puzzles von Bansal und Yaron (2004) durch ihr LRRM mit den Parametern $\phi_e = 0{,}979$, $\varphi_e = 0{,}044$, $\mu_c = 0{,}15$ % $= \mu_d$, $\phi_d = 3$, $\varphi_d = 4{,}5$, $\bar{\sigma} = 0{,}0078$, $\phi_v = 0{,}987$ und $\sigma_v = 0{,}0000023$. Durch die Parameterwahl $\delta = 0{,}998$, $\gamma = 10$ und $\psi = 1{,}5$ der EZ-Nutzenfunktion lassen sich die in der Wirklichkeit beobachteten Fundamentalgrößen gut beschreiben.

trendite durch das LRRM in etwa erreicht werden. Sowohl das Equity Premium Puzzle als auch das Risk-Free Rate Puzzle werden also durch die EZ-Nutzenfunktionen mit einer Präferenz für frühe Auflösung von Unsicherheit innerhalb des Long Run Risk Models gelöst. Neben diesem Lösungsansatz existieren noch einige weitere Lösungsansätze des Equity Premium Puzzles, die z. B. Katastrophen mit in das Modell einfließen lassen.[88]

Im Rahmen des LRRM lösen die EZ-Nutzenfunktionen mit den Parametern $\gamma = 10$ und $\psi = 1{,}5$ also das Equity Premium Puzzle. Mittels dieser werden im nächsten Kapitel die dort vorgestellten manipulationssicheren Performancemaße zu Lebenszyklusfonds-Performancemaßen verallgemeinert.

---

[88]   Vgl. Mehra und Prescott (2003). Auf diese wird jedoch in dieser Arbeit nicht eingegangen.

Kapitel 5

Performancemessung von Lebenszyklusfonds

In Kapitel 3 wurde gezeigt, dass die traditionellen Performancemaße bei der Performancemessung von Lebenszyklusfonds scheitern. In Abschnitt 5.1 wird gezeigt, dass dies ebenfalls für das Manipulationssichere Performancemaß (im Folgenden: MPPM) von Goetzmann et al. (2007) und mit diesem verwandte, manipulationssichere Maße, die auf dem Erwartungsnutzenkonzept bzw. den zeit- und zustandsseparablen Nutzenfunktionen angewandt auf Renditezeitreihen basieren, gilt. Die Klasse dieser Performancemaße wird im Folgenden als Statische Performancemaße (SPM) bezeichnet, da diese Maße eine statische, einperiodige Betrachtungsweise implizieren. Abbildung 5.1 stellt die hier genannten Klassen an Performancemaßen dar. Ob die Klasse aller manipulationssicheren Performancemaße (im Folgenden: MpPM) mit SPM übereinstimmt, wird in dieser Arbeit nicht behandelt. Analog zur Erweiterung der zeit- und zustandsseparablen Nutzenfunktionen zu den (rekursiven) EZ-Nutzenfunktionen (vgl. Kapitel 4) werden die Statischen Performancemaße in Abschnitt 5.2 zu (Generalisierten) Rekursiven Performancemaßen (im Folgenden: RPM bzw. GRPM) erweitert. Diese neuen Performancemaße sind verwandt mit den EZ-Nutzenfunktionen (Gleichung (4.36)) bzw. den allgemeinen rekursiven EZ-Nutzenfunktionen (Gleichung (4.32)). Die Rekursiven Performancemaße sind also in den Generalisierten Rekursiven Performancemaßen enthalten. Durch die Beziehung zu den EZ-Nutzenfunktionen lässt sich anhand des Verhältnisses der Parameter γ und ψ die Klasse RPM in die drei Teilklassen SPM, LRPM („Late Resolution" Rekursive Performancemaße) und ERPM („Early Resolution" Rekursive Performancemaße) unterteilen. Die Maße in SPM stehen in Zusammenhang mit der Indifferenz bzgl. des Zeitpunktes der Auflösung von Unsicherheit und die Maße in LRPM bzw. ERPM in Zusammenhang mit der Präferenz für späte bzw. frühe Auflösung von Unsicherheit. Für die Performancemessung von Lebenszyklusfonds ist naheliegenderweise die Eigenschaft der Präferenz für frühe Auflösung von Unsicherheit relevant. Diese Teilklasse ERPM wird als die Klasse der Lebenszyklusfonds-Performancemaße (im Folgenden: LZM) interpretiert und in Abschnitt 5.3 genauer betrachtet. Dort wird auch auf eine geeignete Parameterwahl der zugrunde liegenden Nutzenfunktionen eingegangen.

Um auch einen theoretischen Vergleichswert zu erhalten, werden in Abschnitt 5.4 einfache Benchmarkvarianten auf Basis von zwei Lebenszyklusmodellen erarbeitet. Abschließend

© Springer Fachmedien Wiesbaden GmbH, ein Teil von Springer Nature 2019
M. Mergens, *Performancemessung von Lebenszyklusfonds*,
https://doi.org/10.1007/978-3-658-25266-3_5

Abbildung 5.1: Übersicht Rekursive Performancemaße

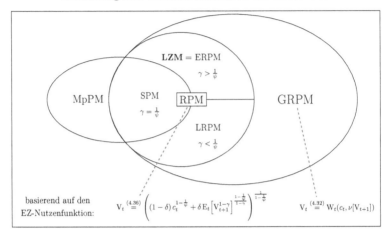

Quelle: Eigene Darstellung.

Die Abbildung zeigt die in diesem Kapitel neu definierten Klassen von Performancemaßen und worauf diese aufbauen. Grundlage sind die Statischen Performancemaße (SPM), d. h. das MPPM von Goetzmann et al. (2007) und mit diesem verwandte Maße, als Teilklasse der Klasse aller Manipulationssicheren Performancemaße (MpPM). Statische Performancemaße basieren auf den zeit- und zustandsseparablen Nutzenfunktionen (Indifferenz bzgl. des Zeitpunktes der Auflösung von Unsicherheit). Diese Maße sind damit auch eine Teilklasse der Rekursiven Performancemaße (RPM), die den EZ-Nutzenfunktionen (Gleichung (4.36)) ähneln. Eine Verallgemeinerung der RPM sind die Generalisierten Rekursiven Performancemaße (GRPM), die den allgemeinen rekursiven EZ-Nutzenfunktionen (Gleichung (4.32)) ähnlich sind. Die RPM unterteilen sich neben den SPM in die LRPM („Late Resolution" Rekursiven Performancemaße) bzw. die ERPM („Early Resolution" Rekursiven Performancemaße), die auf den EZ-Nutzenfunktionen mit der Eigenschaft der Präferenz für späte bzw. frühe Auflösung von Unsicherheit basieren. Letztere bilden die Klasse der Lebenszyklusfonds-Performancemaße (LZM) und erfüllen Eigenschaft PMLZ-5.

wird die Eignung der entwickelten Performancemaße zur Messung von Lebenszyklusfonds mit einer Monte-Carlo-Simulation numerisch überprüft.

5.1   Manipulationssichere Performancemaße

Bei der Manipulation von Performancemaßen wird zwischen drei unterschiedlichen Formen unterschieden. Eine basiert auf dem Ausnutzen von Messfehlern bei der Schätzung der wahren Verteilung von Fonds- bzw. Portefeuillerenditen. Dies wird zum Beispiel erreicht, indem eine Aus-dem-Geld-Option verkauft wird und das gesamte Kapital risikolos angelegt wird. In den allermeisten Fällen verfällt die Option wertlos und es wird eine Überrendite über der risikolosen Verzinsung bei einer Volatilität von null erzielt. In diesen Fällen hat man Glück gehabt und eine (theoretische) Sharpe Ratio von unendlich erreicht. Die wahre Verteilung offenbart sich erst, wenn es schief geht. Eine weitere Form ist die statische Manipulation, bei der die Performance (gemessen durch ein Performancemaß) eines

Fonds bzw. Portefeuilles durch Veränderung der zugrunde liegenden Verteilung der Portefeuillerenditen zu Beginn des Untersuchungszeitraumes manipuliert wird. Ein Beispiel ist
die Vervielfachung des Jensens Alphas des Portefeuilles P in Kapitel 3, Rechnung (3.4),
indem die eigentliche Strategie mittels Fremdfinanzierung gehebelt wird. Die dritte Form
ist die dynamische Manipulation, bei der die Performance eines Fonds bzw. Portefeuilles
durch Veränderung der Verteilung der Portefeuillerenditen während des Untersuchungszeitraumes – also im Zeitablauf – manipuliert wird.[89] So hat ein Fondsmanager, dessen
Performance durch die Sharpe Ratio anhand von 12 Monatsüberrenditen gemessen wird
und der in den ersten elf Monaten bereits jeweils die gleiche Fondsüberrendite erzielt hat,
einen Anreiz, im zwölften Monat ebenfalls die gleiche (und keine höhere) Fondsüberrendite zu erzielen. Dadurch würde er wegen der Volatilität von null eine unendliche Sharpe
Ratio erzielen. Auf ähnliche Weise wird die Sharpe Ratio bei Goetzmann et al. (2007,
S.1510) dynamisch manipuliert.

Formal verstehen Goetzmann et al. (2007, S. 1528) unter einem Performancemaß ein
Funktional PM von den Portefeuillerenditeverteilungen (bzw. den zugehörigen Zufallsvariablen) nach $\mathbb{R}$. Da unterstellt wird, dass die Renditezufallsvariable den gesamten Be-
trachtungszeitraum repräsentiert, handelt es sich hierbei um eine statische, einperiodige
Betrachtungsweise. Weil die Renditeverteilung unbekannt ist, muss diese bzw. das Performancemaß aus einer Renditezeitreihe $(R_t)_{t=1,\ldots,T}$ und zugehörigen Zuständen[90] geschätzt
werden als $\widehat{\text{PM}}\left((R_t)_{t=1,\ldots,T}\right)$. Damit die geschätzte Performance ein guter Schätzer für die
wahre Performance ist, müssen die Portefeuillerenditen im Zeitablauf (annähernd) unab-
hängig und identisch verteilt sein und es muss eine hinreichend lange Zeitreihe betrachtet
werden.[91] Wäre diese Annahme erfüllt, so wäre die Manipulation durch Ausnutzen von
Schätzfehlern ausgeschlossen. Da bereits bei Wertpapierrenditen entweder die Zeitreihe
nicht lang genug ist oder die Verteilung sich im Zeitablauf ändert, ist diese Annahme kritisch zu sehen. Eine Manipulation durch das Ausnutzen von Schätzfehlern sollte also kaum
zu verhindern sein, wenn lediglich Renditezeitreihen ausgewertet werden. Damit ein Performancemaß $\widehat{\text{PM}}$ vor *dynamischer Manipulation* geschützt ist, muss es nach Goetzmann
et al. (2007, S. 1529) das folgende Axiom[92] erfüllen.

Axiom 5.1 (Vergangenheitsunabhängigkeit). *Für alle $1 \leq \tau < T$ und Renditezeitreihen*
$R^{(0)} = (R_t)_{t=1,\ldots,\tau}$, $R^{(1)} = (R_t)_{t=\tau+1,\ldots,T}$ *und* $R^{(2)} = (R'_t)_{t=\tau+1,\ldots,T}$ *gilt:*

$$\widehat{\text{PM}}\left((R^{(0)}, R^{(1)})\right) > \widehat{\text{PM}}\left((R^{(0)}, R^{(2)})\right) \;\Rightarrow\; \widehat{\text{PM}}\left((\tilde{R}^{(0)}, R^{(1)})\right) > \widehat{\text{PM}}\left((\tilde{R}^{(0)}, R^{(2)})\right)$$

für alle Renditezeitreihen $\tilde{R}^{(0)} = (\tilde{R}_t)_{t=1,\ldots,\tau}$.

---

[89] Vgl. Goetzmann et al. (2007, S. 1505, S. 1513 und S. 1528).

[90] Diese werden nach Goetzmann et al. (2007, S. 1529) beispielsweise im Falle des Jensens Alphas
beschrieben durch die Rendite des Marktportefeuilles. Die Zustände werden hier bei der Notation
weggelassen, da diese bereits indirekt über den Zeitindex t enthalten sind.

[91] Vgl. Goetzmann et al. (2007, S. 1528 f. und Fußnote 23).

[92] Vergleichbar damit sind die Unabhängigkeitsaxiome vNM-3 bzw. KPdyn-3 bzw. KPmp-3.

Das Axiom bewirkt, dass bessere Performance unabhängig von einer gleichen Vergangenheit ist. Goetzmann et al. (2007, S. 1529) folgern daraus die folgende äußere additive Darstellung eines manipulationssicheren Performancemaßes:

$$\widehat{\text{PM}}\big((R_t)_{t=1,\dots,T}\big) = F\left(\frac{1}{T}\sum_{t=1}^{T} f_t(R_t)\right) \tag{5.1}$$

mit $F : \mathbb{R} \to \mathbb{R}$ monoton steigend und beliebigen Funktionen $f_t : (-1,\infty) \to \mathbb{R}$, $t = 1,\dots,T$. Sie weisen darauf hin, dass durch T geteilt wird, um eine Mittelwertform − wie in der Performancemessung üblich − statt einer Summenform zu erhalten, und dass die Funktion F unerheblich für das Ranking durch das Performancemaß $\widehat{\text{PM}}$ ist. Die Funktionen f_t, $t = 1,\dots,T$, müssen ebenfalls monoton steigend sein, damit das Performancemaß höheren Renditen eine höhere Performance zuweist. Damit ein Performancemaß vor *statischer Manipulation* geschützt ist, müssen diese außerdem konkav sein. Zudem wird eine Potenzform für f_t, $t = 1,\dots,T$ gefordert, um zu verhindern, dass dominierte Portefeuilles eine bessere Performance aufweisen.[93]

Als Funktionen $f_t : (-1,\infty) \to \mathbb{R}$ eignen sich unter anderem die CRRA-Nutzenfunktionen[94] $u : (0,\infty) \to \mathbb{R}$ (siehe Gleichung (4.35)):

$$f_t(R_t) = u(1 + R_t) = \frac{(1 + R_t)^{1-\gamma}}{1 - \gamma}. \tag{5.2}$$

Dabei wird die Funktion auf Bruttorenditen angewandt, da ansonsten bei gewisser Parameterwahl in Verbindung mit negativen Renditen die Funktion nicht definiert ist. Ein manipulationssicheres Performancemaß SPM_U erhält man durch zusätzliche Wahl von F als Identitätsfunktion, also

$$\text{SPM}_U\big((R_t)_{t=1,\dots,T}\big) = \frac{1}{T}\sum_{t=1}^{T} u(1 + R_t) = \frac{1}{T}\sum_{t=1}^{T} \frac{(1 + R_t)^{1-\gamma}}{1 - \gamma}. \tag{5.3}$$

Diese Form sieht dem klassischen Erwartungsnutzen bzw. den zeit- und zustandsseparablen Nutzenfunktionen (Gleichung (4.3))[95], angewandt auf diskrete Bruttorenditen statt Konsumwerte, ähnlich. Performancemaße, die die Form (5.3) haben bzw. dazu äquivalent sind, bezeichnen wir deswegen als **Statische Performancemaße**. Dazu äquivalente Maße werden nun vorgestellt. Die Nutzenfunktionsdarstellung (5.3) kann in eine Wertefunktionsdarstellung SPM_V gebracht werden, indem die Funktion F auf dem relevanten Definitionsbereich (mit geeigneter, aber irrelevanter Fortsetzung auf $\mathbb{R}$) als Umkehrfunktion von f_t aus Gleichung (5.2) gewählt wird:

---

[93]   Vgl. Goetzmann et al. (2007, S. 1530 f.).

[94]   Die Ränder in den Definitionsbereichen können mit hinzugenommen werden. Dann lautet der Wertebereich abhängig von γ entweder $[-\infty, 0]$ oder $[0, \infty]$.

[95]   Der Mittelwert (5.3) lässt sich als Mittelwert von Mittelwerten darstellen (vgl. Gleichung (5.15)) nach Einführung des Begriffs der mehrperiodigen Renditezeitreihe. So ergibt sich eine Summe von Erwartungsnutzen, wobei die Diskontierung durch Teilung durch die Anzahl an Zeitpunkten ersetzt wird.

$$\text{SPM}_\text{V}\big((R_t)_{t=1,\dots,T}\big) = \left(\frac{1}{T} \sum_{t=1}^{T} (1 + R_t)^{1-\gamma}\right)^{\frac{1}{1-\gamma}} - 1. \tag{5.4}$$

Die dabei gewählte Funktion F ist (streng) monoton steigend, da die Umkehrfunktion einer (streng) monoton steigenden und stetigen Funktion auch (streng) monoton steigend ist.[96] Die folgende, von Morningstar verwendete Kennzahl ist äquivalent zu dem Performancemaß (5.4)

$$\text{MRAR}\big((R_t)_{t=1,\dots,T}\big) = \left(\left(\frac{1}{T} \sum_{t=1}^{T} \left(\frac{1 + R_t}{1 + r_{t,f}}\right)^{1-\gamma}\right)^{\frac{1}{1-\gamma}}\right)^{\frac{1}{\Delta t}} - 1 \tag{5.5}$$

$$= \text{u}^{-1}\left(\frac{1}{T} \sum_{t=1}^{T} \text{u}\left(\frac{1 + R_t}{1 + r_{t,f}}\right)\right)^{\frac{1}{\Delta t}} - 1,$$

wobei $r_{t,f}$ den risikolosen (diskreten) Zinssatz für die Periode $[t-1, t]$ und Δt die Länge der Perioden in Jahren bezeichnet. Morningstar nutzt $\Delta t^{-1} = 12$, also monatliche Renditen $(R_t)_{t=1,\dots,T}$, $(r_{t,f})_{t=1,\dots,T}$, und den Parameter $\gamma = 3$.[97] Die Nutzenfunktion wird dabei auf die relative Überrendite[98] über dem risikolosen Zinssatz angewandt. Durch Δt ergibt sich eine annualisierte Rendite. Nach Cariño, Christopherson und Ferson (2009, S. 56) ist die relative Überrendite im Vergleich zur (absoluten) Überrendite $R_t - r_{t,f}$ besser geeignet, die in der Vergangenheit erzielte Performance zu beschreiben, da sie das Endvermögen V_t^P durch Anlage in ein Portefeuille P in Relation zum Endvermögen V_t^f durch Anlage in die risikolose Anlage bei gleichem Anfangsvermögen V_0 setzt:

$$\frac{1 + R_{t,P}}{1 + r_{t,f}} = \frac{V_t^P / V_0}{V_t^f / V_0} = \frac{V_t^P}{V_t^f}. \tag{5.6}$$

Die absolute Überrendite ist nach Cariño, Christopherson und Ferson (2009, S. 56) allerdings besser geeignet, wenn es um statistische Eigenschaften bzw. Schätzungen für eine zukünftige Periode – wie beispielsweise bei der Sharpe Ratio – geht. Dies ist vergleichbar mit der unterschiedlichen Verwendung von arithmetischem Mittel und geometrischem Mittel.[99]

Das Manipulationssichere Performancemaß MPPM nach Goetzmann et al. (2007, S. 1531) ist eine Stetige-Rendite-Variante des Maßes MRAR:

$$\text{MPPM}\big((R_t)_{t=1,\dots,T}\big) = \frac{1}{(1-\gamma)\cdot \Delta t} \log\left(\frac{1}{T} \sum_{t=1}^{T} \left(\frac{1 + R_t}{1 + r_{t,f}}\right)^{1-\gamma}\right) \tag{5.7}$$

---

[96] Vgl. Heuser (1993, Satz 37.1 auf S. 231).

[97] Vgl. Goetzmann et al. (2007, Fußnote 28).

[98] Vergleichbar damit ist die relative Risikoprämie rEP (Gleichung (4.61)), die Weil (1989) betrachtet. Der englische Begriff von Cariño, Christopherson und Ferson (2009, S. 51 f.) lautet „compound excess return" für $\frac{1+R_t}{1+r_{t,f}} - 1$ bzw. „annualized compound excess return" für $\left(\frac{1+R_t}{1+r_{t,f}}\right)^{1/\Delta t} - 1$.

[99] Vgl. Trautmann (2007, S. 121–124).

$$= \log\Big(1 + \mathrm{MRAR}\big((R_t)_{t=1,\dots,T}\big)\Big).$$

Wie bereits angesprochen liegt diesen vorgestellten manipulationssicheren Maßen eine einperiodige, statische Betrachtungsweise zugrunde. Daher bezeichnen wir diese Maße, die auf dem Erwartungsnutzenkonzept bzw. den zeit- und zustandsseparablen Nutzenfunktionen beruhen, als SPM. Ob es noch weitere manipulationssichere Performancemaße mit einer anderen Darstellung gibt – also ob die Performancemaßklasse MpPM eine echte Obermenge von SPM ist, wird in dieser Arbeit nicht behandelt.

Für die Wahl des Parameters γ schlagen Goetzmann et al. (2007, S. 1531) vor, dass dieser bzgl. einem Marktportefeuille bzw. einem Benchmark mit Rendite R_M die Darstellung

$$\gamma = \frac{\log\left(\mathrm{E}\left[1 + R_M\right]\right) - \log\left(1 + r_f\right)}{\mathrm{Var}\left[\log\left(1 + R_M\right)\right]} \tag{5.8}$$

besitzt, und nutzen – historisch begründet – den gleichen Wert $\gamma = 3$ wie Morningstar. Die Gleichung (5.8) und damit der Parameter γ werden aus dem Portefeuilleproblem, dargestellt in Ingersoll (1987, S. 124 ff.), hergeleitet.[100] Dazu wird ein repräsentativer Investor mit Nutzenfunktion u betrachtet, der den Erwartungsnutzen der Bruttorendite $1 + R_M$ seines repräsentativen Portefeuilles (Marktportefeuilles) M maximiert. Bei Existenz einer risikolosen Anlagemöglichkeit mit Zinssatz r_f erhält Ingersoll (1987, S. 124) die (Euler-)Gleichung

$$0 = \mathrm{E}\left[u'\left(1 + R_M\right) \cdot \left(R_i - r_f\right)\right] \tag{5.9}$$

für alle Wertpapiere i mit Rendite R_i. Unter der Annahme log-normalverteilter Renditen und einer CRRA-Nutzenfunktion u leitet Leland (1999, S. 31) bzw. Rubinstein (1976, S. 416) die Darstellung (5.8) für γ her: Gleichung (5.9) für das Marktportefeuille, also $i = M$, wird aufgelöst zu

$$1 + r_f = \frac{\mathrm{E}\left[u'\left(1 + R_M\right) \cdot \left(1 + R_M\right)\right]}{\mathrm{E}\left[u'\left(1 + R_M\right)\right]} = \frac{\mathrm{E}\left[\left(1 + R_M\right)^{1-\gamma}\right]}{\mathrm{E}\left[\left(1 + R_M\right)^{-\gamma}\right]}. \tag{5.10}$$

Da R_M log-normalverteilt ist, sind dies auch $R_M^{-\gamma}$ und $R_M^{1-\gamma}$. Daraus folgt:

$$\log(1 + r_f) = \log\left(\frac{e^{(1-\gamma)\cdot\mathrm{E}[\log(1+R_M)]+\frac{1}{2}\cdot(1-\gamma)^2\cdot\mathrm{Var}[\log(1+R_M)]}}{e^{-\gamma\cdot\mathrm{E}[\log(1+R_M)]+\frac{1}{2}\cdot\gamma^2\cdot\mathrm{Var}[\log(1+R_M)]}}\right) \tag{5.11}$$

$$= \mathrm{E}\left[\log\left(1 + R_M\right)\right] + \frac{1}{2} \cdot \mathrm{Var}\left[\log\left(1 + R_M\right)\right] \cdot \left(1 - 2\gamma\right).$$

Durch Auflösen nach γ und Herausziehen des Logarithmus aus dem Erwartungswert folgt Gleichung (5.8).

---

[100]   Vgl. Goetzmann et al. (2007, S. 1514 ff.).

Problem im Kontext der Lebenszyklusfonds

Ähnlich wie bei den traditionellen Performancemaßen ist das Problem der vorgestellten (manipulationssicheren) Statischen Performancemaße SPM_U, SPM_V, MRAR und MPPM bei der Messung der Lebenszyklusfondsperformance, dass diese einperiodige Performancemaße sind. Sie unterscheiden also nicht, wann eine Rendite erzielt wurde und wie sich das Risiko im Zeitablauf verändert hat. Dies lässt sich direkt an den Definitionen (5.3), (5.4), (5.5) und (5.7) erkennen und wird mit dem folgenden Beispiel, das an das Beispiel in Kapitel 3 angepasst ist, belegt.

Es werden wieder ein Zeitraum von 3 Jahren, ein risikoloser Zinssatz r_f, ein Marktportefeuille M und die drei daraus dynamisch zusammengesetzten Portefeuilles P_+, $P_=$ und P_- betrachtet. Der risikolose Zinssatz betrage in allen 3 Jahren 0,083 % pro Monat, d. h. 1 % p. a. Die monatlichen Renditen des Marktportefeuilles und der risikolose Zinssatz sind in Tabelle B.1 im Anhang B.1 abgebildet. Das Marktportefeuille erziele in den drei Jahren die gleichen monatlichen Renditen, sodass sich annualisiert für alle drei Jahre jeweils eine erwartete Marktrendite $\mu_M = 7$ % p. a. bei einer Volatilität von $\sigma_M = 15$ % p. a. ergibt.[101] Aus diesen beiden Anlagemöglichkeiten setzen sich die drei Portefeuilles wie in Kapitel 3 zusammen. Das Portefeuille P_+ erhöhe den Anteil des Marktportefeuilles x_M über die 3 Jahre von 25 % über 50 % auf 75 %, während das Portefeuille $P_=$ diesen konstant bei 50 % belasse. Das Portefeuille P_- verringere den Anteil des Marktportefeuilles x_M über die 3 Jahre von 75 % über 50 % auf 25 %. Die annualisierten Daten sind bereits in Tabelle 3.1 dargestellt. Portefeuille P_- setzt dabei den Grundgedanken der Lebenszyklusfonds um und sollte eine bessere Performance als die anderen beiden Portefeuilles und das Marktportefeuille aufweisen.

Anhand der Formeln (5.3), (5.4), (5.5) und (5.7) werden die Performancemaße mit Parameter $\gamma = 3$ aus diesem Abschnitt für die drei Portefeuilles und das Marktportefeuille berechnet. Die Ergebnisse sind in Tabelle 5.1 dargestellt. Wie oben angesprochen handelt es sich bei dem Morningstar-Maß MRAR um das (diskrete) annualisierte[102] Sicherheitsäquivalent der relativen Überrendite über dem risikolosen Zinssatz und bei dem MPPM um das annualisierte Sicherheitsäquivalent als stetige Rendite. Das Maß SPM_V ist im Gegensatz dazu ein diskretes, nicht annualisiertes Sicherheitsäquivalent der Bruttorendite und das Maß SPM_U nur ein Nutzen. Bei allen vier Maßen schneidet das Marktportefeuille, das eine andere mittlere Rendite und Volatilität aufweist, gefolgt von dem Portefeuille $P_=$ am besten ab. Die beiden anderen Portefeuilles weisen jeweils die gleiche Performance auf. Folglich wird das Portefeuille P_- jeweils (mit) am schlechtesten bewertet, obwohl es die zum Grundgedanken der Lebenszyklusfonds am besten passende Risikostruktur im Zeitablauf besitzt. Eigenschaft PMLZ-5 auf Seite 20 ist also nicht erfüllt. Daher eignen sich diese Maße ebenfalls nicht zur Performancemessung von Lebenszyklusfonds.

---

[101] Wie die Annualisierungen für r_f und M durchgeführt wurden, ist im Anhang A.1 angegeben.

[102] Die Annualisierung erfolgt dabei wie bei dem risikolosen Zinssatz, da es sich um ein Sicherheitsäquivalent handelt (vgl. Anhang A.1).

Tabelle 5.1: Manipulationssichere Performancemaße der Beispielportefeuilles

$\gamma = 3$	P_+	$P_=$	P_-	M
MPPM	2,0102 %	2,1516 %	2,0102 %	2,6092 %
MRAR	2,0305 %	2,1749 %	2,0305 %	2,6435 %
SPM_V	0,2511 %	0,2629 %	0,2511 %	0,3012 %
SPM_U	-0,4975	-0,4974	-0,4975	-0,4970

Quelle: Eigene Darstellung und Berechnungen.

Die Tabelle zeigt die Werte der manipulationssicheren Performancemaße ($\gamma = 3$) der Beispielportefeuilles aus Tabelle 3.1. Die monatlichen Renditen des Marktportefeuilles M sind in Tabelle B.1 im Anhang B.1 abgebildet. Diese sind analog zu dem Beispiel in Kapitel 3 gewählt. Die Maße des Portefeuilles P_+ und des Portefeuilles P_- sind jeweils gleich, während die Maße des Portefeuilles $P_=$ (und des Marktportefeuilles) größer sind. Allerdings setzt Portefeuille P_- den Grundgedanken der Lebenszyklusfonds um, während Portefeuille P_+ das Gegenteil macht. Daher sind auch diese Maße nicht geeignet, um die Performance von Lebenszyklusfonds zu bewerten.

5.2   Rekursive Performancemaße

Ähnlich wie die Erweiterung des Erwartungsnutzens bzw. der zeit- und zustandsseparablen Nutzenfunktionen zu den rekursiven Nutzenfunktionen durch Epstein und Zin (1989) werden nun die Statischen Performancemaße zu Rekursiven Performancemaßen erweitert. Statt einer (einperiodigen) Renditezeitreihe wird etwas Mehrperiodiges benötigt. Es wird der Begriff der *mehrperiodigen Renditezeitreihe* eingeführt, d. h. die (einperiodige) Renditezeitreihe wird in mehrere Perioden unterteilt. Im Hinblick auf die Performancemessung von Lebenszyklusfonds ist diese Mehrperiodik notwendig, um deren spezielle Risikostruktur im Zeitablauf angemessen zu bewerten. Die Analogie zwischen der Risikoreduzierung im Zeitablauf und der Präferenz für frühe Auflösung von Unsicherheit ist offensichtlich.

Zunächst wird eine mehrperiodige Betrachtungsweise im Hinblick auf die Renditezeitreihe eingeführt, indem die betrachtete Renditezeitreihe in T Teilzeitreihen der Längen n_t, $t = 1, \ldots, T$, zerlegt wird. Sinnvoll ist dabei, dass die einzelnen Teilzeiträume in etwa gleich lang sind. Beispielsweise können Zeitreihen, bestehend aus monatlichen Renditen über mehrere Jahre, unterteilt werden in Teilzeiträume, bestehend aus monatlichen Renditen eines Jahres. Formal wird die Renditezeitreihe

$$(R_t)_{t=1,\ldots,\bar{T}} \qquad \text{mit} \qquad \bar{T} = \sum_{t=1}^{T} n_t, \quad n_1 \approx n_2 \approx \cdots \approx n_T \qquad (5.12)$$

als **mehrperiodige Renditezeitreihe**

$$\langle (R_{t,\tau})_{\tau=1}^{n_t} \rangle_{t=1}^{T} \qquad \text{mit} \qquad R_{t,\tau} = R_s, \quad s = \tau + \sum_{l=1}^{t-1} n_l \qquad (5.13)$$

aufgefasst (vgl. Abbildung 5.2). Implizit wird dabei unterstellt, dass die einzelnen Teilzeitreihen die Renditeverteilung des jeweiligen Teilzeitraumes − d. h. der jeweiligen Peri-

Abbildung 5.2: Mehrperiodige Renditezeitreihe

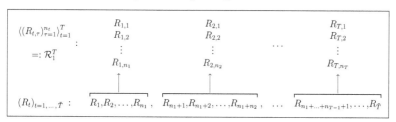

Quelle: Eigene Darstellung.

Die Abbildung zeigt, wie die Renditezeitreihe $(R_t)_{t=1,\dots,\bar{T}}$ mit $\bar{T} = \sum_{t=1}^{T} n_t$ in die mehrperiodige Renditezeitreihe $\mathcal{R}_1^T$ mit T Teilzeitreihen der Längen n_t, $t = 1,\dots,T$, aufgeteilt wird. Dabei ist $R_{t,\tau} = R_s$, mit $s = \tau + \sum_{l=1}^{t-1} n_l$, für $t = 1,\dots,T$ und $\tau = 1,\dots,n_t$. Die einzelnen Teilzeitreihen stellen die Renditeverteilung der jeweiligen Periode dar. Z. B. kann eine Zeitreihe mit wöchentlichen bzw. täglichen Renditen über mehrere Jahre aufgeteilt werden in jeweils wöchentliche oder tägliche Renditen eines Jahres. In dem Fall wären n_t, $t = 1,\dots,T$, in etwa 52 bzw. 250.

ode − repräsentieren. Die Renditeverteilung wird also innerhalb des jeweiligen Zeitraumes als konstant angenommen. Dabei ist natürlich einerseits zu beachten, dass die einzelnen Teilzeiträume nicht zu lang gewählt werden, da die Renditeverteilungen ansonsten nicht mehr als konstant innerhalb der einzelnen Teilzeiträume angenommen werden können. Andererseits sollte die Frequenz der Renditen innerhalb des Zeitraumes hoch genug sein, damit die Verteilung der Periode möglichst genau geschätzt werden kann. Um beidem gerecht zu werden, sollten wöchentliche oder sogar tägliche Renditen in Verbindung mit 12-Monatsteilzeiträumen (also Jahren) betrachtet werden. Im Folgenden wird auch die Notation

$$\mathcal{R}_t^T := \left\langle (R_{s,\tau})_{\tau=1}^{n_s} \right\rangle_{s=t}^{T} \tag{5.14}$$

für die mehrperiodige Renditezeitreihe $\left\langle (R_{s,\tau})_{\tau=1}^{n_s} \right\rangle_{s=t}^{T}$ ab $1 \le t \le T$ verwendet. Der Zusammenhang zwischen den Statischen Performancemaßen aus Gleichung (5.3) und den zeit- und zustandsseparablen Nutzenfunktionen aus Gleichung (4.3) wird als Darstellung über eine mehrperiodige Renditezeitreihe verständlicher. Dafür wird die (mehrperiodige) Renditezeitreihe $(R_t)_{t=1,\dots,n\cdot T} \triangleq \left\langle (R_{t,\tau})_{\tau=1}^{n} \right\rangle_{t=1}^{T}$ betrachtet. Es ist

$$\mathrm{SPM_U} = \frac{1}{n\cdot T} \sum_{t=1}^{n\cdot T} \mathrm{u}\,(1 + R_t) = \sum_{t=1}^{T} \frac{1}{T} \cdot \left(\frac{1}{n} \sum_{\tau=1}^{n} \mathrm{u}\,(1 + R_{t,\tau}) \right). \tag{5.15}$$

In der Klammer stehen für jede Teilzeitreihe ein Schätzer für den Erwartungsnutzen der Rendite des Teilzeitraumes. Diese werden gleichgewichtet aufsummiert. Dabei wird nicht diskontiert, da − anders als bei Konsumwerten − eine gewisse diskrete Bruttorendite zu unterschiedlichen Zeiten gleich viel „wert" ist. Anstelle des Konsumstroms tritt eine Folge von Teilzeitreihen: die mehrperiodige Renditezeitreihe.

Wie bei der Verallgemeinerung der zeit- und zustandsseparablen Nutzenfunktionen bei Epstein und Zin (1989) wird zunächst die allgemeinste Form – die Generalisierten Rekursiven Performancemaße – definiert. Es wird eine Folge von Rendite*zufallsvariablen* $(\tilde{R}_t)_{t=1,\dots,T}$ betrachtet. Die Erweiterung erfolgt analog zu Gleichung (4.32). Allerdings wird bedingt durch den endlichen Zeithorizont eine abschließende Gleichung benötigt und, da hier die Folge mit einer Zufallsvariablen beginnt, ist außerdem die Struktur umgekehrt: Sicherheitsäquivalent von Aggregatorfunktion statt Aggregatorfunktion von Sicherheitsäquivalent. Ein **Generalisiertes Rekursives Performancemaß** GRPM$_1$ ist eine Abbildung von der Menge der Folgen von Renditezufallsvariablen nach $\mathbb{R}_+$ rekursiv definiert als[103]

$$\text{GRPM}_T\left(\tilde{R}_T\right) = \nu\left[1 + \tilde{R}_T\right] - 1, \tag{5.16}$$

$$\text{GRPM}_t\left((\tilde{R}_s)_{s=t,\dots,T}\right) = \nu\left[\text{W}_t\left(1 + \tilde{R}_t, 1 + \text{GRPM}_{t+1}\left((\tilde{R}_s)_{s=t+1,\dots,T}\right)\right)\right] - 1$$

für $t = 1, \dots, T - 1$. Dabei bezeichnet $\text{W}_t : \mathbb{R}_+ \times \mathbb{R}_+ \to \mathbb{R}_+$ eine monoton steigende Aggregatorfunktion und ν ein Sicherheitsäquivalent-Funktional wie in Gleichung (4.32). Um den Performancewert anhand einer Renditezeitreihe zu bestimmen, wird die Folge an Renditezufallsvariablen mittels einer mehrperiodigen Renditezeitreihe $\mathcal{R}_1^T$ dargestellt – ähnlich wie in (5.15) für die mehrperiodige Darstellung des Maßes SPM$_U$:[104]

$$\text{GRPM}_T\left((R_{T,\tau})_{\tau=1}^{n_T}\right) = \hat{\nu}\left[(1 + R_{T,\tau})_{\tau=1}^{n_T}\right] - 1, \tag{5.17}$$

$$\text{GRPM}_t\left(\langle(R_{s,\tau})_{\tau=1}^{n_s}\rangle_{s=t}^T\right) = \hat{\nu}\left[\left(\text{W}_t(1 + R_{t,\tau}, 1 + \text{GRPM}_{t+1}(\mathcal{R}_{t+1}^T))\right)_{\tau=1}^{n_t}\right] - 1.$$

Die Renditen der Teilzeitreihen stehen dabei für die Renditezufallsvariable der entsprechenden Periode. Die Form ist sehr allgemein und lässt beispielsweise auch die in Abschnitt 4.2.3 vorgestellten impliziten Chew (1989)-Dekel (1986)-Sicherheitsäquivalente zu. Als Nächstes wird wie bei Epstein und Zin (1989) der bekannte Spezialfall verwendet und zu einer konkreteren Performancemaßklasse umgesetzt.

Im Folgenden wird sich auf die Auswertung von mehrperiodigen Renditezeitreihen konzentriert. Die Gleichung (5.16) wird also nicht mehr weiter aufgegriffen. Um eine ähnliche Form wie Gleichung (4.36) zu erhalten, wird als Sicherheitsäquivalent in Gleichung (5.17) ein Schätzer[105] des CRRA-Sicherheitsäquivalents mit Parameter γ (vgl. Gleichung (4.34)) verwendet. Als Aggregatorfunktion wird eine CES-Aggregatorfunktion mit intertemporaler Substitutionselastizität ψ (vgl. die Gleichungen (4.33) und (4.37)) eingesetzt. Statt dem konstanten Diskontierungsfaktor δ werden hier – abhängig vom aktuellen Zeitpunkt $1 \leq t \leq T$ und der Anzahl der Teilzeitreihen T – als Gewichtungsfaktoren[106]

---

[103] Das Addieren und Subtrahieren von eins sorgt dafür, dass einerseits die Funktionen definiert sind und andererseits GRPM eine ähnliche Form wie eine diskrete Rendite hat.

[104] Die Funktion $\hat{\nu}$ ist ein Schätzer für das Sicherheitsäquivalent ν aus (5.16). Es wird keine Zufallsvariable, sondern die die Zufallsvariable repräsentierende Teilzeitreihe ausgewertet.

[105] Der Erwartungswert wird durch das arithmetische Mittel ersetzt.

[106] Es sind auch andere Formen denkbar. Diese Form bietet den Vorteil, dass aus Sicht von Zeitpunkt t alle Zeitpunkte ab t gleich gewichtet werden. Vgl. Beweis des Satzes 5.3.

$\alpha_{t,T} = (T - t + 1)^{-1}$ und $\bar{\alpha}_{t,T} = 1 - \alpha_{t,T}$ eingesetzt. Dies liegt daran, dass hier − im Gegensatz zu Abschnitt 4.2 − ein endlicher Zeithorizont vorliegt. Es werden im Folgenden zwei Formen von Rekursiven Performancemaßen definiert. Zunächst wird das (manipulationssichere) Statische Performancemaß SPM_V (Gleichung (5.4)) verallgemeinert.

Definition 5.2 (Rekursives Performancemaß − Erweiterung SPM_V). *Das Rekursive Performancemaß* $\mathcal{M} = \mathcal{M}_1$ *mit den Parametern* $0 < \gamma \neq 1$ *und* $0 < \psi \neq 1$ *ist eine Abbildung von der Menge der (diskreten, mehrperiodigen) Renditezeitreihen*

$$\left\{ \langle (R_{t,\tau})_{\tau=1}^{n_t} \rangle_{t=1}^{T} \mid -1 < R_{t,\tau} \in \mathbb{R} \text{ für } \tau = 1, \dots, n_t, t = 1, \dots, T, T \in \mathbb{N} \right\} \qquad (5.18)$$

nach (-1, ∞)*. Es ist rekursiv definiert durch*

$$\mathcal{M}_T\left((R_{T,\tau})_{\tau=1}^{n_T} \right) = \text{SPM}_\text{V}\left((R_{T,\tau})_{\tau=1}^{n_T} \right) = \text{u}^{-1} \left(\frac{1}{n_T} \sum_{\tau=1}^{n_T} \text{u}\,(1 + R_{T,\tau}) \right) - 1$$

$$= \left(\frac{1}{n_T} \sum_{\tau=1}^{n_T} (1 + R_{T,\tau})^{1-\gamma} \right)^{\frac{1}{1-\gamma}} - 1 \qquad (5.19)$$

und

$$\mathcal{M}_t\left(\langle (R_{s,\tau})_{\tau=1}^{n_s} \rangle_{s=t}^{T} \right) = \mathcal{M}_t\left(\mathcal{R}_t^T \right) \qquad (5.20)$$

$$= \text{SPM}_\text{V} \left((\text{v}^{-1} \left[\alpha_{t,T} \cdot \text{v}\,[1 + R_{t,\tau}] + \bar{\alpha}_{t,T} \cdot \text{v}\left[1 + \mathcal{M}_{t+1}\left(\mathcal{R}_{t+1}^T \right) \right] \right] - 1)_{\tau=1}^{n_t} \right)$$

$$= \text{u}^{-1} \left(\frac{1}{n_t} \sum_{\tau=1}^{n_t} \text{u}\left(\text{v}^{-1} \left[\alpha_{t,T} \cdot \text{v}\,[1 + R_{t,\tau}] + \bar{\alpha}_{t,T} \cdot \text{v}\left[1 + \mathcal{M}_{t+1}\left(\mathcal{R}_{t+1}^T \right) \right] \right] \right) \right) - 1$$

$$= \left(\frac{1}{n_t} \sum_{\tau=1}^{n_t} \left(\alpha_{t,T} \cdot (1 + R_{t,\tau})^{1-\frac{1}{\psi}} + \bar{\alpha}_{t,T} \cdot \left(1 + \mathcal{M}_{t+1}\left(\mathcal{R}_{t+1}^T \right) \right)^{1-\frac{1}{\psi}} \right)^{\frac{1-\gamma}{1-\frac{1}{\psi}}} \right)^{\frac{1}{1-\gamma}} - 1$$

für $1 \leq t < T$*. Dabei sind* $\alpha_{t,T} := (T - t + 1)^{-1}$, $\bar{\alpha}_{t,T} := 1 - \alpha_{t,T}$ *für* $t = 1, \dots, T$ *und* $\text{u}(x) = (1 - \gamma)^{-1} \cdot x^{1-\gamma}$, $\text{v}(x) = (1 - \frac{1}{\psi})^{-1} \cdot x^{1-\frac{1}{\psi}}$.

Betrachtet man die Gleichungen (5.19) und (5.20) genauer, so fällt auf, dass das Maß $\mathcal{M}$ − wie auch das einperiodige Maß SPM_V − die Form einer (nicht annualisierten)[107] Nettorendite besitzt. Das liegt daran, dass jeweils Sicherheitsäquivalente[108] von Bruttorenditen gebildet werden und anschließend eins subtrahiert wird. Insgesamt wird aus den beiden Gleichungen auch die Ähnlichkeit zu den EZ-Nutzenfunktionen deutlich. Wie bereits bei den GRPM angesprochen, wird bedingt durch den endlichen Zeithorizont die

---

[107] Der Spezialfall zur Performancemessung von Lebenszyklusfonds im nächsten Abschnitt wird eine annualisierte Variante sein.

[108] Vgl. S. 53−54 (insbesondere Gleichung (4.37)) und Abbildung 4.8 zur Darstellung der Aggregatorfunktion als Sicherheitsäquivalent.

abschließende Gleichung (5.19) benötigt und, da die mehrperiodige Renditezeitreihe mit einer Teilzeitreihe (also den Ausprägungen einer Zufallsvariable) beginnt, ist außerdem die Struktur umgekehrt: Sicherheitsäquivalent von Aggregatorfunktion statt Aggregatorfunktion von Sicherheitsäquivalent. Die Darstellung dieser Performancemaße ist wegen der Rekursivität komplex und weniger greifbarer (beispielsweise im Vergleich zur Sharpe Ratio). Daher befindet sich in Abschnitt 5.3 die (recht) einfache Beispielrechnung 5.7 – die entsprechenden Maße dort unterscheiden sich nur durch die Annualisierung und die Einschränkung der Parameter von diesen Maßen aus Definition 5.2. Offensichtlich ist, dass das RPM $\mathcal{M}$ für den Fall $T = 1$ dem Statischen Performancemaß SPM$_V$ entspricht. Wie der folgende Satz zeigt, ist dies auch der Fall, wenn Indifferenz bzgl. des Zeitpunktes der Auflösung von Unsicherheit vorliegt (also u = v bzw. $\gamma = \frac{1}{\psi}$ ist) und die Teilzeiträume gleich lang (also $n_1 = \cdots = n_T =: n$) sind.

Satz 5.3 (Erweiterung SPM$_V$). *Seien $\gamma = \frac{1}{\psi}$ und $n_1 = \cdots = n_T =: n$. Dann gilt für die (mehrperiodige) Renditezeitreihe $\mathcal{R}_1^T$ bzw. $(R_t)_{t=1,\ldots,n\cdot T}$*

$$\mathcal{M}\big(\mathcal{R}_1^T\big) = \text{SPM}_V\big((R_t)_{t=1,\ldots,n\cdot T}\big). \tag{5.21}$$

Beweis. Seien die mehrperiodige Renditezeitreihe $\mathcal{R}_1^T$ gegeben und u = v, dann ist

$$\mathcal{M}\big(\mathcal{R}_1^T\big) = \mathcal{M}_1\big(\mathcal{R}_1^T\big)$$

$$= u^{-1}\left(\frac{1}{n_1}\sum_{\tau=1}^{n_1} u\left(u^{-1}\left[\alpha_{1,T}\cdot u\left[1+R_{1,\tau}\right] + \bar\alpha_{1,T}\cdot u\left[1+\mathcal{M}_2\big(\mathcal{R}_2^T\big)\right]\right]\right)\right) - 1$$

$$= u^{-1}\left(\frac{\alpha_{1,T}}{n_1}\sum_{\tau=1}^{n_1} u\left[1+R_{1,\tau}\right] + \bar\alpha_{1,T}\cdot u\left[1+\mathcal{M}_2\big(\mathcal{R}_2^T\big)\right]\right) - 1$$

$$= u^{-1}\left(\frac{\alpha_{1,T}}{n_1}\sum_{\tau=1}^{n_1} u\left(1+R_{1,\tau}\right) + \frac{\bar\alpha_{1,T}\,\alpha_{2,T}}{n_2}\sum_{\tau=1}^{n_2} u\left(1+R_{2,\tau}\right)\right.$$

$$\left. + \bar\alpha_{1,T}\,\bar\alpha_{2,T}\cdot u\left(1+\mathcal{M}_3\big(\mathcal{R}_3^T\big)\right)\right) - 1$$

$$\vdots$$

$$= u^{-1}\left(\frac{\alpha_{1,T}}{n_1}\sum_{\tau=1}^{n_1} u\left(1+R_{1,\tau}\right) + \frac{\bar\alpha_{1,T}\,\alpha_{2,T}}{n_2}\sum_{\tau=1}^{n_2} u\left(1+R_{2,\tau}\right) + \ldots\right.$$

$$\left. + \frac{\alpha_{T,T}\cdot\prod_{t=1}^{T-1}\bar\alpha_{t,T}}{n_T}\sum_{\tau=1}^{n_T} u\left(1+R_{T,\tau}\right)\right) - 1.$$

Wegen $\alpha_{t,T} = (T-t+1)^{-1}$ und $\bar\alpha_{s-1,T} = \frac{\alpha_{s-1,T}}{\alpha_{s,T}}$ ist $\alpha_{s,T}\cdot\prod_{i=t}^{s-1}\bar\alpha_{i,T} = (T-t+1)^{-1}$ für $s = t+1,\ldots,T$. Zusammen mit $n_1 = \cdots = n_T = n$ folgt

$$\mathcal{M}\big(\mathcal{R}_1^T\big) = u^{-1}\left(\frac{1}{T}\sum_{t=1}^{T}\left[\frac{1}{n}\sum_{\tau=1}^{n} u\left(1+R_{t,\tau}\right)\right]\right) - 1$$

$$= \mathrm{u}^{-1}\left(\frac{1}{n \cdot T} \sum_{t=1}^{n \cdot T} \mathrm{u}\,(1 + R_t)\right) - 1 = \mathrm{SPM_V}\big((R_t)_{t=1,\dots,n\cdot T}\big)$$

für die Renditezeitreihe $(R_t)_{t=1,\dots,n\cdot T}$ bzw. die zugehörige Zeitreihe $\mathcal{R}_1^T$.

qed

Die zweite Form ist die Erweiterung des Morningstar-Maßes MRAR (Gleichung (5.5)). Um dieses zu erweitern, muss deren Form als annualisierte Rendite zusätzlich berücksichtigt werden. Zu den vorherigen Parametern kommt wegen der Annualisierung der Parameter Δt hinzu. Bei wöchentlichen Renditen ist $\Delta t^{-1} = 52$. Wie in Fußnote 107 angesprochen wird die Variante der Maße aus Definition 5.2 zur Performancemessung von Lebenszyklusfonds im nächsten Abschnitt 5.3 ebenfalls die Annualisierung enthalten.

Definition 5.4 (Rekursives Performancemaß – Erweiterung MRAR). *Das Rekursive Performancemaß $\mathcal{M}^{\mathrm{MRAR}} = \mathcal{M}_1^{\mathrm{MRAR}}$ mit den Parametern $0 < \gamma \neq 1$ und $0 < \psi \neq 1$ ist eine Abbildung von der Menge der (diskreten, mehrperiodigen) Renditezeitreihen (5.18) nach $(-1, \infty)$. Unter Berücksichtigung einer zugehörigen Risikolose-Rendite-Zeitreihe $\langle (r_{t,\tau,f})_{\tau=1}^{n_t}\rangle_{t=1}^{T}$ ist das Maß rekursiv definiert durch*

$$\mathcal{M}_T^{\mathrm{MRAR}}\big((R_{T,\tau})_{\tau=1}^{n_T}\big) = \mathrm{MRAR}\big((R_{T,\tau})_{\tau=1}^{n_T}\big) = \mathrm{u}^{-1}\left(\frac{1}{n_T}\sum_{\tau=1}^{n_T}\mathrm{u}\left(\frac{1+R_{T,\tau}}{1+r_{T,\tau,f}}\right)\right)^{\frac{1}{\Delta t}} - 1$$

$$= \left(\frac{1}{n_T}\sum_{\tau=1}^{n_T}\left(\frac{1+R_{T,\tau}}{1+r_{T,\tau,f}}\right)^{1-\gamma}\right)^{\frac{1}{1-\gamma}\cdot\frac{1}{\Delta t}} - 1 \tag{5.22}$$

und

$$\mathcal{M}_t^{\mathrm{MRAR}}\big(\langle (R_{s,\tau})_{\tau=1}^{n_s}\rangle_{s=t}^{T}\big) = \mathcal{M}_t^{\mathrm{MRAR}}\big(\mathcal{R}_t^T\big) \tag{5.23}$$

$$= \mathrm{MRAR}\left(\left(\mathrm{v}^{-1}\left[\alpha_{t,T}\cdot\mathrm{v}\,[1+R_{t,\tau}] + \bar{\alpha}_{t,T}\cdot\mathrm{v}\left[\frac{\left(1+\mathcal{M}_{t+1}^{\mathrm{MRAR}}\big(\mathcal{R}_{t+1}^T\big)\right)^{\Delta t}}{(1+r_{t,\tau,f})^{-1}}\right]\right] - 1\right)_{\tau=1}^{n_t}\right)$$

$$= \mathrm{u}^{-1}\left(\frac{1}{n_t}\sum_{\tau=1}^{n_t}\mathrm{u}\left(\mathrm{v}^{-1}\left[\alpha_{t,T}\cdot\mathrm{v}\left[\frac{1+R_{t,\tau}}{1+r_{t,\tau,f}}\right] + \bar{\alpha}_{t,T}\cdot\mathrm{v}\left[\left(1+\mathcal{M}_{t+1}^{\mathrm{MRAR}}\big(\mathcal{R}_{t+1}^T\big)\right)^{\Delta t}\right]\right]\right)\right)^{\frac{1}{\Delta t}}$$
$$- 1$$

für $1 \leq t < T$. Dabei sind $\alpha_{t,T} := (T-t+1)^{-1}$, $\bar{\alpha}_{t,T} := 1 - \alpha_{t,T}$ für $t = 1,\dots,T$ und $\mathrm{u}(x) = (1-\gamma)^{-1}\cdot x^{1-\gamma}$, $\mathrm{v}(x) = (1-\frac{1}{\psi})^{-1}\cdot x^{1-\frac{1}{\psi}}$. Δt^{-1} ist die (mittlere) Anzahl der Renditen pro Jahr.

Ähnlich wie bei dem Maß $\mathcal{M}$ überträgt sich auch bei dem Maß $\mathcal{M}^{\mathrm{MRAR}}$ die Form einer annualisierten relativen Überrendite (netto) des Morningstar-Maßes MRAR, was durch die Gleichungen (5.22) und (5.23) ersichtlich wird. Durch die Verwendung von MRAR in Gleichung (5.22) erhält man für den Zeitpunkt T diese Form. Da dies rekursiv in Gleichung (5.23), Zeile 2, mit einer nicht annualisierten Bruttorendite aggregiert wird (d. h. eine Art Sicherheitsäquivalenz bzgl. v gebildet wird), wird $\mathcal{M}_{t+1}^{\mathrm{MRAR}}\left(\mathcal{R}_{t+1}^{T}\right)$ in eine annualisierte Bruttorendite (auf die v angewandt wird) umgewandelt. Durch Anwenden von MRAR wird schließlich wieder eine annualisierte relative Überrendite (netto) daraus. Wie bei dem Maß $\mathcal{M}$ entspricht das Rekursive Maß $\mathcal{M}^{\mathrm{MRAR}}$ dem Morningstar-Maß MRAR für den Fall $T = 1$. Satz 5.3 lässt sich ebenfalls übertragen. Der Beweis des Satzes 5.5 ist ähnlich dem Beweis des Satzes 5.3 und befindet sich daher in Anhang A.2.1.

Satz 5.5 (Erweiterung MRAR). *Seien $\gamma = \frac{1}{\psi}$ und $n_1 = \cdots = n_T =: n$. Dann gilt für die (mehrperiodige) Renditezeitreihe $\mathcal{R}_1^T$ bzw. $(R_t)_{t=1,\,\ldots,\,n\cdot T}$.*

$$\mathcal{M}^{\mathrm{MRAR}}\left(\mathcal{R}_1^T\right) = \mathrm{MRAR}\left((R_t)_{t=1,\,\ldots,\,n\cdot T}\right). \tag{5.24}$$

Da die beiden Maße $\mathcal{M}$ und $\mathcal{M}^{\mathrm{MRAR}}$ zwei manipulationssichere Maße erweitern, überträgt sich das Axiom 5.1 auf die RPM der Definitionen 5.2 und 5.4 insofern, dass es innerhalb der Teilzeitreihen gilt. Anhand der Sätze 5.3 und 5.5 wird klar, dass SPM die Teilklasse von RPM mit $\gamma = \frac{1}{\psi}$, also im Sinne der Indifferenz bzgl. des Zeitpunktes der Auflösung von Unsicherheit, ist. Naheliegend ist eine weitere Aufteilung der RPM in die beiden Teilklassen: **ERPM** („Early Resolution" Performancemaße), d. h. mit $\gamma > \frac{1}{\psi}$ bzw. im Sinne der Präferenz für frühe Auflösung von Unsicherheit, und **LRPM** („Late Resolution" Performancemaße), d. h. mit $\gamma < \frac{1}{\psi}$ bzw. im Sinne der Präferenz für späte Auflösung von Unsicherheit. Kern dieser Arbeit ist die Performancemessung von Lebenszyklusfonds, daher wird die Teilklasse ERPM genauer betrachtet, die die Präferenz für frühe Auflösung von Unsicherheit berücksichtigt.

5.3 Lebenszyklusfonds-Performancemaße

Ein Maß zur Messung der Performance von Lebenszyklusfonds muss Eigenschaft PMLZ-5 erfüllen. Die Reduzierung von Risiken im Zeitablauf muss also honoriert werden. Dies ist intuitiv vergleichbar mit der Präferenz für frühe Auflösung von Unsicherheit im Kontext der EZ-Nutzenfunktionen. Wie bereits angesprochen ist es zur Performancemessung von Lebenszyklusfonds also naheliegend die Teilklasse ERPM der RPM – also die Maße mit $\gamma > \frac{1}{\psi}$ – zu betrachten. Die Klasse ERPM wird daher aufgegriffen und als Klasse LZM – also als Klasse der Lebenszyklusfonds-Performancemaße – bezeichnet. Das Maß $\mathcal{M}^{\mathrm{MRAR}}$ hat bereits die Form einer Art annualisierten Rendite. Dies bietet den Vorteil, dass die Werte unabhängig von der Wahl der Periodenlänge vergleichbar bleiben. Statt dem Maß $\mathcal{M}$ wird daher in diesem Abschnitt auch eine annualisierte Variante betrachtet. Aufbauend auf den Definitionen 5.2 und 5.4 werden die beiden Performancemaße für Lebenszyklusfonds $\mathrm{LZM}_{(\gamma,\psi)}$, das ein (annualisierter) Spezialfall von $\mathcal{M}$ ist, und $\mathrm{LZM}_{(\gamma,\psi)}^{\mathrm{MRAR}}$, das ein Spezialfall von $\mathcal{M}^{\mathrm{MRAR}}$ ist, definiert.

Definition 5.6 (Lebenszyklusfonds-Performancemaße $\text{LZM}_{(\gamma,\psi)}$ und $\text{LZM}^{\text{MRAR}}_{(\gamma,\psi)}$). *Die Lebenszyklusfonds-Performancemaße* $\text{LZM}_{(\gamma,\psi)} = \text{LZM}_1$ *bzw.* $\text{LZM}^{\text{MRAR}}_{(\gamma,\psi)} = \text{LZM}^{\text{MRAR}}_1$ *sind Abbildungen von der Menge der (diskreten, mehrperiodigen) Renditezeitreihen* (5.18) *nach* $(-1, \infty)$. *Sie sind rekursiv definiert durch*

$$\text{LZM}_T\left((R_{T,\tau})^{n_T}_{\tau=1}\right) = \left(\frac{1}{n_T}\sum_{\tau=1}^{n_T}(1+R_{T,\tau})^{1-\gamma}\right)^{\frac{1}{1-\gamma}\cdot\frac{1}{\Delta t}} - 1 \tag{5.25}$$

bzw.

$$\text{LZM}^{\text{MRAR}}_T\left((R_{T,\tau})^{n_T}_{\tau=1}\right) = \left(\frac{1}{n_T}\sum_{\tau=1}^{n_T}\left(\frac{1+R_{T,\tau}}{1+r_{T,\tau,f}}\right)^{1-\gamma}\right)^{\frac{1}{1-\gamma}\cdot\frac{1}{\Delta t}} - 1 \tag{5.26}$$

und

$$\text{LZM}_t\left(\mathcal{R}^T_t\right) = \left(\frac{1}{n_t}\sum_{\tau=1}^{n_t}\left(\alpha_{t,T}\cdot(1+R_{t,\tau})^{1-\frac{1}{\psi}}\right.\right.$$

$$\left.\left.+\bar{\alpha}_{t,T}\cdot\left(1+\text{LZM}_{t+1}\left(\mathcal{R}^T_{t+1}\right)\right)^{\Delta t\cdot(1-\frac{1}{\psi})}\right)^{\frac{1-\gamma}{1-\frac{1}{\psi}}}\right)^{\frac{1}{(1-\gamma)\cdot\Delta t}} - 1 \tag{5.27}$$

bzw.

$$\text{LZM}^{\text{MRAR}}_t\left(\mathcal{R}^T_t\right) = \left(\frac{1}{n_t}\sum_{\tau=1}^{n_t}\left(\alpha_{t,T}\cdot\left(\frac{1+R_{t,\tau}}{1+r_{t,\tau,f}}\right)^{1-\frac{1}{\psi}}\right.\right.$$

$$\left.\left.+\bar{\alpha}_{t,T}\cdot\left(1+\text{LZM}^{\text{MRAR}}_{t+1}\left(\mathcal{R}^T_{t+1}\right)\right)^{\Delta t\cdot(1-\frac{1}{\psi})}\right)^{\frac{1-\gamma}{1-\frac{1}{\psi}}}\right)^{\frac{1}{(1-\gamma)\cdot\Delta t}} - 1 \tag{5.28}$$

für $1 \leq t < T$. *Dabei sind* $0 < \gamma \neq 1$, $0 < \psi \neq 1$ *mit*

$$\gamma > \frac{1}{\psi}$$

und $\alpha_{t,T} := (T-t+1)^{-1}$, $\bar{\alpha}_{t,T} := 1-\alpha_{t,T}$ *für* $t = 1, \ldots, T$. Δt^{-1} *ist die (mittlere) Anzahl der Renditen pro Jahr.*

In Definition 5.6 reicht es aus, die Annualisierung erst zum ersten Zeitpunkt durchzuführen, da sich die Potenzen mit Δt bei der rekursiven Struktur wegkürzen. Um die wegen der Rekursivität komplexe und weniger greifbare Form verständlicher zu machen, folgt ein recht einfaches Beispiel. Anschließend wird das Beispiel aus Kapitel 3 wieder aufgegriffen. Dabei stellt sich heraus, dass die definierten Maße nicht an diesem scheitern.

Beispiel 5.7 (Lebenszyklusfonds-Performancemaße $\text{LZM}_{(2,2)}$). Es wird ein Lebenszyklusfonds über 2 Jahre mit den (nicht-annualisierten) Halbjahresrenditen (10,25 %; -1,99 %) im ersten und (2,01 %; 2,01 %) im zweiten Jahr betrachtet. Die Performance wird mittels

$\mathrm{LZM}_{(2,2)}$, also mit $\gamma = 2 = \psi$, und $\Delta t^{-1} = 2$ bestimmt. Wie angesprochen reicht es, die Annualisierung erst zum ersten Zeitpunkt, d. h. im letzten Schritt, durchzuführen. Zunächst wird der Wert zum Zeitpunkt $t = 2$ anhand Gleichung (5.25) berechnet:

$$\mathrm{LZM}_2\left(\begin{pmatrix} 2{,}01 \ \% \\ 2{,}01 \ \% \end{pmatrix}\right) = \left(\frac{1}{2}\left[1{,}0201^{-1} + 1{,}0201^{-1}\right]\right)^{-1} - 1 = 2{,}01 \ \%.$$

Dieser Wert wird mit den beiden Renditen des ersten Jahres aggregiert und anschließend daraus das Sicherheitsäquivalent gebildet (Gleichung (5.27)):

$$\mathrm{LZM}_1\left(\left\langle \begin{pmatrix} 10{,}25 \ \% \\ \text{-}1{,}99 \ \% \end{pmatrix}; \begin{pmatrix} 2{,}01 \ \% \\ 2{,}01 \ \% \end{pmatrix} \right\rangle\right) = \left(\frac{1}{2}\left[\mathrm{Agg}_1^{-1} + \mathrm{Agg}_2^{-1}\right]\right)^{-1 \cdot \Delta t^{-1}} - 1$$

$$\mathrm{Agg}_1 = \left(\frac{1}{2} \cdot 1{,}1025^{\frac{1}{2}} + \left(1 - \frac{1}{2}\right) \cdot 1{,}0201^{\frac{1}{2}}\right)^2 = 1{,}0609$$

$$\mathrm{Agg}_2 = \left(\frac{1}{2} \cdot 0{,}9801^{\frac{1}{2}} + \left(1 - \frac{1}{2}\right) \cdot 1{,}0201^{\frac{1}{2}}\right)^2 = 1$$

$$\mathrm{LZM}_1\left(\left\langle \begin{pmatrix} 10{,}25 \ \% \\ \text{-}1{,}99 \ \% \end{pmatrix}; \begin{pmatrix} 2{,}01 \ \% \\ 2{,}01 \ \% \end{pmatrix} \right\rangle\right) = \left(\frac{1}{2}\left[1{,}0609^{-1} + 1^{-1}\right]\right)^{-2} - 1 \approx 5{,}9974 \ \%.$$

Der Fonds weist also eine Performance $\mathrm{LZM}_{(2,2)}$ in Höhe von 5,9974 % (p. a.) auf. Dieser Wert lässt sich als anhand der Präferenz für frühe Auflösung von Unsicherheit über die Zeit geglättetes, annualisiertes Sicherheitsäquivalent der mehrperiodigen Renditezeitreihe des Fonds interpretieren.

Es werden nun die drei Beispielportefeuilles P_-, $P_=$ und P_+ aus Kapitel 3 ausgewertet. Dabei wird die Zeitreihe in die drei Jahre mit jeweils 12 Monatsrenditen als mehrperiodige Renditezeitreihe aufgefasst. Für die Parameter $RA = 10$ und $\psi = 1{,}5$ ergeben sich anhand Definition 5.6 die Performancemaße

$$\mathrm{LZM}_{(10;\,1,5)}\ (P_-) = 2{,}4923 \ \% \qquad \mathrm{LZM}^{\mathrm{MRAR}}_{(10;\,1,5)}\ (P_-) = 1{,}4729 \ \%$$
$$\mathrm{LZM}_{(10;\,1,5)}\ (P_=) = 2{,}2244 \ \% \qquad \mathrm{LZM}^{\mathrm{MRAR}}_{(10;\,1,5)}\ (P_=) = 1{,}2076 \ \%$$
$$\mathrm{LZM}_{(10;\,1,5)}\ (P_+) = 1{,}2999 \ \% \qquad \mathrm{LZM}^{\mathrm{MRAR}}_{(10;\,1,5)}\ (P_+) = 0{,}2924 \ \%.$$

Portefeuille P_- weist im Sinne des Grundgedankens der Lebenszyklusfonds eine bessere Risikostruktur im Zeitablauf auf und wird durch die beiden Maße $\mathrm{LZM}_{(10;\,1,5)}$ und $\mathrm{LZM}^{\mathrm{MRAR}}_{(10;\,1,5)}$ auch am besten bewertet.

Es stellt sich nun die Frage, welche Parameterwahl dabei sinnvoll ist. Eine Möglichkeit sind die Parameter, die Bansal und Yaron (2004) bestimmt haben, um das Equity Premium Puzzle mit dem Long Run Risk Model zu lösen. Dieses wurde bereits in Abschnitt 4.3.2 vorgestellt. Die Parameter lauten (vgl. Tabelle 4.3):

$$\gamma = 10, \qquad\qquad \psi = 1{,}5. \qquad\qquad (5.29)$$

Die Parameter führen also zu einer Präferenz für frühe Auflösung von Unsicherheit. Diese Präferenz ist auch konsistent mit dem von Brown und Kim (2014) durchgeführten Experiment mit ca. 100 Studenten unterschiedlicher Fachrichtungen der Texas A&M University. Dabei wurden in zwei Durchgängen im Abstand von einer Woche von jedem Teilnehmer eine geschachtelte Lotterie mit Auszahlungen und Auszahlungszeitpunkten nach dessen Präferenz bestimmt. Dazu gab jeder Teilnehmer zu 6 mal 10 zusammengehörenden A oder B-Fragen und einer A, B oder C-Frage seine Wahl an. Jeweils zwei der 10er-Blöcke dienten der Bestimmung der Risikopräferenz, der Zeitpräferenz und der intertemporalen Substitutionspräferenz, während die letzte Frage der Bestimmung der Präferenz bzgl. des Zeitpunktes der Auflösung von Unsicherheit diente. Je nach Ausgang der Lotterie wurden die Teilnehmer bezahlt. Als Ergebnis halten Brown und Kim (2014, S. 955) fest, dass 67 % der Teilnehmer anhand der Risikopräferenz und der intertemporalen Substitutionspräferenz eine Präferenz für frühe Auflösung von Unsicherheit haben und die restlichen Teilnehmer indifferent sind. Anhand der letzten Frage besitzen 60 % eine Präferenz für frühe und 2 % eine Präferenz für späte Auflösung von Unsicherheit. Einer anderen Herangehensweise folgen Schlag, Thimme und Weber (2017), die empirisch eine Präferenz für frühe Auflösung von Unsicherheit belegen. Dafür werden anhand der impliziten Volatilitätsduration[109] frühe Auflösung- und späte Auflösung-Aktien bestimmt und daraus ein Portefeuille LME (spät minus früh) gebildet. Anhand einer Variante des LRRM wird abgeleitet, dass eine positive Rendite dieses Portefeuilles auf die Präferenz für frühe Auflösung von Unsicherheit hindeutet. Schlag, Thimme und Weber (2017) erhalten empirisch eine positive Rendite des LME-Portefeuilles basierend auf einem Zeitraum von Januar 1996 bis August 2015.

Auf andere Werte für ψ kommt Vissing-Jørgensen (2002, S. 826, 836 und 839), die unter Annahme einer zeit- und zustandsseparablen Nutzenfunktion mit CRRA-Periodennutzenfunktion[110] die intertemporale Substitutionselastizität mittels GMM schätzt. Aus den Tabellen $2-4$ lässt sich für Aktienbesitzer $\psi \in [0{,}2; 1{,}2]$ und für Nicht-Aktienbesitzer $\psi < 0{,}25$ ablesen. Allerdings ist die Unterteilung von Vissing-Jørgensen (2002, S. 829) in Aktien- und Anleihebesitzer nicht scharf, da die Aktienbesitzer eine Teilmenge der Anleihebesitzer sind. Intuitiv deutet dies auf eine Schätzung des CRRA-Parameters für Aktienbesitzer von $\gamma \in [0{,}8; 5]$ und für Nicht-Aktienbesitzer von $\gamma > 4$ hin. Andererseits schätzen Attanasio und Vissing-Jørgensen (2003) unter Annahme von EZ-Präferenzen die Parameter γ und ψ mittels GMM. Als Ergebnis erhalten Attanasio und Vissing-Jørgensen (2003, S. 390) als mögliche Bereiche der Parameter $\psi > 1$ und $\gamma \in [5, 10]$. Diese Werte rechtfertigen also die Wahl der Parameter von Bansal und Yaron (2004).

Havranek et al. (2015) untersuchen 169 Studien mit über 2700 geschätzten Werten für ψ. Dabei werden die Methoden und Ländercharakteristiken der einzelnen Schätzungen berücksichtigt. Es wird eine Regressionsgleichung mit 7 Ländercharakteristikvariablen und 30 Methodenvariablen als Regressoren und ψ als Regressand aufgestellt. Havranek et al.

---

[109] Für eine Definition siehe Schlag, Thimme und Weber (2017, S. 9).

[110] Vissing-Jørgensen (2002, S. 839) gibt zwar an, dass ihr Regressionskoeffizient σ^s auch für EZ-Präferenzen dem Parameter ψ entspricht. Allerdings ist dies kritisch zu sehen, da aus der log-linearisierten Euler-Gleichung unter EZ-Präferenzen (vgl. Bansal und Yaron (2004, Gl. (3))) folgt, dass σ^s von γ und ψ abhängt.

(2015, S. 105) verwenden zur Analyse die Bayesian Model Averaging-Methode[111], da viele der Methodenvariablen Indikatorvariablen sind und somit die Methode der kleinsten Quadrate verzerrt wäre. Als Ergebnis halten Havranek et al. (2015, S. 111) fest, dass die ψ-Schätzungen stark um den Mittelwert in Höhe von ca. $\psi = 0{,}5$ in Abhängigkeit von den einzelnen Ländern bzw. Ländercharakteristiken und der verwendeten Schätzmethoden schwankt. So liegen nach Havranek et al. (2015, Tabelle 1) Schätzungen durchschnittlich um etwa 0,7 höher, falls die zugehörige Studie in einem renommierten Journal veröffentlicht und bei der Schätzung EZ-Präferenzen und die exakte Eulergleichung verwendet wurden.

Eine Alternative bietet der bei Epstein und Zin (1989, S. 946) „zur Vereinfachung" ausgeschlossene Fall $\psi = 1$ der CES-Aggregatorfunktion. Bei diesem nimmt die CRRA-Nutzenfunktion v der Aggregatorfunktion (siehe Gleichung (4.37)) die Form

$$\mathrm{v}(x) = \log(x) \tag{5.30}$$

an.[112] Der Fall $\psi = 1 < \gamma$ lässt sich zu Definition 5.6 hinzufügen. In den Gleichungen (5.27) und (5.28) wird $(.)^{1-\frac{1}{\psi}}$ durch $\log(.)$ und $(.)^{1/(1-\frac{1}{\psi})}$ durch $\exp(.)$ ersetzt. Die zugehörigen Lebenszyklusfonds-Performancemaße werden im Folgenden mit

$$\mathrm{LZM}_{(\gamma)} \qquad\qquad \text{bzw.} \qquad\qquad \mathrm{LZM}_{(\gamma)}^{\mathrm{MRAR}} \tag{5.31}$$

bezeichnet. Für $\mathrm{LZM}_{(\gamma)}$ wird die genaue Form betrachtet. Gleichung (5.25) bleibt unverändert. Aus Gleichung (5.27) wird die Darstellung

$$\mathrm{LZM}_{(\gamma),t}\left(\mathcal{R}_t^T\right) \tag{5.32}$$

$$= \left(\frac{1}{n_t} \sum_{\tau=1}^{n_t} \left(e^{\alpha_{t,T}\cdot\log(1+R_{t,\tau})+\bar{\alpha}_{t,T}\cdot\Delta t\cdot\log\left(1+\mathrm{LZM}_{(\gamma),t+1}\left(\mathcal{R}_{t+1}^T\right)\right)} \right)^{1-\gamma} \right)^{\frac{1}{(1-\gamma)\cdot\Delta t}} - 1.$$

Der Vorteil bei dieser Darstellung besteht darin, dass bei der Aggregatorfunktion (innere große Klammer) ein gewichtetes Mittel über stetige Renditen gebildet und dieses in eine diskrete Bruttorendite umgerechnet wird. Die eine Rendite ist dabei die stetige τ-te Rendite $\log(1 + R_{t,\tau})$ der t-ten Teilzeitreihe. Diese wird aggregiert mit der Stetigen-Rendite-Umwandlung[113] des Maßes der nächsten Periode $\mathrm{LZM}_{(\gamma),t+1}$, das die Form einer diskreten Rendite (netto) besitzt. Aus diesen Mitteln der gesamten t-ten Teilzeitreihe wird das CRRA-Sicherheitsäquivalent und daraus dann eine (annualisierte) Nettorendite gebildet. Für $\gamma > 1$ besitzt damit auch $\mathrm{LZM}_{(\gamma)}$ die Form einer diskreten annualisierten Nettorendite, die ähnlich zu den EZ-Nutzenfunktionen rekursiv aufgebaut und im Einklang mit der

---

[111] Bei der Methode werden gewichtete Mittel über Regressionen, bei denen nur Teilmengen der Methodenvariablen (und alle Ländercharakteristikvariablen) berücksichtigt werden, gebildet (vgl. Havranek et al. (2015, S. 105)).

[112] Vgl. zum Beispiel Trautmann (2007, S. 243). Dass dies die (punktweise) Grenzfunktion der CRRA-Nutzenfunktion für $\psi \to 1$ ist, wird im Anhang A.2.2 bewiesen. Dadurch bleibt für $\gamma \geq \frac{1}{\psi} = 1$ auch die Konvexität der Aggregatorfunktion im zweiten Argument und damit die Präferenz für frühe Auflösung von Unsicherheit erhalten.

[113] Hier ist in gewissem Sinne das MPPM enthalten (vgl. Gleichung (5.7), zweite Zeile).

Präferenz für frühe Auflösung von Unsicherheit ist. Analog verhält es sich bei $LZM^{MRAR}_{(\gamma)}$ als annualisierte relative Überrendite (netto).

5.4 Modelltheoretische Benchmark-Varianten

Es stellt sich nun die Frage, womit die Performance eines Lebenszyklusfonds verglichen werden kann – also nach geeigneten Benchmarks:

> „Benchmarking is the process of finding a quantifiable standard against which to measure one´s performance."
>
> – Cariño, Christopherson und Ferson (2009, S. 3) –

Allgemein eignet sich als einfachster Benchmark der Renditewert null. Die Frage ist dabei also, ob eine positive oder negative Rendite erzielt wird. Als nächste Stufe dient der Vergleich mit einer (nahezu) risikolosen Anlagemöglichkeit bzw. einem risikolosen Zinssatz wie z. B. (deutschen) Staatsanleihen oder Interbankenzinssätzen. Ein genauerer Benchmark ist ein Marktportefeuille, das die Bandbreite an Anlagemöglichkeiten des zu bewertenden Fonds abdeckt. Dies ist beispielsweise in Kapitel 2 bei den traditionellen Performancemaßen der Fall. Eine Erweiterung, die dieser Abschnitt umsetzt, ist die Anpassung des Benchmarks an den Investmentstil eines Fonds.[114] Bei dem traditionellen Performancemaß Jensens Alpha geschieht dies indirekt auf simple Weise durch den Vergleich mit dem Portefeuille B mit gleichem systematischen Risiko, das sich aus der risikolosen Anlage und dem Marktportefeuille zusammensetzt (siehe Abbildung 3.1).

In Kapitel 2.2.2 wurde für ausgewählte Lebenszyklusfonds eine dynamische Renditebasierte Stilanalyse durchgeführt. Die Idee bzw. Strategie der Lebenszyklusfonds ist die Risikoreduzierung im Zeitablauf – umgesetzt durch die sukzessive Umschichtung von Aktien in Anleihen bzw. Cash. Ein Benchmark muss also diesem (dynamischen) Investmentstil folgen. Dazu werden im Folgenden Benchmarks auf Basis zweier Lebenszyklusmodelle hergeleitet. Es wird unterstellt, dass es nur zwei Anlageklassen, repräsentiert durch jeweils eine Anlagemöglichkeit, gibt. Als Erstes wird das klassische Modell von Merton (1969) um eine Änderung der Risikoaversion im Zeitablauf erweitert. Daraus werden zwei Benchmarks, die sich durch die gewählte Renditeverteilung unterscheiden, definiert. Als Zweites werden die Ergebnisse von Campbell et al. (2001) aufgegriffen und als Grundlage für einen Benchmark verwendet. Eine weitere Art von Lebenszyklusfonds-Benchmarks stellen die „Dow Jones Target Date Indices" von S&P Dow Jones Indices (2015) dar. Diese orientieren sich an der Idee der Lebenszyklusfonds und unterscheiden sich durch ihr Zieljahr. Es werden Zieljahre in 5-Jahresschritten angeboten. Ein Aktien-, ein Anleihenund ein T-Bills-Index werden so zu einem Portefeuille mit maximaler Rendite anhand historischer Renditen zusammengestellt, dass ein gewisses, von dem Ziel- und aktuellen Jahr abhängiges Risikoniveau vorliegt. Es wird zwischen zwei Varianten („Global Series", „U.S. Series") unterschieden. Die Indizes setzen sich gleichgewichtet aus Subindizes zusammen. Das Risikoniveau beträgt je nach Restlaufzeit 90 % bis 20 % des Risikos des Aktienindexes, wobei Risiko als Varianz der Renditen unterhalb der erwarteten Rendite

---

[114] Vgl. Cariño, Christopherson und Ferson (2009, S. 215).

(„Downside Risk") aufgefasst wird − wie dies auch bei der Sortino Ratio[115] der Fall ist.
Die Indizes gibt es seit 2005 und sind zurückgerechnet bis Ende 1982.

5.4.1   Basierend auf dem Modell von Merton

Die Basis der ersten beiden Benchmarks bildet das zeitstetige Lebenszyklusmodell von
Merton (1969). Zunächst wird das Modell und dessen Ergebnis beschrieben. Im Modell
wird eine zeit- und zustandsseparable Nutzenfunktion mit konstanter relativer Risikoaversion angenommen. Im Anschluss wird das Modell dadurch erweitert, dass die Risikoaversion im Zeitablauf steigt. Da die Wahl eines Benchmarks nicht das Hauptziel dieser Arbeit
ist, wird dieser einfachere Weg[116] gewählt.

Das Modell von Merton (1969) ist zeitstetig. In dieser Arbeit wird nur der einfache Fall
mit zwei Anlagemöglichkeiten, einem endlichen Zeithorizont $\left[0, \bar{t}\right]$ und einem Investor mit
(zeit- und zustandsseparabler) CRRA-Nutzenfunktion betrachtet,[117] da es für die Abbildung der Lebenszyklusfondsidee ausreichend ist. Merton (1969, S. 252 ff.) selbst untersucht
zusätzlich die Fälle mit mehreren Anlagemöglichkeiten, mit unendlichem Zeithorizont und
mit Investor mit CARA-Nutzenfunktion[118]. Es wird eine risikolose Anlage mit risikoloser
Zinsrate r und eine riskante Anlage betrachtet. Der Kurs der riskanten Anlage folgt einer
Geometrischen Brownschen Bewegung mit Drift α und Volatilität σ, d. h. für die Kurse
S_t der riskanten und B_t der risikolosen Anlage zum Zeitpunkt t gilt:

$$B_t = e^{r \cdot (\bar{t}-t)} \qquad\qquad S_t = S_0 \cdot \exp\left(\left(\alpha - \frac{\sigma^2}{2}\right) \cdot t + \sigma \sqrt{t}\, Z\right). \qquad (5.33)$$

Dabei ist Z eine standardnormalverteilte Zufallsvariable. Die diskreten Bruttorenditen
S_t/S_{t-1} sind also lognormalverteilt mit den Parametern $\alpha - \frac{\sigma^2}{2}$ und σ^2. Ein Investor stellt
aus den beiden Anlagemöglichkeiten ein (dynamisches) Portefeuille zusammen. Der Anteil
zum Zeitpunkt t, der in die riskante Anlage investiert wird, wird mit x_t und das Vermögen
zum Zeitpunkt t mit w_t bezeichnet. Der Investor wählt sein Portefeuille bzw. x_t und seinen
Konsum $c_t, t \in \left[0, \bar{t}\right]$ so, dass sein Erwartungsnutzen unter der Budgetrestriktion maximal
ist, d. h. er bestimmt:

$$\operatorname*{Max}_{c_t, x_t} \qquad \mathrm{E}\left[\int_0^{\bar{t}} e^{-\delta t}\, \mathrm{u}\,(c_t)\, dt + \epsilon^\gamma \cdot e^{-\delta \bar{t}} \cdot \mathrm{u}\,(w_{\bar{t}})\right]$$

$$\text{unter} \qquad dP = [(x_t \cdot (\alpha - r) + r) \cdot w_t - c_t]\, dt + x_t \cdot w_t \cdot \sigma \sqrt{dt}\, Z_t\,, \qquad (5.34)$$

$$c_t > 0, \qquad w_t > 0$$

---

[115]   Diese wird beispielsweise bei Cariño, Christopherson und Ferson (2009, S. 96) vorgestellt.

[116]   Alternativ könnten EZ-Nutzenfunktionen betrachtet werden. Auch sind komplexere Modelle, die
beispielsweise zusätzlich das Einkommen (wie bei dem Benchmark im nächsten Abschnitt) und/oder
Wohnimmobilien berücksichtigen, denkbar.

[117]   Siehe dazu Merton (1969, S. 248−251).

[118]   Eine Definition der Nutzenfunktion mit konstanter absoluter Risikoaversion (CARA) befindet sich
in Trautmann (2007, S. 241−245).

mit CRRA-Parameter γ, konstantem Diskontierungsfaktor δ, CRRA-Nutzenfunktion u und sehr kleinem $\epsilon > 0$. Merton (1969, Gleichung (29)) leitet aus diesem Konsum-Portefeuilleauswahl-Problem das optimale Portefeuillegewicht der riskanten Anlage

$$x_t = x = \frac{\alpha - r}{\sigma^2\,\gamma}, \qquad t \in \left[0, \bar{t}\right] \qquad (5.35)$$

her. Das Portefeuillegewicht entspricht also der stetigen Risikoprämie geteilt durch Risiko mal Risikoaversion. Dieses ist unabhängig von dem Vermögenswert w_t und dem Zeitpunkt t. Es ist also über die Zeit konstant.

Als Grundlage für den ersten Benchmark wird nun $\bar{t} = 1$ gesetzt. Der Investor bilde über T Perioden/Jahre mit Periodenlängen $\bar{t} = 1$ sein Portefeuille jeweils anhand des Maximierungsproblems (5.34).[119] Dass das Endvermögen dabei jeweils mit eingeht, spielt keine Rolle, da dieser Term wegen dem sehr kleinen $\epsilon > 0$ vernachlässigbar ist. Es wird angenommen, dass der Investor für die Verteilungsparameter unabhängig von der jeweiligen Periode eine Langzeitverteilung zugrunde legt – d. h., dass die gleiche Verteilung in allen Perioden zugrunde gelegt wird. Der bzw. die Risikoaversionsparameter γ bzw. γ_t werden allerdings von Periode zu Periode größer.

Dass der Risikoaversionsparameter im Zeitablauf größer wird,[120] ist eine sinnvolle und intuitive Annahme. Einerseits lässt sich dies an folgendem Gedankenexperiment[121] verdeutlichen: Ein Investor besitze mit 30 Jahren ein Vermögen in Höhe von 100.000 EUR und mit 65 Jahren (ein Jahr vor der Rente) ein Vermögen in Höhe von 1.000.000 EUR. Es stehe nur eine risikolose und eine riskante Anlage zur Verfügung. Eine über die Zeit konstante relative Risikoaversion führt dazu, dass der prozentuale Anteil des Portefeuilles, der in die riskante Anlage investiert ist, gleich bleibt.[122] Sei der über die Zeit konstante CRRA-Parameter so, dass der Investor mit 30 Jahren 99.000 EUR in die riskante Anlage investiert. Dann investiert er mit 65 Jahren 990.000 EUR in die riskante Anlage. Würde der Wert der riskanten Anlage innerhalb eines Jahres um die Hälfte fallen, so würde der Investor mit 31 Jahren noch ein Vermögen in Höhe von 50.500 EUR besitzen. Diesen Verlust könnte er im Laufe seines Berufslebens mit seinem Arbeitseinkommen und/oder durch Portefeuillegewinne wieder ausgleichen. Würde der Verlust erst mit 65 eintreten, so würde er mit 66 Jahren ein Vermögen in Höhe von 505.000 EUR besitzen. Allerdings würde ihm dann zum Ausgleichen des Verlustes sein Arbeitseinkommen nicht mehr zur Verfügung stehen. Andererseits haben Dohmen et al. (2017) eine niederländische und eine deutsche Langzeitbefragung ausgewertet. Die repräsentative niederländische „DNB Household Survey" stammt von dem CentER Data der Tilburg Universität. Die Autoren werten den Zeitraum 1993–2011 mit insgesamt ca. 5.000 Teilnehmern aus. Um die Risikoneigung zu messen, werden dabei sechs Fragen mit einer 7-Punkte-Likert-Skala

---

[119] Alternativ könnte ein Maximierungsproblem mit Zeitraum $[0, T]$ und zeitabhängiger CRRA-Nutzenfunktion u_t, wobei γ_t periodenweise steigt, betrachtet werden.

[120] Bei dem entwickelten Lebenszyklusfonds-Performancemaß geschieht dies indirekt durch die Berücksichtigung von intertemporalen Substitutionselastizitäten $\psi \neq \frac{1}{\gamma}$.

[121] Dies ist dem Gedankenexperiment aus der Einleitung auf Seite 1 ähnlich.

[122] Trautmann (2007, Beispiel 8.3) zeigt dies beispielhaft.

zu einer auf Mittelwert gleich null und Standardabweichung gleich eins standardisierten Kennzahl zusammengefasst. Bei der repräsentativen deutschen „German Socio-Economic Panel Study" mit insgesamt ca. 20.000 Teilnehmern wurde sechs Mal innerhalb des Zeitraumes von 2004−2011 eine Frage, die zur Messung der Risikoneigung geeignet ist, mit einer 11-Punkte-Likert-Skala gestellt. Daraus haben Dohmen et al. (2017) ebenfalls eine auf Mittelwert gleich null und Standardabweichung gleich eins standardisierte Kennzahl gebildet. Bei der Auswertung werden unter anderem Kohorten- und Periodeneffekte[123], das BIP-Wachstum und das Geschlecht berücksichtigt. Das Ergebnis ist davon unabhängig: Die Risikotoleranz sinkt mit steigendem Alter bzw. im Zeitablauf. Dies spricht für die Annahme einer im Zeitablauf steigenden Risikoaversion γ_t.

Es stellt sich die Frage, welche Parameter $\alpha - r$, σ und γ_t sinnvoll sind. Im Hinblick auf den Bereich der Risikoaversion werden die Schätzungen von Vissing-Jørgensen (2002) nochmals aufgegriffen. Wie auf Seite 89 bereits angegeben schätzt Vissing-Jørgensen (2002) die Risikoaversion indirekt über die intertemporale Substitutionselastizität − es wird eine zeit- und zustandsseparable Nutzenfunktion angenommen − und es kommt ein geschätzter Bereich $\gamma_t \in [0,8; 5]$ heraus. Um für den Benchmark glattere Zahlen zu haben, wird dieser Bereich auf

$$\gamma_t \in [1, 5] \tag{5.36}$$

gesetzt. Im Zeitablauf nehme γ_t von Periode zu Periode zu − genauer wird dies im Folgenden bei der Angabe des Portefeuillegewichts angegeben.

Für die Verteilungsparameter werden die von Bamberg und Heiden (2015, Tabelle 2) dargestellten Werte, die ursprünglich von Dimson, Marsh und Staunton (2008) stammen, verwendet.[124] Grundlage ist der DMS global investment return-Datensatz mit Zeitraum 1900−2005. Die Verteilungsparameter lauten

$$\begin{aligned} \text{Deutschland:} \quad & \alpha - r = 9{,}07\ \% \approx 9\ \% & \sigma = 33{,}49\ \% \approx 30\ \% \\ \text{USA:} \quad & \alpha - r = 7{,}41\ \% \approx 7{,}5\ \% & \sigma = 19{,}64\ \% \approx 20\ \%. \end{aligned} \tag{5.37}$$

Im Folgenden werden die (grob) gerundeten Zahlen genommen, weil es sich bei den Zahlen um historisch geschätzte Werte handelt, die in Abhängigkeit des betrachteten Zeitraumes und der Anlagemöglichkeiten (leicht) schwanken. Da amerikanische und deutsche (stellvertretend für europäische) Werte verfügbar sind und sich diese unterscheiden, werden hier zwei Benchmarks angegeben.

Wie angesprochen wird für die ersten modelltheoretischen Benchmarks ein Investor betrachtet, der sein Portefeuille innerhalb des Jahres anhand des Modells von Merton (1969) zusammenstellt − also konstant innerhalb des Jahres anhand von Gleichung (5.35). Der Investor tue dies über T Jahre, $t = 0, \dots, T$. Das Ende des Zeitraumes kann als Renteneintrittszeitpunkt (d. h. als Zieljahr eines Lebenszyklusfonds) aufgefasst werden − also

---

[123] Zwischen dem aktuellen Alter a, der aktuellen Periode p und der Kohorte (Geburtsjahr) c besteht der Zusammenhang: $a = p - c$.

[124] Es sind nur von einzelnen europäischen Ländern Daten bei Dimson, Marsh und Staunton (2008) angegeben. Daher werden im Folgenden die deutschen Werte stellvertretend genommen.

im Alter von $T_R = 66$ Jahren, d. h. bei $t = 41$. Das Startalter der Geldanlage (d. h. auch der Beginn der Veränderung der Risikoaversion) wird auf $T_S = 25$ Jahre bei $t = 0$ gesetzt – vorher sei das Portefeuillegewicht konstant wie bei T_S. Insgesamt beträgt damit der Zeitraum, in dem sich der Benchmark anhand der Risikoaversion verändert, $T = T_R - T_S = 41$ Jahre. Um der Investitionspolitik der meisten Fonds Rechnung zu tragen, wird der Anteil der riskanten Anlagemöglichkeit am Portefeuille auf maximal 100 % begrenzt. Da keine quantitative Aussage vorliegt, wie die Risikoaversion im Zeitablauf steigt, wird diese so von 1 auf 5 schrittweise von Jahr zu Jahr steigend gewählt, dass das Portefeuillegewicht x_t linear fällt:[125]

$$\gamma_t = \left(1 - \frac{4}{5} \cdot \frac{t}{(T-1)}\right)^{-1} = \left(1 - \frac{t}{50}\right)^{-1}, \qquad t = 0, 1, \dots, T - 1 \qquad (5.38)$$

für jeweils das Jahr $[t, t+1]$. Wird der Verlauf der Risikoaversion in Abbildung B.2 (linke, oben Abbildung; untere Linie) betrachtet, so fällt auf, dass dies eine intuitive Annahme ist: Ab dem Alter 25 bis zum Alter 50 steigt die Risikoaversion moderat von 1 auf 2, um bis zum Alter 65 (und damit auch 66) immer stärker auf schließlich 5 zu steigen. Anhand von Gleichung (5.35) ergibt dies die folgenden Benchmarks.

Definition 5.8 (Benchmarks aufbauend auf Merton). *Die Benchmarks* BM^{eu}, BM^{us} *für Deutschland/Europa bzw. die USA seien durch das mehrperiodige Konsum-Portefeuilleauswahl-Problem, deren Perioden auf dem Auswahlproblem nach Merton (1969) basieren, durch die von Dimson, Marsh und Staunton (2008) geschätzten Langzeitverteilungen und durch die in Gleichung (5.38) angegebene zeitdiskrete Risikoaversionsveränderung definiert. D. h. anhand von Gleichung (5.35) lauten die (prozentualen) Anteile der riskanten Anlagemöglichkeit am jeweiligen Benchmark:*

$$x_\tau^{eu} = \text{Min}\left[1; \frac{1}{\gamma_t}\right] = \text{Min}\left[1; 1 - \frac{t}{50}\right] \qquad \text{für das Jahr } \tau \in [t, t+1), \qquad (5.39)$$

$$x_\tau^{us} = \text{Min}\left[1; \frac{1{,}875}{\gamma_t}\right]$$

$$= \text{Min}\left[1; 1{,}875 \cdot \left(1 - \frac{t}{50}\right)\right] \qquad \text{für das Jahr } \tau \in [t, t+1) \qquad (5.40)$$

für $t = 0, 1, \dots, 40$. *Die risikolose Anlage bildet den restlichen Teil des Benchmarks.*

Für den Benchmark eines Lebenszyklusfonds bedeutet dies, dass das Zieljahr bei $t = 41$ (das letzte Jahr ist die Periode $[40, 41]$ beschrieben durch $t = 40$) liegt. Das erste t wird anhand des Auflagezeitpunkts des Fonds gewählt. Ist die Laufzeit des Fonds länger als 41 Jahre, so wird

---

[125] Diese und zwei weitere Möglichkeiten (linear und exponentiell ansteigend von 1 auf 5) und wie dadurch die Benchmarkgewichte verlaufen sind im Anhang B.2.1 in Abbildung B.2 dargestellt. Die x-Achse ist dabei das Alter des Investors, d. h. $t = $ Alter $- 25$, Alter $= 25, 26, \dots, 65$ (innerhalb der Jahre, auch von 65–66, ist γ konstant).

$$x_t^{\text{eu}} = x_0^{\text{eu}} \qquad\qquad x_t^{\text{us}} = x_0^{\text{us}} \qquad\qquad (5.41)$$

für die Zeitpunkte $t < 0$ gewählt.

5.4.2   Basierend auf den Erkenntnissen von Campbell et al.

Der dritte Benchmark basiert auf dem zeitdiskreten Lebenszyklusmodell von Campbell et al. (2001), das ein in der Höhe unsicheres Arbeitseinkommen in der ersten Lebensphase, einen Rentenzeitraum und einen zufälligen Todeszeitpunkt enthält. Campbell et al. (2001) geben für mehrere Altersgruppen mittlere Portefeuillegewichte an. Die Gewichte der drei Altersgruppen bis zur Rente werden aufgegriffen und zu jährlichen Portefeuillegewichten als Benchmark für den Performancevergleich der Lebenszyklusfonds linear interpoliert.

Es wird ein Investor betrachtet, der K Jahre arbeitet und darüber hinaus maximal $T - K$ Jahre lebt, falls er nicht schon während der ersten K Jahre stirbt. Dem Investor stehen eine riskante und eine risikolose Anlagemöglichkeit zur Verfügung. Der risikolose Zinssatz ist über die gesamte Zeit gleich, während die Überrenditen über dem risikolosen Zinssatz unabhängig und identisch normalverteilt sind. Während der Arbeitsjahre erzielt er ein mit der Überrendite korreliertes Arbeitseinkommen, dessen Logarithmus einem stochastischen Prozess mit deterministischem Term und permanentem und temporärem Störterm folgt. Ein fixer, prozentualer Teil des Einkommens wird für die Rente, die als (risikolose) Annuität ausgezahlt wird, zur Hälfte risikolos und zur Hälfte riskant angelegt (ohne Zugriffsmöglichkeit des Investors). Der Investor maximiert seinen Erwartungsnutzen mit zeit- und zustandsseparabler CRRA-Nutzenfunktion, wobei die Sterbewahrscheinlichkeit berücksichtigt wird, unter den üblichen Budgetbeschränkungen, die das Arbeitseinkommen beinhalten, und unter Leerverkaufsverboten der risikolosen und der riskanten Anlage. Das Maximierungsproblem wird numerisch mittels Rückwärtsinduktion gelöst.[126]

Campbell et al. (2001, S. 446−450) wählen folgende Basisparameter bzw. kalibrieren ihr Modell folgendermaßen: Das Startalter beträgt abhängig vom Schulabschluss 20 bzw. 22 Jahre, das Renteneintrittsalter 65 Jahre und das maximale Alter 100 Jahre. Vor diesem Alter wurde die Sterbewahrscheinlichkeit an die Sterbetafeln des National Center for Health Statistics angepasst. In der Nutzenfunktion beträgt der konstante Diskontierungsfaktor 0,96 und der CRRA-Parameter $\gamma = 5$. Die Verteilung des Einkommensprozesses wird mittels der „Panel Study on Income Dynamics" und die Korrelation mit der Überrendite anhand (New York Stock Exchange-)Daten des Center for Research in Securities Prices (CRSP) kalibriert. Die Korrelation zwischen Einkommen und Renditen beträgt abhängig von dem Schulabschluss zwischen 0,32 und 0,52. Die erwartete Überrendite wird auf 4 % bei einer Volatilität in Höhe von 15,7 % gesetzt. Der Steuersatz für die Rente beträgt 6 % bzw. 10 %, wobei im Folgenden die Ergebnisse für 6 % herangezogen werden.

Für die Portefeuillegewichte geben Campbell et al. (2001, Tabelle 11.6) zu den folgenden Altersgruppen die folgenden Mittelwerte an:

---

[126]   Vgl. Campbell et al. (2001, S. 442−446). Außerdem lässt das Modell eine einmalige Eintrittsgebühr für die riskante Anlage und andere (über die Zeit konstante) Zusammensetzungen des Portefeuilles für die Rente zu.

$$
\begin{array}{lll}
20-35 \text{ Jahre} & 100 \text{ \%,} & \\
36-50 \text{ Jahre} & 98 \text{ \%,} & (5.42) \\
51-65 \text{ Jahre} & 61 \text{ \%.} &
\end{array}
$$

Aus Abbildung 11.4 von Campbell et al. (2001) lassen sich zudem die Portefeuillegewichte 100 % mit 40 Jahren, 91 % mit 51 und ca. 30 % mit 64 Jahren grob ablesen. Für den Benchmark wird auf diese Werte zurückgegriffen und die Form an die Benchmarks nach Merton angepasst. Bis zum 25. Lebensjahr ($t = 0$) sei das Benchmarkgewicht der riskanten Anlage konstant 100 % und bleibe bei 100 % bis zum 42. Lebensjahr. Anschließend sinke es jährlich um 1 % bis auf 91 % bis zum 51. Lebensjahr. Abschließend werde das Gewicht von dem Jahr $[50, 51)$ mit 91 % um 4 % pro Jahr bis auf 31 % im letzten Jahr vor der Rente, $[65, 66)$, reduziert. Dies ist so gewählt, damit die Mittelwerte (100 %, 97 %, 59 %) in etwa mit denen aus (5.42), d. h. (100 %, 98 %, 61 %), übereinstimmen. Die Portefeuillegewichte im Vergleich zu denen der anderen beiden Benchmarks sind im Anhang B.2.1 in Abbildung B.1 dargestellt.

Definition 5.9 (Benchmarks aufbauend auf Campbell et al.). *Der Benchmark* BM^c *sei approximativ durch die Ergebnisse des Modells von Campbell et al. (2001) definiert. D. h. approximativ zu den Werten (5.42) lauten die (prozentualen) Anteile der riskanten Anlagemöglichkeit am Benchmark:*

$$
\begin{array}{lll}
x_\tau^c = 100 \text{ \%} & \text{für die Jahre } \tau \in [0, 17), & \\
x_\tau^c = 100 \text{ \%} - 1 \text{ \%} \cdot (t_1 - 16) & \text{für das Jahr } \tau \in [t_1, t_1 + 1), & (5.43) \\
x_\tau^c = 91 \text{ \%} - 4 \text{ \%} \cdot (t_2 - 25) & \text{für das Jahr } \tau \in [t_2, t_2 + 1) &
\end{array}
$$

für $t_1 = 16, \dots, 25$ *und* $t_2 = 26, \dots, 40$. *Die risikolose Anlage bildet den restlichen Teil des Benchmarks.*

Für den Benchmark eines Lebenszyklusfonds bedeutet dies, dass das Zieljahr bei $t = 41$ liegt. Das erste t wird anhand des Auflagezeitpunkts des Fonds gewählt. Ist die Laufzeit des Fonds länger als 41 Jahre, so wird $x_t^c = x_0^c$ für die Zeitpunkte $t < 0$ gewählt.

5.5 Eignung von LZM und LZM^{MRAR}

In diesem Abschnitt wird (numerisch) überprüft, ob die in Abschnitt 5.3 definierten Performancemaße[127] LZM und LZM^{MRAR} den in Abschnitt 2.3 gestellten Anforderungen PMLZ-1 bis PMLZ-5 zur Performancemessung von Lebenszyklusfonds genügen. Anhand Definition 5.6 der beiden Performancemaße ist direkt ersichtlich, dass die beiden Maße stetige Abbildungen von Renditezeitreihen auf die reellen Zahlen sind. Die Eigenschaften PMLZ-1 (Vergleichbarkeit) und PMLZ-2 (Stetigkeit) sind also erfüllt. Aufgrund der verschachtelten, rekursiven Struktur der Maße ist es fraglich, ob sich die anderen drei Eigenschaften, die sich auf die zugrunde liegende Verteilung der Renditezeitreihe beziehen, analytisch

---

[127] Die Subskripte „(γ, ψ)" und „(γ)" (für $\psi = 1$) werden im Folgenden nur bei Bedarf verwendet.

nachweisen lassen. Daher werden diese Eigenschaften anhand einer Monte-Carlo-Simulation (im Folgenden: MC-Simulation) überprüft. Es wird allerdings nur das Maß LZM untersucht, da sich die Maße nur dadurch unterscheiden, dass bei dem Maß LZM^{MRAR} die Bruttorendite durch die risikolose Bruttoverzinsung der jeweiligen Periode geteilt wird. Die Ergebnisse für das Maß LZM übertragen sich also auf das Maß LZM^{MRAR}. Der Aufbau der Simulation wird als Nächstes vorgestellt. Abschnitt 5.5.2 beinhaltet die Ergebnisse der Simulation. Es stellt sich heraus, dass das Performancemaß für Lebenszyklusfonds LZM anhand der Simulation den Anforderungen PMLZ-3 bis PMLZ-5 genügt. Eine höhere durchschnittliche Rendite bzw. eine niedrigere Volatilität über den gesamten Zeitraum bzw. eine Risikoreduzierung im Zeitablauf wird durch das Maß honoriert.

5.5.1 Aufbau der Monte-Carlo-Simulation

Um das Performancemaß LZM auf die Anforderungen PMLZ-3 bis PMLZ-5 aus Kapitel 2 zu testen, werden zufällige mehrperiodige Renditezeitreihen (vgl. Abbildung 5.2) generiert und mittels LZM ausgewertet. Es wird angenommen, dass die (wöchentlichen bzw. monatlichen Brutto-)Renditen innerhalb der einzelnen Perioden unabhängig und identisch verteilt sind. Für die einzelnen Perioden werden dabei unterschiedliche logarithmische Normalverteilungen zugrunde gelegt. Die Renditen aus verschiedenen Perioden seien ebenfalls paarweise unabhängig verteilt. Zudem werden mehrere Verteilungsparameterkombinationen betrachtet. Auch werden unterschiedliche Performancemaßparameter herangezogen.

Ein Zufallsexperiment der MC-Simulation mit den Parametern $(\alpha, \sigma, m, \Delta t, \gamma, \psi)$ besteht aus dem Erzeugen einer mehrperiodigen Renditezeitreihe $\mathcal{R}_1^3 = \langle (R_{t,\tau})_{\tau=1}^{1000} \rangle_{t=1}^3$:

$$
\begin{pmatrix} R_{1,1} \\ R_{1,2} \\ \vdots \\ R_{1,1000} \end{pmatrix} \longrightarrow \begin{pmatrix} R_{2,1} \\ R_{2,2} \\ \vdots \\ R_{2,1000} \end{pmatrix} \longrightarrow \begin{pmatrix} R_{3,1} \\ R_{3,2} \\ \vdots \\ R_{3,1000} \end{pmatrix} \tag{5.44}
$$

und dem anschließenden Auswerten mittels LZM$_{(\gamma,\psi)}$. Für die Analyse der Risikostruktur genügen 3 Perioden. Es werden 1000 Renditen pro Periode betrachtet, damit die Verteilungen dieser Periode möglichst gut repräsentiert werden. Die Renditen folgen dabei folgenden Verteilungen mit den Parametern $(\alpha, \sigma, m, \Delta t)$:

$$
1 + R_{t,\tau} \sim \mathcal{LN}\left(\left(\alpha - \frac{\sigma_t^2}{2} \right) \cdot \Delta t \, , \, \sigma_t^2 \cdot \Delta t \right) \tag{5.45}
$$

für $t = 1, \dots, 3$ und $\tau = 1, \dots, 1000$ mit

$$
\sigma_1^2 = (1 + m) \cdot \sigma^2 \qquad \sigma_2^2 = \sigma^2 \qquad \sigma_3^2 = (1 - m) \cdot \sigma^2. \tag{5.46}
$$

Die Verteilungen sind so gewählt, dass[128]

---

[128] Die Verteilungen sind ähnlich zu der Verteilung der riskanten Anlage bei den Benchmarks auf Basis des Merton (1969)-Modells.

$$E\left[1 + R_{t,\tau}\right] = e^{\alpha \cdot \Delta t} \tag{5.47}$$

für alle $\tau = 1, \ldots, 1000$ und $t = 1, \ldots, 3$ ist; die Erwartungswerte sind also für alle drei Perioden gleich. Da insbesondere die Risikoreduzierung im Zeitablauf untersucht wird, wird so der Einfluss von im Zeitablauf unterschiedlichen erwarteten Renditen ausgeschlossen. Der Erwartungswertparameter α entspricht der annualisierten Zinsrate der einzelnen Perioden und Δt der (zeitlichen) Periodenlänge in Jahren. Bei $\Delta t^{-1} = 52$ handelt es sich um wöchentliche und bei $\Delta t^{-1} = 12$ um monatliche Renditen. Der Standardabweichungsparameter σ gibt die annualisierte Standardabweichung der stetigen Rendite der mittleren Periode an, d. h. es ist

$$\text{Var}\left[\log\left(1 + R_{2,\tau}\right)\right] = \sigma^2 \cdot \Delta t \tag{5.48}$$

für alle $\tau = 1, \ldots, 1000$. Die Verteilungen sind außerdem so gewählt, dass für $R_t \in \{R_{t,\tau} \mid \tau = 1, \ldots, 1000\}$, $t = 1, \ldots, 3$,

$$\text{Var}\left[\sum_{t=1}^{3} \log\left(1 + R_t\right)\right] = 3 \cdot \sigma^2 \cdot \Delta t \tag{5.49}$$

ist. Werden also drei für die jeweilige Periode stellvertretende Renditen betrachtet, so ist die Varianz der stetigen Gesamtrendite (über die drei Perioden) unabhängig von den genauen Varianzen σ_t, $t = 1, \ldots, 3$, d. h. unabhängig von m. So wird der Einfluss von unterschiedlichen Gesamtrisiken − bei unterschiedlichen Parametern m − verhindert.

Der Risikostrukturparameter $m \in [-1, 1]$ gibt an, wie sich die annualisierten Varianzen σ_t^2, $t = 1, \ldots, 3$, der stetigen Periodenrenditen im Zeitablauf verändern. Bei $m = 0$ sind die Varianzen der Renditen aller Perioden gleich: $\sigma_t^2 = \sigma^2$, $t = 1, \ldots, 3$. Von $m = -1$ bis $m = 1$ ergibt sich folgendes Spektrum:

$$-1 \xrightarrow{\hspace{2cm} m \hspace{2cm}} +1$$

kein Risiko am Anfang	hohes Risiko am Anfang
hohes Risiko am Ende	kein Risiko am Ende
„späte Auflösung von Unsicherheit"	„frühe Auflösung von Unsicherheit"

Ein $m < 0$ bedeutet also, dass in der ersten Periode weniger Risiko als in der letzten Periode eingegangen wird. Ein $m > 0$ bedeutet, dass in der ersten Periode mehr Risiko als in der letzten Periode eingegangen wird. Je weiter m von null entfernt ist, desto größer ist der Risikounterschied zwischen der ersten und letzten Periode (vgl. Gleichung (5.46)). Insgesamt ist die Varianz der stetigen Gesamtrendite aber unabhängig von m (vgl. Gleichung (5.49)).

Die Zufallsexperimente werden 10.000 mal mit den gleichen Parametern wiederholt. Es werden dabei hauptsächlich die Parameter

$$\alpha \in \{0{,}03;\ 0{,}05;\ 0{,}07;\ 0{,}1;\ 0{,}15\} \qquad \sigma \in \{0{,}05;\ 0{,}07;\ 0{,}1;\ 0{,}15;\ 0{,}2;\ 0{,}25\}$$

$$\Delta t = \frac{1}{52} \qquad\qquad m \in \{-1;\ -0{,}9;\ -0{,}8;\ \ldots;\ 1\}$$

$$\gamma \in \{10;\, 5;\, 2\} \qquad\qquad \psi \in \{1;\, 1{,}5\} \qquad\qquad (5.50)$$

betrachtet. Folgender Zusammenhang besteht zwischen den Eigenschaften für Lebenszyklusfonds-Performancemaße PMLZ-3, PMLZ-4 und PMLZ-5 und den Ergebnissen in Bezug auf die oben erläuterten Parameter (α, σ, m) der MC-Simulation:

(i) Anhand der MC-Simulation genügt ein Maß Eigenschaft PMLZ-3, falls die Ergebnisse im Mittel steigend in α sind (für feste Parameter $\sigma, m, \Delta t$).

(ii) Anhand der MC-Simulation genügt ein Maß Eigenschaft PMLZ-4, falls die Ergebnisse im Mittel fallend in σ sind (für feste Parameter $\alpha, m, \Delta t$).

(iii) Anhand der MC-Simulation genügt ein Maß Eigenschaft PMLZ-5, falls die Ergebnisse im Mittel steigend in m sind (für feste Parameter $\alpha, \sigma, \Delta t$).

Im folgenden Unterabschnitt (und in Anhang B.2) werden die Ergebnisse der Simulation dargestellt und dabei der Einfluss der Parameter (α, σ, m) hervorgehoben. Dadurch wird – wie durch (i)–(iii) beschrieben – numerisch belegt, dass das Performancemaß LZM die Eigenschaften PMLZ-3, PMLZ-4 und PMLZ-5 erfüllt. Zusätzlich wird in Anhang B.2.2 der Einfluss des Parameters Δt untersucht, indem für ausgewählte Parameterkonstellationen der Fall $\Delta t^{-1} = 12$ mit dem Fall $\Delta t^{-1} = 52$ verglichen wird. Außerdem werden in Anhang B.2.4 über die Definition 5.6 hinausgehende Performancemaßparameter für ausgewählte Verteilungsparameter ausgewertet, um den Zusammenhang zwischen „Präferenz bzgl. des Zeitpunktes der Auflösung von Unsicherheit" und „gewünschter Risikostruktur im Zeitablauf" beispielhaft aufzuzeigen.

5.5.2 Numerische Ergebnisse

Alle Grafiken zu der MC-Simulation sind so aufgebaut, dass auf der x-Achse der Risikostrukturparameter m von -1 bis 1 abgetragen ist und dass auf der y-Achse der Mittelwert (im Anhang B.2 teilweise mit $\pm$ einer Standardabweichung) über die 10.000 Zufallsexperimente zu gegebenen Parametern $(\alpha, \sigma, \Delta t, \gamma, \psi)$ in Abhängigkeit von m abgebildet ist. Der Grund ist der, dass bei der Lebenszyklusfondsbewertung die Risikoreduzierung im Zeitablauf im Vordergrund steht und dies durch den Parameter m beschrieben wird.

Als Erstes wird allerdings untersucht, ob das Maß LZM die **Anforderung PMLZ-3** erfüllt – also, ob eine höhere durchschnittliche Rendite zu einer im Mittel besseren Performance anhand des Maßes führt. In Abbildung 5.3 sind die Ergebnisse für das Maß $\text{LZM}_{(10;\,1,5)}$ abgebildet. Es ist $\Delta t^{-1} = 52$ (wöchentliche Renditen) und der Standardabweichungsparameter σ nimmt im Uhrzeigersinn von links oben nach links unten die Werte 7 %, 10 %, 25 % und 15 % an. Jeweils sind mehrere Erwartungswertparameter α im Bereich von 3 % bis 15 % in unterschiedlichen Farben abgebildet. Der blaue Punkt in der linken, oberen Grafik bei $m = 0$ mit dem Wert 1,4601 % entspricht dem arithmetischen Mittel von $\text{LZM}_{(10;\,1,5)}(\mathcal{R}^3_{1,i})$, $i = 1, \dots, 10.000$, mit den 10.000 zufällig generierten mehrperiodigen Renditezeitreihen $\mathcal{R}^3_{1,i}$, $i = 1, \dots, 10.000$. Dabei sind die im vorherigen Abschnitt beschriebenen Parameter der mehrperiodigen Renditezeitreihen $(\alpha, \sigma, m, \Delta t) = (3\ \%, 7\ \%, 0, 1/52)$. Erhöht man α auf 5 % bzw. auf 7 % bzw. auf 10 % bei Beibehaltung der anderen Parameter, so erhält man die mittleren Lebenszyklusfonds-

Abbildung 5.3: Ergebnis MC-Simulation im Hinblick auf α

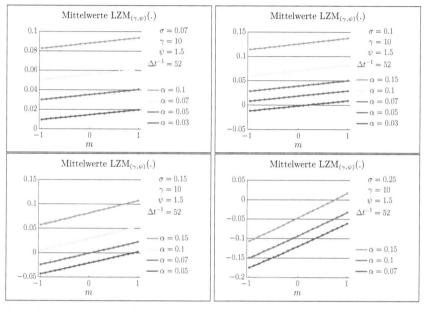

Quelle: Eigene Darstellung und Berechnungen.

Die Abbildung zeigt das Ergebnis der MC-Simulation mit 10.000 Wiederholungen im Hinblick auf den Einfluss des Erwartungswertparameters α der Renditeverteilung für unterschiedliche mittlere Standardabweichungsparameter σ. Der Risikostrukturparameter m auf der x-Achse läuft von -1 in 0,1-er Schritten bis 1. Die Parameter der Nutzenfunktion sind $\gamma = 10$, $\psi = 1,5$ und $\Delta t = \frac{1}{52}$. Für alle vier σ-Werte steigt der Mittelwert des Performancemaßes sowohl mit steigendem α als auch mit steigendem m. Folglich wird sowohl eine höhere Rendite als auch eine Risikoreduzierung im Zeitablauf durch LZM honoriert.

Performancemaßwerte 3,5 % bzw. 5,5915 % bzw. 8,8165 %. *Die vier Werte liegen also etwas unter den annualisierten Erwartungswerten pro Periode in Höhe von* $e^{\alpha} - 1$, *d. h.* 5,1271 %, 7,2508 %, 10,5171 % *und* 3,0454 %. *Die Werte können als über die Zeit geglättete, annualisierte Sicherheitsäquivalente (bzgl. der Präferenzparameter* γ *und* ψ) *der erzielten mehrperiodigen Renditezeitreihe aufgefasst werden.* Im Hinblick auf die Erhöhung des Rendite-Erwartungswertparameters α fällt in der linken oberen Grafik auf, dass sich nicht nur bei $m = 0$, sondern auch bei allen betrachteten Parametern m, der mittlere Performancewert mit steigendem α erhöht. Dies gilt auch für die anderen in Abbildung 5.3 betrachteten Standardabweichungsparameter σ gleich 10 %, 25 % und 15 %.

Die Abbildungen in Anhang B.2.2 zeigen die Ergebnisse der MC-Simulation für weitere Parameter. In Abbildung B.3 wird das Maß LZM$_{(10)}$ = LZM$_{(10;\,1)}$ betrachtet und es wird zu den Mittelwerten auch $\pm$ eine Standardabweichung dargestellt. Zusätzlich zu den Parametern aus Abbildung 5.3 wird in den unteren Grafiken der Standardabweichungsparameter $\sigma = 20$ % für gewisse Erwartungswertparameter α ausgewertet – in der linken Abbildung ohne und in der rechten Abbildung mit $\pm$ einer Standardabweichung. Die Ergebnisse bzgl. der Mittelwerte sind die gleichen wie für $LZM_{(10;1,5)}$ und die anderen Standardabweichungsparameter: Für alle Risikostrukturparameter m steigt der mittlere Performancewert mit steigendem α. Die Standardabweichungsbänder um die Mittelwerte überschneiden sich bei der oberen, linken Grafik ($\sigma = 7$ %) nicht. Bei $\sigma = 15$ % (links, Mitte), $\sigma = 20$ % (rechts, unten) und $\sigma = 25$ % (rechts, Mitte) ist der Abstand der Mittelwerte zu den zwei kleinsten betrachteten α kleiner als eine Standardabweichung. Für die betrachteten Verteilungen der mehrperiodigen Renditezeitreihen lässt sich festhalten, dass $LZM_{(10)}$ ebenfalls die Anforderung PMLZ-3 erfüllt. Die Abbildungen B.4 und B.5 zeigen die Ergebnisse für die Maße $LZM_{(5;1,5)}$ und $LZM_{(2;1,5)}$ jeweils für die drei Standardabweichungsparameter 7 %, 15 % und 25 %. In den rechten Grafiken wurde jeweils $\pm$ eine Standardabweichung hinzugefügt. Die Ergebnisse im Hinblick auf Anforderung PMLZ-3 bei diesen Maßen stimmen mit den vorherigen Ergebnissen überein.

Für das Maß $LZM_{(10)}$ ist in Abbildung B.6 außerdem ein Vergleich zwischen der Verwendung von 1000 wöchentlichen und 1000 monatlichen Renditen pro Periode dargestellt. Für die betrachteten Verteilungsparameter ist erkennbar, dass die Mittelwerte der MC-Simulationen gleich sind und sich lediglich die Streuung um diese Mittelwerte unterscheidet. Bei den monatlichen Renditen ($\Delta t^{-1} = 12$) ist logischerweise die Streuung niedriger als bei den wöchentlichen Renditen ($\Delta t^{-1} = 52$), da beim Annualisieren der Renditen Ausreißer weniger hochskaliert werden.

Zusammenfassend ergibt sich, dass LZM für alle betrachteten Verteilungsparameter und Performancemaßparameter die Anforderung PMLZ-3 erfüllt. Höhere durchschnittliche Renditen führen also zu einer besseren Performance anhand LZM.

Als Zweites wird untersucht, ob das Maß LZM die **Anforderung PMLZ-4** erfüllt – also, ob ein niedrigeres Risiko (d. h. Volatilität) zu einer im Mittel besseren Performance anhand des Maßes führt. In Abbildung 5.4 sind die Ergebnisse für das Maß $LZM_{(10)} = LZM_{(10;1)}$ abgebildet. Es ist wieder $\Delta t^{-1} = 52$ und der Erwartungswertparameter α nimmt im Uhrzeigersinn von links oben nach links unten die Werte 3 %, 5 %, 15 % und 10 % an. Jeweils sind mehrere Standardabweichungsparameter σ im Bereich von 5 % bis 25 % in unterschiedlichen Farben abgebildet. In der linken, oberen Grafik lauten die Werte für $m = 1$ von $\sigma = 5$ % bis $\sigma = 10$ %: 2,474 %, 1,916 % und 0,7647 %. Die Werte sind also umso größer, je kleiner der Standardabweichungsparameter σ – also das mittlere durchschnittliche Risiko der mehrperiodigen Renditeverteilung – bei gleichen anderen Parametern ist. Dies gilt auch für die anderen Risikostrukturparameter m und den anderen in Abbildung 5.4 betrachteten Erwartungswertparameter α gleich 5 %, 15 % und 10 %.

Die Abbildungen in Anhang B.2.3 zeigen die Ergebnisse der MC-Simulation für weitere Parameter. In Abbildung B.7 wird das Maß $LZM_{(10;1,5)}$ betrachtet und es wird zu den Mittelwerten auch $\pm$ eine Standardabweichung dargestellt. Zusätzlich zu den Parametern aus Abbildung 5.4 wird in den mittleren Grafiken der Erwartungswertparameter $\alpha = 7$ % für gewisse Standardabweichungsparameter σ ausgewertet – in der linken Abbildung ohne und in der rechten Abbildung mit $\pm$ einer Standardabweichung. Die Ergebnisse bzgl. der Mittelwerte sind die gleichen wie für $LZM_{(10)}$ und die anderen Erwartungswertparameter:

Abbildung 5.4: Ergebnis MC-Simulation im Hinblick auf σ

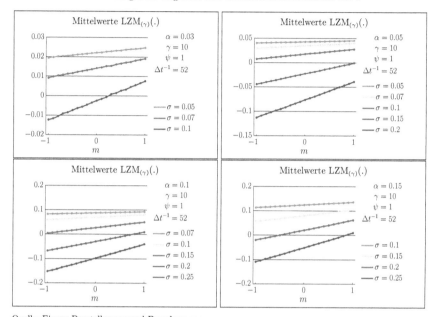

Quelle: Eigene Darstellungen und Berechnungen.

Die Abbildung zeigt das Ergebnis der MC-Simulation mit 10.000 Wiederholungen im Hinblick auf den Einfluss des mittleren Standardabweichungsparameters σ der Renditeverteilung für unterschiedliche Erwartungswertparameter α. Der Risikostrukturparameter m auf der x-Achse läuft von -1 in 0,1-er Schritten bis 1. Die Parameter der Nutzenfunktion sind $\gamma = 10$, $\psi = 1$ und $\Delta t = \frac{1}{52}$. Für alle vier α-Werte steigt der Mittelwert des Performancemaßes sowohl mit fallendem σ als auch mit steigendem m. Folglich wird sowohl ein niedrigeres mittleres Risiko als auch eine Risikoreduzierung im Zeitablauf durch LZM honoriert.

Für alle Risikostrukturparameter m steigt der mittlere Performancewert mit fallendem σ. Für die größeren Erwartungswertparameter $\alpha \geq 7$ % überschneiden sich die Standardabweichungsbänder um die Mittelwerte kaum. Bei den zwei anderen Erwartungswertparametern $\alpha = 3$ % bzw. $\alpha = 5$ % kommt es allerdings – insbesondere bei größeren m – vor, dass der Abstand zwischen zwei Mittelwerten zu unterschiedlichen σ's und gleichen anderen Parametern kleiner als eine Standardabweichung ist. Für die betrachteten Verteilungen der mehrperiodigen Renditezeitreihen lässt sich festhalten, dass LZM$_{(10;\,1,5)}$ ebenfalls die Anforderung PMLZ-4 erfüllt. Die Abbildungen B.8 und B.9 zeigen die Ergebnisse für die Maße LZM$_{(5;\,1,5)}$ und LZM$_{(2;\,1,5)}$ jeweils für die drei Erwartungswertparameter 3 %, 7 % und 15 %. In den rechten Grafiken wurde jeweils $\pm$ eine Standardabweichung hinzugefügt. Die Ergebnisse im Hinblick auf Anforderung PMLZ-4 bei diesen Maßen stimmen mit den vorherigen Ergebnissen überein. *Auffällig ist, dass sich dabei die Standardabweichungsbänder stärker überschneiden als bei* $\gamma = 10$. *Das spricht für die Verwendung von* $\gamma = 10$ *statt eines kleineren Wertes.*

Zusammenfassend ergibt sich, dass LZM für alle betrachteten Verteilungsparameter und Performancemaßparameter die Anforderung PMLZ-4 erfüllt. Niedrigere Volatilitäten führen also zu einer besseren Performance anhand LZM.

Als Letztes wird untersucht, ob das Maß LZM die **Anforderung PMLZ-5** erfüllt – also, ob Risikoreduzierung im Zeitablauf zu besserer Performance anhand des Maßes führt. Für die erstellten Abbildungen bedeutet dies, dass die Linien steigend sein sollten. Ein höheres m sollte also einen höheren Mittelwert des Performancemaßes bei der MC-Simulation aufweisen. Zunächst wird Abbildung 5.3, die bereits im Hinblick auf Eigenschaft PMLZ-3 untersucht wurde, betrachtet. Es ist erkennbar, dass die Linien zu allen betrachteten Verteilungen für das Maß $LZM_{(10;\,1,5)}$ steigend sind. Eigenschaft PMLZ-5 ist für $LZM_{(10;\,1,5)}$ also anhand der MC-Simulation erfüllt. Außerdem fällt auf, dass die Linien innerhalb der einzelnen Grafiken parallel sind. Die bessere Bewertung durch Risikoreduzierung im Zeitablauf ist folglich unabhängig von der durchschnittlichen erwarteten Rendite. Die Abbildungen in Anhang B.2.2 bestätigen diese Ergebnisse für die Maße $LZM_{(10)}$, $LZM_{(5;\,1,5)}$ und $LZM_{(2;\,1,5)}$. Die Abbildung 5.4, die bereits im Hinblick auf Eigenschaft PMLZ-4 untersucht wurde, zeigt, dass für alle darin betrachteten Verteilungen $LZM_{(10)}$ Eigenschaft PMLZ-5 anhand der MC-Simulation erfüllt. Bei allen vier Grafiken der Abbildung fällt auf, dass die Steigungen in m umso größer sind, je größer der Standardabweichungsparameter σ – also auch die gesamte Volatilität der mehrperiodigen Renditezeitreihe – ist. Folglich wird bei höherer Volatilität über den gesamten Zeitraum die Risikoreduzierung im Zeitablauf stärker durch das Maß honoriert. Die Abbildungen in Anhang B.2.3 bestätigen diese Ergebnisse für $LZM_{(10;\,1,5)}$, $LZM_{(5;\,1,5)}$ und $LZM_{(2;\,1,5)}$.

Zusammenfassend folgt, dass LZM für alle betrachteten Verteilungsparameter und Performancemaßparameter die Anforderung PMLZ-5 erfüllt. Die Haupteigenschaft von Lebenszyklusfonds – d. h. Risikoreduzierung im Zeitablauf – wird also durch das Lebenszyklusfonds-Performancemaße LZM honoriert.

In Anhang B.2.4 befindet sich eine weitere kurze[129] Untersuchung: Der Zusammenhang zwischen der Präferenz bzgl. des Zeitpunktes der Auflösung von Unsicherheit und der Risikoänderung im Zeitablauf wird analysiert. Für die Verteilungsparameter $\alpha = 7\,\%$, $\sigma = 15\,\%$ und $\Delta t^{-1} = 52$ werden in den oberen Grafiken zu $\gamma = 2$ verschiedene ψ-Werte und in den unteren Grafiken zu $\psi = 1,5$ verschiedene γ-Werte betrachtet. Dabei werden auch Parameterkombinationen außerhalb der Definition 5.6, die der Indifferenz bzgl. des Zeitpunktes der Auflösung von Unsicherheit bzw. Präferenz für frühe Auflösung von Unsicherheit entsprechen, zugelassen. Es kommt heraus, dass das Verhältnis zwischen γ und ψ – wie bei der Präferenz bzgl. des Zeitpunktes der Auflösung von Unsicherheit (vgl. Korollar 4.9) – über die Bewertung der Risikoänderung im Zeitablauf entscheidet (siehe Abbildung B.10).

In diesem Kapitel wurden zunächst die manipulationssicheren Maße vorgestellt. Gewisse manipulationssichere Performancemaße wurden als Statische Performancemaße aufgefasst

---

[129] Da dies nicht Kern dieser Arbeit ist, wird hier nicht weiter darauf eingegangen.

und mittels rekursiver EZ-Nutzenfunktionen (siehe Kapitel 4) zu (Generalisierten) Rekursiven Performancemaßen erweitert. Spezialfälle dieser Maße, die in Zusammenhang mit der Präferenz für frühe Auflösung von Unsicherheit stehen, wurden als Lebenszyklusfonds-Performancemaße definiert. Außerdem wurden aufbauend auf zwei Lebenszyklusmodellen drei Benchmarks hergeleitet: einer speziell für Deutschland bzw. Europa, einer speziell für die USA und einer für beide Märkte. In diesem Abschnitt wurde gezeigt, dass diese Lebenszyklusfonds-Performancemaße den Anforderungen an Performancemaße für Lebenszyklusfonds aus Kapitel 2.3 genügen. Für die Anforderungen PMLZ-1 und PMLZ-2 genügte eine kurze Argumentation, während für die Anforderungen PMLZ-3 bis PMLZ-5 eine Monte-Carlo-Simulation durchgeführt wurde. Im nächsten Kapitel werden reale Zeitreihendaten mittels der Lebenszyklusfonds-Performancemaße ausgewertet.

Kapitel 6

Performance von Lebenszyklusfonds

Im letzten Kapitel wurden aufbauend auf den rekursiven Nutzenfunktionen aus Kapitel 4 die (manipulationssicheren) Statischen Performancemaße (abgeleitet von Goetzmann et al. (2007)) zu den Performancemaßen LZM^{MRAR} und LZM für Lebenszyklusfonds erweitert. Diese erfüllen die Eigenschaft der Präferenz für frühe Auflösung von Unsicherheit nach Kreps und Porteus (1978), die ausführlich in Kapitel 4 vorgestellt wurde. Die beiden Maße unterscheiden sich darin, dass bei LZM Bruttorenditen und bei LZM^{MRAR} relative Überrenditen über der risikolosen Verzinsung ausgewertet werden. Außerdem wurden mögliche Benchmarks aus den Lebenszyklusmodellen von Merton (1969) und Campbell et al. (2001) bzw. Erweiterungen davon hergeleitet. Abschnitt 5.5 weist anhand einer Monte-Carlo-Simulation nach, dass die Performancemaße für Lebenszyklusfonds den in Abschnitt 2.3 formulierten Anforderungen genügen.

In diesem Kapitel werden ein europäischer und ein amerikanischer Lebenszyklusfondsdatensatz anhand der entwickelten Performancemaße ausgewertet. Dabei ist zu beachten, dass Lebenszyklusfonds erst Mitte der 90er Jahre eingeführt wurden, aber deren Anlagehorizont sehr lang ist. Zunächst werden in Abschnitt 6.1 die Datengrundlage und die Vorgehensweise bei der Datenauswahl und den Untersuchungen vorgestellt. Anschließend wird zuerst die Auswertung des europäischen Fondsdatensatzes präsentiert. Diese ist unterteilt in eine Auswertung mit Fonds, deren Zeitreihe mindestens 15 Jahre umfasst, und eine Auswertung mit Fonds, bei denen eine vollständige Zeitreihe im Zeitraum 2007−2016 verfügbar ist. Abschließend folgt die Untersuchung des amerikanischen Fondsdatensatzes, die ebenfalls in einen langen Zeitraum und den 10-Jahreszeitraum 2007−2016 unterteilt ist.

6.1 Datengrundlage und Vorgehensweise

Risikolose Zinssätze und Indizes

Für die Untersuchung wurden für Europa als risikoloser Zinssatz der 3-Monats-Euribor der EBF und für die USA die 3-Monats-T-Bills der SEC ausgewählt. Diese wurden bei den Performancemaßen LZM$^{\text{MRAR}}_{(\gamma,\psi)}$ für die relativen Überrenditen verwendet. Die Benchmarks aus Kapitel 5.4 setzen sich jeweils aus einer riskanten und einer risikolosen Anlage zusammen. Als riskante Anlagen wurden bei den europäischen Auswertungen die beiden Indizes Euro Stoxx 50 und Stoxx Europe 600 sowie bei den amerikanischen Auswertungen

© Springer Fachmedien Wiesbaden GmbH, ein Teil von Springer Nature 2019
M. Mergens, *Performancemessung von Lebenszyklusfonds*,
https://doi.org/10.1007/978-3-658-25266-3_6

die Indizes Dow Jones Industrials (mit 30 Aktien) und S&P 500 Composite ausgewählt. Es handelt sich also jeweils um einen etwas enger und einen etwas breiter gefassten Index. Als risikolose Anlagen wurden einerseits die oben genannten risikolosen Zinssätze und andererseits die Staatsanleihenindizes iBoxx Euro Eurozone bzw. US Total 1−3 Years DS Govt. Index gewählt. Dadurch ergeben sich anhand der Benchmarkvarianten aus Kapitel 5.4 jeweils acht Benchmarks für Europa und für die USA. Diese sind in Tabelle B.2 in Anhang B.3 dargestellt.

Ebenfalls wurden Daten der auf Seite 91 vorgestellten Dow Jones Target Date-Indizes ausgewertet. Die Daten der risikolosen Zinssätze und Aktienindizes stammen von Thomson Reuters und gehen über den Zeitraum 01.01.1990−02.01.2017 in den Datenfrequenzen „täglich", „wöchentlich" und „monatlich". Bei den risikolosen Zinssätzen liegen die Daten als Offered Rates vor, die auf Börsentage bzw. Wochen bzw. Monate heruntergerechnet wurden. Bei den Index-Daten handelt es sich um Total Return Index-Kurse, die bei den Berechnungen Bruttodividenden bzw. Bruttokuponzahlungen ohne Abzug von Steuern bzw. Transaktionskosten reinvestieren. Da diese als Benchmarks verwendet werden, werden die Auswertungen auf zwei Arten durchgeführt: Einerseits werden bei den Aktien- und Anleihenindizes bzw. Dow Jones Target Date-Indizes gleichmäßig eine „ETF-Gebühr" in Höhe von 0,2 % p. a. auf die erzielten Renditen abgezogen. Diese stellt die Umsetzung der Benchmark-Strategie mittels ETFs dar. Andererseits wird diese ETF-Gebühr nicht abgezogen.

Lebenszyklusfonds

Der Fondsdatensatz umfasst die bei Thomson Reuters mit „Target Maturity MA USD *Zieljahr*" bzw. „Target Maturity MA EUR *Zieljahr*" klassifizierten amerikanischen bzw. europäischen Lebenszyklusfonds. Dabei gibt es bei den amerikanischen Fonds die Zieljahre 2010 bis 2050 in 5-Jahresschritten und bei den europäischen Fonds die Zieljahre 2015 bis 2045 ebenfalls in 5-Jahresschritten. Insgesamt sind Daten von 1835 amerikanischen und 378 europäischen Lebenszyklusfonds verfügbar. Zusätzlich wurde die Eingruppierung des Bundesverband Investment und Asset Management (BVI) von Fonds als Lebenszyklusfonds herangezogen, sodass Daten zu 40 weiteren europäischen Lebenszyklusfonds zur Untersuchung zur Verfügung stehen (siehe Tabelle 6.1 links).

Zu jedem Fonds wurden von Thomson Reuters die verfügbaren Total Return Index-Kurse im Zeitraum 01.01.1990−02.01.2017 in den Datenfrequenzen „täglich", „wöchentlich" und „monatlich" gezogen. Diese Total Return Index-Kurse berücksichtigen ebenfalls Bruttodividenden bzw. -ausschüttungen, aber keine Steuern und Wiederanlagegebühren. Der Fondsdatensatz ist um fehlerhafte und unvollständige Daten bereinigt. Aus den Total Return Index-Zeitreihen wurden (nicht-annualisierte) diskrete Renditen[130] berechnet. Die

---

[130] Bei den täglichen Daten wurde anhand einer Stichprobe an Fonds überprüft, wie sich die Renditen werktags zu den Renditen über das Wochenende verhalten. Obwohl die Wochenendrenditen über drei Tagen gehen, entsprechen die Verteilungen der Renditen ohne Wochenende eher den Verteilungen der Wochenendrenditen als der durch drei geteilten Wochenendrenditen. Daher werden die Wochenendrenditen als Ein-Tages-Renditen aufgefasst.

Tabelle 6.1: Übersicht Anzahl Fonds

		Mindestanzahl Jahre	Anzahl Fonds USD	Anzahl Fonds EUR
		5	1054	181
Katgeorie	**Anzahl**	8	752	111
		10	399	66
Target Maturity MA USD	1835	ausgewertet:	**105**	**53**
Target Maturity MA EUR	378	11	278	40
+ nur bei BVI	40	13	124	19
		15	36	8
		ausgewertet:	**13**	**8**
		17	19	2
		20	7	0

Fonds mit mindestens 10 Jahren – nach Zieljahr gruppiert								
US-Fonds:	Zieljahr	2016	2020	2025	2030	2035	2040	2045
	Anzahl	20	18	10	17	10	15	15
EU-Fonds:	Zieljahr	2016	2020	2025	2030	2035	2040	2045
			< 2021	< 2026	< 2031	< 2040		< 2051
	Anzahl	→	17	14	5	9	→	8

Quelle: Eigene Darstellung.

Die Tabelle zeigt oben links die Anzahlen der Fonds, die bei Thomson Reuters in einer der „Target Maturity MA USD..."- bzw. „Target Maturity MA EUR..."-Kategorie eingruppiert sind. Zusätzlich gibt es 40 Fonds, die nur bei dem BVI als Lebenszyklusfonds eingruppiert sind. Rechts sind die Anzahlen dieser Fonds mit einer verfügbaren Zeitreihe von mindestens 5, 8, ... Jahren dargestellt. Hervorgehoben sind die Anzahlen der Fonds, die bei den Untersuchungen mit Zeitraum 2007–2016 bzw. dem maximal verfügbaren Zeitraum ausgewertet werden. Fonds mit gleichem Zieljahr werden bei der Untersuchung mit Zeitraum 2007–2016 miteinander verglichen. Die entsprechende Anzahl je Zieljahr und Gebiet ist unten angegeben. Bei den US-Fonds enthält 2045 auch die Fonds mit Zieljahr 2050 und 2016 die Fonds mit den Zieljahren 2010 und 2015. Bei den EU-Fonds sind jeweils die unterhalb der Zieljahre angegebenen Zieljahrbereiche dem Zieljahr zugeordnet.

Renditen wurden so in eine mehrperiodige Renditezeitreihe eingeteilt, dass die Teilzeitreihen jeweils genau ein Kalenderjahr an Renditen umfassen (vgl. Abbildung 5.2). Die Renditen innerhalb der Kalenderjahre repräsentieren also die Verteilung innerhalb des jeweiligen Jahres und werden durch die Lebenszyklusfonds-Performancemaße aus Definition 5.6 über die Jahre aggregiert. Anhand des Fondsnamens, des Fondsanlageziels und der Klasse von Thomson Reuters wurde für jeden Fonds ein Zieljahr bestimmt. Das Zieljahr gebe hier unabhängig von der Form des Lebenszyklusfonds als „to"- oder „through"-Lebenszyklusfonds das Ende der Umschichtung in risikoärmere Anlagen an.

In der Tabelle 6.1 (rechts) sind die Anzahlen an Fonds, deren Zeitreihen mindestens eine gewisse Anzahl an Jahren abdecken, dargestellt. Der Datensatz umfasst 399 amerikanische und 66 europäische Fonds mit Zeitreihen, die mindestens 10 Jahre lang sind, und 36 amerikanische und 8 europäische Fonds mit Zeitreihen, die mindestens 15 Jahre lang sind. Für die Auswertung „Zeitraum 2007–2016" sind nur die Fonds geeignet, deren Zeitreihen den kompletten 10-Jahreszeitraum umfassen und deren Zieljahr nicht zu weit in der Vergangenheit liegt. Bei Fonds, die mehrfach mit unterschiedlichen Gebührenstrukturen und Ertragsverwaltungsformen vorkommen, kann nur einer berücksichtigt werden, da deren Verteilungen sich nur im Erwartungswert um die unterschiedliche Gebühr unterscheiden.[131] Bei den US-Fonds sind 105 der 399 Fonds für die Auswertung geeignet. 37 Fonds wurden ausgeschlossen, da die Daten des Jahres 2016 nicht vollständig sind bzw. Unregelmäßigkeiten in der Zeitreihe vorliegen bzw. das Zieljahr 2005 besitzen. 261 Fonds wurden ausgeschlossen, da sie mehrfach vorkommen. Beibehalten wurden dabei die Fonds, die von Privatanlegern gekauft werden können und möglichst ähnliche Gebührenstrukturen aufweisen. Bei den europäischen Fonds sind 53 der 66 Fonds für die Auswertung geeignet. Vier Fonds wurden ausgeschlossen, da die Daten des Jahres 2016 nicht vollständig sind bzw. Unregelmäßigkeiten in der Zeitreihe vorliegen. Neun Fonds wurden ausgeschlossen, da sie mehrfach vorkommen. Beibehalten wurden dabei die Fonds für Privatanleger. Um möglichst viele Fonds vergleichen zu können und ein Vergleich nur Sinn macht, wenn die Zieljahre übereinstimmen, wurden die Zieljahre so angepasst, dass diese nur noch in 5-Jahres-Abständen von 2020−2045 vorkommen. Bei den amerikanischen Fonds wird zusätzlich das Zieljahr 2016 betrachtet. Die Kategorie Zieljahr 2040 wird bei den europäischen Fonds zur Kategorie 2045 hinzugefügt, da die beiden Kategorien einzeln zu klein wären und diese Fonds im Zeitraum 2007−2016 jeweils noch recht am Anfang der Umschichtung stehen. Die Anzahl an Fonds mit entsprechendem Zieljahr ist in Tabelle 6.1 (unten) dargestellt. Bei dieser Untersuchung wurden nur wöchentliche Daten verwendet und zusätzlich alle Benchmarks und die Dow Jones Target Date-Indizes betrachtet. Als Performancemaße wurden die Maße $LZM_{(10;\,1,5)}$, $LZM_{(10)}$, $LZM_{(10;\,1,5)}^{MRAR}$ und $LZM_{(10)}^{MRAR}$ herangezogen.

Für die Auswertung „lange Zeitreihe" wurden nur die Fonds verwendet, deren Zeitreihen mindestens 15 Jahre umfassen und die nicht bereits mit einer anderen Gebührenstruktur enthalten sind. Von den europäischen Fonds konnten alle 8 Fonds ausgewertet werden. Bei den amerikanischen Fonds sind 13 von 36 für die Auswertung geeignet. Fünf Fonds wurden wegen fehlerhafter Zeitreihen ausgeschlossen. 18 Fonds wurden wegen unterschiedlicher Gebührenstrukturen ausgeschlossen, wobei jeweils der Fonds mit der längsten Laufzeit untersucht wurde. Bei den europäischen und amerikanischen Daten wurden tägliche, wöchentliche und monatliche Daten verwendet und jeweils alle acht Benchmarks (siehe Tabelle B.2) betrachtet. Als Performancemaße wurden die Maße $LZM_{(10;\,1,5)}$, $LZM_{(10)}$, $LZM_{(10;\,1,5)}^{MRAR}$ und $LZM_{(10)}^{MRAR}$ herangezogen. Zu gegebener Datenfrequenz, gegebenem Performancemaß und mit bzw. ohne ETF-Gebühr wurden für jeden Fonds der Performancewert mit den Performancewerten der zugehörigen, von Zieljahr und Zeitraum des Fonds abhängigen Benchmarks verglichen. Für jeden Fonds wurde dabei der maximal verfügbare Zeitraum benutzt. In Tabelle B.3 (EU-Fonds) und Tabelle B.4 (US-Fonds) sind die Fonds übersichtlich dargestellt. Dabei ist unter anderem das frühest mögliche Startjahr[132] der Auswertungen und das Zieljahr des Fonds eingetragen. Den Fonds wurde ein Kürzel bestehend aus einer Abkürzung der Fondsgesellschaft und dem Zieljahr zugeteilt. Auffällig ist, dass die Fonds von nur drei bzw. vier Fondsgesellschaften stammen: Die europäischen Lebenszyklusfonds sind von Unigest (Spanien), HSBC (Frankreich) und FIM (Finnland),

---

[131] Dies wurde ebenfalls anhand einer Stichprobe an Fonds überprüft.

[132] Wegen der Form des Maßes wurde die Auswertung nur auf volle Kalenderjahre eingeschränkt. Manche Fonds haben in der ersten Zeit nach dem Auflagedatum keine bzw. kaum Veränderungen in den Daten. Das Startjahr wurde dementsprechend angepasst.

während die amerikanischen Lebenszyklusfonds von BlackRock, Deutsche Asset & Wealth Management, Fidelity und Wells Fargo sind. Die amerikanischen Fonds wurden zusätzlich zusammen − wie bei der Auswertung „Zeitraum 2007−2016" − nach Zieljahr getrennt untersucht. Dabei wurde für jedes Zieljahr der maximale Zeitraum zugrunde gelegt: Der Zeitraum bei Zieljahr 2020 ist beispielsweise 1998−2016 und 2001−2016 bei Zieljahr 2040. Da es jeweils nur drei bis vier Fonds sind, wurden nur die beiden Benchmarks $BM_{1,2}^{us}$ und $BM_{2,1}^{c}$ in den Vergleich mit aufgenommen.

6.2 Auswertung europäischer Lebenszyklusfonds

Zunächst wird die Auswertung der 8 Fonds, deren Zeitreihen mindestens 15 Jahre umfassen, vorgestellt. Diese sind auch bei den Fonds der anschließend präsentierten Auswertung mit Zeitraum 2007−2016 enthalten. Insgesamt wurden dabei 53 europäische Lebenszyklusfonds untersucht.

6.2.1 Fonds mit langer Zeitreihe

Wie in Abschnitt 6.1 erläutert wurde die Auswertung in unterschiedlichen Varianten durchgeführt. Die erste Variationsmöglichkeit betrifft die Frequenz der Daten: Es wurden tägliche, wöchentliche und monatliche Renditen benutzt. Die zweite Variationsmöglichkeit betrifft die Kosten der Benchmarkstrategien: Es wurde einerseits bei den Indizerenditen eine ETF-Gebühr in Höhe von 0,2 % p. a. gleichmäßig abgezogen und andererseits wurden die Indizerenditen unverändert beibehalten. Drittens wurden zur Performancemessung der Lebenszyklusfonds und der Benchmarks die zwei Maßvarianten LZM und LZM^{MRAR} mit dem Risikoaversionsparameter $\gamma = 10$ und jeweils mit zwei unterschiedlichen EIS-Parametern $\psi = 1,5$ und $\psi = 1$ benutzt (siehe Kapitel 5.3).

Für die Variante „ETF-Gebühren auf Indizes, tägliche Renditen und Performancemaß $LZM_{(10;1,5)}^{MRAR}$" sind die Werte für die acht europäischen Lebenszyklusfonds und die acht, jeweils zugehörigen Benchmarks im oberen Teil der Tabelle 6.2 angegeben. Unten ist pro Fonds ein Ranking im Vergleich zu den zugehörigen Benchmarks abgebildet. Die Fonds werden also nur mit ihren Benchmarks und nicht untereinander verglichen, da deren Zieljahre bzw. Auswertungszeiträume verschieden und damit die Fonds nicht vergleichbar sind. Dies ist unter anderem daran zu erkennen, dass die vom Namen her gleichen Benchmarks von Fonds zu Fonds verschiedene Performancewerte aufweisen. Betrachtet man die Performancewerte der Fonds, so ist erkennbar, dass nur der Fonds Lahi-20 einen positiven Wert in Höhe von 0,34 % p. a. aufweist. Dabei ist zu berücksichtigen, dass zur Performancemessung das Maß LZM^{MRAR} − also die relativen Überrenditen über dem risikolosen Zinssatz − verwendet wurde. Der Performancewert kann (wegen der Beziehung zu den EZ-Nutzenfunktionen) als anhand der Präferenz für frühe Auflösung von Unsicherheit über die Zeit geglättetes Sicherheitsäquivalent von relativen Überrenditen interpretiert werden. Die Benchmarks schlagen sich bis auf die Benchmarks $BM_{1,1}^{c}$ und $BM_{1,2}^{c}$, die auf Campbell et al. (2001) beruhen und den Stoxx Europe 600 als Aktienindex haben, deutlich besser. Den besten Performancewert erzielt dabei der hervorgehobene Benchmark $BM_{2,1}^{eu}$ mit Zieljahr 2016 und Untersuchungszeitraum 2002−2016 in Höhe von 2,81 % p. a. Dieser Benchmark ist auch bei allen Rangfolgen der einzelnen Fonds vorne. Das heißt, er

Tabelle 6.2: Ergebnis EU-Fonds mit langer Zeitreihe (mit Gebühr, täglich)

Fonds	$LZM^{MRAR}_{(10;1,5)}$	$BM^{eu}_{1,1}$	$BM^{c}_{1,1}$	$BM^{eu}_{1,2}$	$BM^{c}_{1,2}$	$BM^{eu}_{2,1}$	$BM^{c}_{2,1}$	$BM^{eu}_{2,2}$	$BM^{c}_{2,2}$
Esp-19	-0,39 %	1,04 %	-1,56 %	-0,80 %	-2,56 %	1,84 %	0,20 %	-0,01 %	-0,82 %
HSBC-16	-1,75 %	2,25 %	0,67 %	0,14 %	-0,75 %	2,81 %	1,92 %	0,69 %	0,48 %
HSBC-19	-1,36 %	2,01 %	-0,01 %	0,08 %	-1,08 %	2,71 %	1,60 %	0,77 %	0,51 %
HSBC-22	-1,46 %	1,71 %	-0,89 %	-0,04 %	-1,67 %	2,58 %	1,07 %	0,81 %	0,27 %
HSBC-25	-1,58 %	1,36 %	-1,77 %	-0,22 %	-2,25 %	2,40 %	0,60 %	0,81 %	0,10 %
HSBC-28	-1,65 %	0,95 %	-2,40 %	-0,44 %	-2,65 %	2,18 %	0,22 %	0,77 %	-0,03 %
Lahi-20	0,34 %	0,51 %	-2,41 %	-1,22 %	-3,26 %	1,21 %	-0,80 %	-0,52 %	-1,67 %
Lahi-25	-0,11 %	-0,25 %	-3,85 %	-1,69 %	-4,27 %	0,72 %	-1,69 %	-0,74 %	-2,11 %

Fonds	Rang	$BM^{eu}_{1,1}$	$BM^{c}_{1,1}$	$BM^{eu}_{1,2}$	$BM^{c}_{1,2}$	$BM^{eu}_{2,1}$	$BM^{c}_{2,1}$	$BM^{eu}_{2,2}$	$BM^{c}_{2,2}$
Esp-19	5	2	8	6	9	1	3	4	7
HSBC-16	9	2	5	7	8	1	3	4	6
HSBC-19	9	2	7	6	8	1	3	4	5
HSBC-22	8	2	7	6	9	1	3	4	5
HSBC-25	7	2	8	6	9	1	4	3	5
HSBC-28	7	2	8	6	9	1	4	3	5
Lahi-20	3	2	8	6	9	1	5	4	7
Lahi-25	2	3	8	6	9	1	5	4	7

Quelle: Eigene Darstellung und Berechnungen.

Die Tabelle zeigt oben die Performancewerte $LZM^{MRAR}_{(10;1,5)}$ und unten die entsprechenden Ränge der europäischen Fonds und der zugehörigen Benchmarks. Bei den Rängen wurde jeweils ein Fonds mit all seinen zugehörigen Benchmarks verglichen. Für jeden Fonds wurden der maximal verfügbare Zeitraum und tägliche Daten ausgewertet. Bei den Aktien- und Anleihenindizes wurde eine ETF-Gebühr in Höhe von 0,2 % p. a. gleichmäßig abgezogen. Absolut am besten schneidet der Fonds Lahi-20 bzw. der Benchmark $BM^{eu}_{2,1}$ mit Zieljahr 2016 und Zeitraum 2002–2016 ab. Im Vergleich zu den zugehörigen Benchmarks ist dies der Fonds Lahi-25. Informationen zu den Fonds bzw. Benchmarks befinden sich in den Tabellen B.3 bzw. B.2 in Anhang B.3.

schlägt die anderen Benchmarks bei allen untersuchten Zieljahren und Zeiträumen und jeweils den entsprechenden Fonds anhand $LZM^{MRAR}_{(10;1,5)}$; während es bei den anderen Benchmarks vorkommt, dass bei unterschiedlichen Zieljahren bzw. Zeiträumen unterschiedliche Ränge erreicht werden. Obwohl der Fonds Lahi-20 absolut am besten unter den Fonds abschneidet, schlägt sich der Fonds Lahi-25 im Vergleich zu seinen Benchmarks (etwas) besser und wird nur von dem besten Benchmark übertroffen; während Lahi-20 auch von dem Benchmark $BM^{eu}_{1,1}$ übertroffen wird. Zwei Fonds schneiden gar schlechter als alle ihre Benchmarks ab.

Tabelle B.5 in Anhang B.3 zeigt die Ergebnisse ebenfalls mit ETF-Gebühr, aber für wöchentliche Daten und das Maß $LZM_{(10;1,5)}$ statt $LZM^{MRAR}_{(10;1,5)}$. Durch den Wechsel des Maßes sind die absoluten Werte alle deutlich größer und drei Fonds weisen einen positiven Wert auf. Den absolut größten Performancewert der Fonds hat wieder Lahi-20 mit 2,09 % p. a.

und insgesamt den höchsten Wert wieder $BM^{eu}_{2,1}$ mit Zieljahr 2016 und Untersuchungszeitraum 2002−2016 in Höhe von 4,55 % p. a. Dieser Benchmark liegt auch hier bei allen Rangfolgen vorne. An den Rangfolgen ändert sich im Vergleich zu Tabelle 6.2 nur wenig: Vier der fünf HSBC-Fonds schneiden diesmal schlechter als alle ihre Benchmarks ab. Am besten im Vergleich zu ihren Benchmarks schneiden die Fonds Lahi-20 und Lahi-25 ab, die beide in ihren Rangfolgen auf Rang drei liegen. Tabelle B.6 in Anhang B.3 zeigt die Ergebnisse für monatliche Daten ohne ETF-Gebühr und das Maß $LZM_{(10)}$ statt $LZM^{MRAR}_{(10;\,1,5)}$. Die Werte sind in etwa gleich den Werten aus Tabelle B.5. Die Änderungen bedingt durch die Gebühr, monatliche Daten, LZM und $\psi = 1$ gleichen sich also in etwa aus. Absolut sind wieder Lahi-20 (nur Fonds) und $BM^{eu}_{2,1}$ (insgesamt) am besten und im Vergleich mit den Benchmarks schlagen sich Lahi-20 und Lahi-25 wieder ordentlich. Alle HSBC-Fonds landen bei dieser Auswertung hinter all ihren Benchmarks.

Die Ergebnisse für die anderen Auswertungsvarianten unterscheiden sich nur wenig von den drei hier vorgestellten Varianten. Daher werden nur die Unterschiede kurz zusammengefasst. Die Rangfolgen unterscheiden sich von den in dieser Arbeit abgebildeten Rangfolgen nur in ähnlicher Art wie sich die Rangfolgen zwischen den hier gezeigten Tabellen unterscheiden. Durch andere Frequenzen der Daten weichen die Werte um maximal ±0,5 % p. a. voneinander ab. Wird ψ von 1 auf 1,5 erhöht, so steigen auch die Performancewerte. Wie bereits angesprochen erhöht die Verwendung von LZM statt LZM^{MRAR} das Performancemaß, da die Renditen nicht relativ zu einem risikolosen Zinssatz verwendet werden.[133] Derselbe Effekt tritt für die Benchmarks ein, wenn die ETF-Gebühr nicht abgezogen wird. Dass höhere mittlere Renditen zu einem höheren Performancewert führen, wurde bereits in Kapitel 5.5 anhand der MC-Simulation nachgewiesen. Die hier betrachteten europäischen Lebenszyklusfonds schneiden anhand der Lebenszyklusfonds-Performancemaße mit Parametern $\gamma = 10$ (Risikoaversion) und $\psi \in \{1;1,5\}$ (Intertemporale Substitutionselastizität) unterschiedlich ab. Einerseits weisen die HSBC-Fonds bei den meisten Auswertungsvarianten negative Performancewerte und den Rang 9 auf. Andererseits sind die Performancewerte der Lahi-Fonds bei den meisten Auswertungsvarianten positiv und erreichen immer mindestens den vierten Platz verglichen mit den zugehörigen Benchmarks.

6.2.2   Zeitraum 2007−2016

Wie in Abschnitt 6.1 beschrieben eignen sich für diesen 10-Jahreszeitraum bei Verwendung wöchentlicher Renditen 53 europäische Fonds. Diese teilen sich wie in Tabelle 6.1 angegeben auf die (gebündelten) Zieljahre 2020, 2025, 2030, 2035 und 2045 auf. Für jedes Zieljahr messen sich die Fonds untereinander, mit dem jeweiligen Dow Jones Target Date-Index („Global Series") und mit den Benchmarks aus Kapitel 5.4 (vgl. Tabelle B.2). Als Performancemaße werden $LZM^{MRAR}_{(10)}$, $LZM^{MRAR}_{(10;\,1,5)}$, $LZM_{(10)}$ und $LZM_{(10;\,1,5)}$ herangezogen. Zunächst werden nun alle Performancewerte in einer Abbildung dargestellt und beschrieben, wobei bei den Aktien- und Anleihenindizes der Benchmarks und bei den Dow Jones Target Date-Indizes eine ETF-Gebühr in Höhe von 0,2 % p. a. gleichmäßig abgezogen wur-

---

[133] Selbstverständlich ist dies nicht der Fall, wenn die risikolose Anlage über einen längeren Zeitraum bzw. teilweise relativ hohe negative Renditen abwirft.

Abbildung 6.1: Ergebnis EU-Fonds im Zeitraum 2007–2016

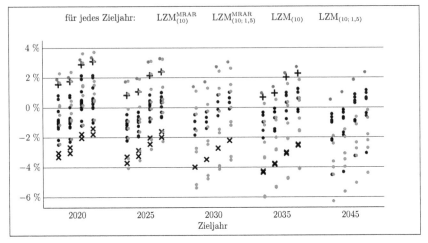

Quelle: Eigene Darstellung und Berechnungen.

Die Abbildung zeigt, nach Zieljahr aufgeteilt, die Performancewerte der EU-Fonds (schwarz), der jeweiligen Benchmarks (grün, leicht nach rechts versetzt; vgl. Tabelle B.2) und des entsprechenden Dow Jones Target Date-Indizes (rot, leicht nach links versetzt). Für jedes Zieljahr sind die Performancewerte $LZM^{MRAR}_{(10)}$, $LZM^{MRAR}_{(10;\,1,5)}$, $LZM_{(10)}$ und $LZM_{(10;\,1,5)}$ nebeneinander dargestellt. Bei den Aktien- und Anleihenindizes der Benchmarks und den Dow Jones Target-Indizes wurde eine ETF-Gebühr in Höhe von 0,2 % p. a. gleichmäßig abgezogen. Die Fonds der Fondsgesellschaft „FIM Asset Management Ltd." sind als + und die Fonds der Fondsgesellschaft „HSBC Global Asset Management SA" als × dargestellt, wobei nicht zu allen Zieljahren solche Fonds vorhanden sind. Es ist erkennbar, dass die FIM-Fonds im Vergleich zu den Benchmarks und anderen Fonds unabhängig vom Zieljahr gut und die HSBC-Fonds schlecht abschneiden.

de. Anschließend werden die Rangkorrelationen des Zieljahres 2020 bzgl. unterschiedlicher Maße bzw. mit oder ohne Gebühr betrachtet.

In Abbildung 6.1 sind alle Performancewerte des 10-Jahreszeitraumes (mit ETF-Gebühr) abgebildet. Auf der x-Achse wird nach Zieljahr und pro Zieljahr nach Performancemaß in der Reihenfolge $LZM^{MRAR}_{(10)}$, $LZM^{MRAR}_{(10;\,1,5)}$, $LZM_{(10)}$ und $LZM_{(10;\,1,5)}$ unterschieden. Die leicht nach links versetzten, roten Punkte stellen die Performancewerte der Dow Jones Target Date-Indizes dar. Diese erzielen unabhängig von Zieljahr und Performancemaß jeweils einen der beiden besten Performancewerte. Einzig der Benchmark $BM^{eu}_{2,1}$, der bereits bei der Untersuchung „langer Zeitraum" am besten abgeschnitten hat, schneidet bei den frühen Zieljahren besser ab. Dieser und die anderen Benchmarks aus Kapitel 5.4 sind leicht nach rechts versetzt und in grün eingezeichnet. Insgesamt liegen die Benchmarks aus Kapitel 5.4 weit auseinander (unabhängig von Performancemaß und Zieljahr). So liegen zwischen dem jeweils besten Benchmark und dem schlechtesten Benchmark immer mehr als 4 %. Dabei haben jeweils (unabhängig von Zieljahr und Performancemaß) die Benchmarks mit dem Stoxx Europe 600 als Aktienindex einen besseren Performancewert als die entsprechenden, d. h. gleiche Modellgrundlage und risikoloser Index/Zinssatz, Benchmarks mit dem Euro Stoxx 50 als Aktienindex. Gleiches gilt für Benchmarks basierend auf Merton (1969) im Vergleich zu den Benchmarks basierend auf Campbell et al. (2001) und für Benchmarks mit dem iBoxx Euro Eurozone statt des EBF 3-Monats-Euribor.

Ähnlich gemischt ist das Ergebnis der untersuchten Fonds (in Abbildung 6.1 schwarz). Mit + sind alle Fonds der Fondsgesellschaft „FIM Asset Management Ltd." markiert, deren LahiTapiola-Fonds bereits bei der Untersuchung „lange Zeitreihe" positiv aufgefallen sind. Mit × sind alle Fonds der Fondsgesellschaft „HSBC Global Asset Management SA" markiert, deren Fonds bei der Untersuchung „lange Zeitreihe" negativ aufgefallen sind. Für alle Zieljahre und betrachteten Performancemaße bestätigt Abbildung 6.1 dieses Ergebnis, sofern es bei der Untersuchung entsprechende Fonds mit dem jeweiligen Zieljahr gibt. An der Abbildung ist erkennbar, dass die Performancewerte steigen, wenn die intertemporale Substitutionselastizität ψ von 1 auf 1,5 erhöht wird. Dies ist auch der Fall, wenn LZM statt LZM^{MRAR} (mit gleichen Parametern) als Performancemaß verwendet wird. Beides konnte schon bei der Untersuchung „langer Zeitraum" festgestellt werden. Der Effekt ist bei der Änderung von LZM^{MRAR} zu LZM stärker als bei der Änderung von ψ. Insgesamt weisen viele Fonds − vor allem die Fonds mit spätem Zieljahr − eine negative Performance auf. Ähnliches wurde bereits bei der Untersuchung „lange Zeitreihe" festgestellt.

Tabelle B.7 in Anhang B.3 zeigt Spearmans Rangkorrelationskoeffizienten[134] für die Fonds, die Benchmarks und den Dow Jones Target Date-Index mit Zieljahr 2020. Dabei werden Rankings auf Basis der verschiedenen, betrachteten Performancemaße (und mit bzw. ohne ETF-Gebühr) verglichen. Im oberen, linken Dreieck der Tabelle ist jeweils bei beiden Rankings die ETF-Gebühr enthalten. Diese Rangkorrelationskoeffizienten sind alle größer als 0,98. Die Rangfolgen basierend auf den verschiedenen Maßen unterscheiden sich also kaum. Außerdem ändern sich die Rankings überhaupt nicht, wenn LZM statt LZM^{MRAR} (mit gleichen Parametern) als Performancemaß betrachtet wird. Im unteren, rechten Dreieck der Tabelle werden die Rangfolgen ohne ETF-Gebühr miteinander gegenübergestellt. Die Rangkorrelationskoeffizienten sind ebenfalls alle größer als 0,98 und, wenn Rankings auf Basis von LZM mit Rankings auf Basis von LZM^{MRAR} verglichen werden, genau gleich eins. Die Koeffizienten zwischen „mit ETF-Gebühr" und „ohne ETF-Gebühr" sind ebenfalls recht hoch und liegen zwischen 0,95 und 1 (Quadrat unten links). Obwohl nur bei den Benchmarks und dem Dow Jones Target Date-Index unterschiedliche Gebühren zugrunde gelegt werden, ändern sich die Rankings also kaum. Dabei beträgt der Wert auf der Diagonalen − also wenn Rankings basierend auf demselben Performancemaß gegenüber gestellt werden − sogar jeweils circa 0,99. Für die anderen Zieljahre sind die Rangkorrelationskoeffizienten in dieser Arbeit nicht dargestellt. Allerdings unterscheiden sich die Rangkorrelationstabellen kaum und die einzelnen Rangkorrelationen sind sogar teilweise größer als die entsprechenden Rangkorrelationen in Tabelle B.7.

Zusammenfassend lässt sich für den kleinen Datensatz an EU-Fonds festhalten, dass die Rangfolgen recht unabhängig von der genauen Wahl der hier betrachteten Maße sind. Außerdem ist erkennbar, dass die Performance der Fonds sehr unterschiedlich ausfällt. Gleiches gilt auch für die Benchmarks. Bei den Fonds ragen dabei unabhängig von dem

---

[134]   Dieser ist beispielsweise beschrieben in Büning und Trenkler (1994, S. 232 f.).

Zieljahr Fonds gewisser Fondsgesellschaften positiv („FIM Asset Management Ltd.") bzw. negativ („HSBC Global Asset Management SA") heraus.

6.3 Auswertung US-Lebenszyklusfonds

Zunächst wird die Auswertung der 13 Fonds, deren Zeitreihen mindestens 15 Jahre umfassen, vorgestellt. Diese sind auch bei den Fonds der anschließend präsentierten Auswertung mit Zeitraum 2007−2016 enthalten. Insgesamt wurden dabei 105 amerikanische Lebenszyklusfonds untersucht.

6.3.1 Fonds mit langer Zeitreihe

Wie auch schon bei den europäischen Fonds mit langer Zeitreihe wurde die Auswertung in unterschiedlichen Varianten durchgeführt. Die erste Variationsmöglichkeit betrifft die Frequenz der Daten: Es wurden tägliche, wöchentliche und monatliche Renditen benutzt. Die zweite Variationsmöglichkeit betrifft die Kosten der Benchmarkstrategien: Es wurde einerseits bei den Indizerenditen eine ETF-Gebühr in Höhe von 0,2 % p. a. gleichmäßig abgezogen und andererseits wurden die Indizerenditen unverändert beibehalten. Drittens wurden zur Performancemessung der Lebenszyklusfonds und der Benchmarks die zwei Maßvarianten LZM und LZM^{MRAR} mit dem Risikoaversionsparameter $\gamma = 10$ und jeweils mit zwei unterschiedlichen EIS-Parametern $\psi = 1,5$ und $\psi = 1$ benutzt (siehe Kapitel 5.3). Zunächst werden die Ergebnisse für die Fonds im Vergleich zu ihren Benchmarks beschrieben. Anschließend werden die Fonds nach Zieljahr getrennt miteinander und mit jeweils zwei ausgewählten Benchmarks verglichen.

In Tabelle 6.3 ist analog zu Tabelle 6.2 die Auswertungsvariante „ETF-Gebühren auf Indizes, tägliche Renditen und Performancemaß LZM$^{\text{MRAR}}_{(10;\,1,5)}$" dargestellt. Die Performancewerte[135] für die amerikanischen Lebenszyklusfonds und die acht, jeweils zugehörigen Benchmarks sind im oberen Teil der Tabelle angegeben. Unten ist pro Fonds ein Ranking im Vergleich zu den zugehörigen Benchmarks abgebildet. Dabei werden die Fonds also zunächst nur mit ihren Benchmarks und nicht untereinander verglichen. Es ist zu beachten, dass vom Namen her gleiche Benchmarks von Fonds zu Fonds verschiedene Performancewerte aufweisen, da sie von dem Zieljahr und dem betrachteten Zeitraum des Fonds abhängen. Anders als bei den europäischen Fonds weisen weder die Fonds noch die Benchmarks negative Performancewerte auf. Relativ zu den Benchmarks schneiden sie allerdings ähnlich schlecht bzw. noch schlechter ab: 10 der 13 Fonds schneiden schlechter als alle ihre Benchmarks ab. Nur die drei Fidelity-Fonds Fid-15, Fid-20 und Fid-30 schlagen sich besser. Der Fonds Fid-15 weist sogar einen höheren Performancewert als alle zugehörigen Benchmarks auf. Den absolut höchsten Performancewert unter den Fonds hat allerdings der Fonds BR-20 mit 3,11 % p. a. Den insgesamt besten Performancewert erzielt der hervorgehobene Benchmark BM$^{\text{us}}_{1,1}$ mit Zieljahr 2030 und Untersuchungszeitraum 1995−2016 in Höhe von 5,92 % p. a. Der Benchmark schlägt die anderen Benchmarks

---

[135] Zur Erinnerung: Hier kann der Performancewert (wegen der Beziehung zu den EZ-Nutzenfunktionen) als anhand der Präferenz für frühe Auflösung von Unsicherheit über die Zeit geglättetes Sicherheitsäquivalent von relativen Überrenditen interpretiert werden.

Tabelle 6.3: Ergebnis US-Fonds mit langer Zeitreihe (mit Gebühr, täglich)

Fonds	$LZM^{MRAR}_{(10;\,1,5)}$	$BM^{us}_{1,1}$	$BM^{c}_{1,1}$	$BM^{us}_{1,2}$	$BM^{c}_{1,2}$	$BM^{us}_{2,1}$	$BM^{c}_{2,1}$	$BM^{us}_{2,2}$	$BM^{c}_{2,2}$
BR-20	3,11 %	5,60 %	5,58 %	5,46 %	5,39 %	4,88 %	4,91 %	4,74 %	4,72 %
BR-30	2,79 %	5,92 %	5,85 %	5,91 %	5,83 %	5,08 %	5,03 %	5,08 %	5,00 %
BR-40	2,72 %	5,89 %	5,89 %	5,89 %	5,89 %	5,03 %	5,03 %	5,03 %	5,03 %
DtA-15	0,56 %	2,67 %	2,55 %	2,35 %	2,18 %	1,92 %	1,82 %	1,60 %	1,45 %
DtA-20	0,62 %	3,07 %	3,05 %	2,92 %	2,84 %	2,12 %	2,16 %	1,96 %	1,95 %
Fid-15	2,90 %	2,67 %	2,55 %	2,35 %	2,18 %	1,92 %	1,82 %	1,60 %	1,45 %
Fid-20	2,89 %	3,07 %	3,05 %	2,92 %	2,84 %	2,12 %	2,16 %	1,96 %	1,95 %
Fid-30	2,40 %	3,43 %	3,35 %	3,42 %	3,33 %	2,35 %	2,29 %	2,34 %	2,26 %
Fid-40	0,97 %	2,82 %	2,82 %	2,82 %	2,82 %	1,60 %	1,60 %	1,60 %	1,60 %
WF-15	1,32 %	2,67 %	2,55 %	2,35 %	2,18 %	1,92 %	1,82 %	1,60 %	1,45 %
WF-20	2,40 %	5,60 %	5,58 %	5,46 %	5,39 %	4,88 %	4,91 %	4,74 %	4,72 %
WF-30	2,58 %	5,92 %	5,85 %	5,91 %	5,83 %	5,08 %	5,03 %	5,08 %	5,00 %
WF-40	2,72 %	5,89 %	5,89 %	5,89 %	5,89 %	5,03 %	5,03 %	5,03 %	5,03 %

Fonds	Rang	$BM^{us}_{1,1}$	$BM^{c}_{1,1}$	$BM^{us}_{1,2}$	$BM^{c}_{1,2}$	$BM^{us}_{2,1}$	$BM^{c}_{2,1}$	$BM^{us}_{2,2}$	$BM^{c}_{2,2}$
BR-20	9	1	2	3	4	6	5	7	8
BR-30	9	1	3	2	4	5	7	6	8
BR-40	9	1	1	1	1	5	5	5	5
DtA-15	9	1	2	3	4	5	6	7	8
DtA-20	9	1	2	3	4	6	5	7	8
Fid-15	1	2	3	4	5	6	7	8	9
Fid-20	4	1	2	3	5	7	6	8	9
Fid-30	5	1	3	2	4	6	8	7	9
Fid-40	9	1	1	1	1	5	5	5	5
WF-15	9	1	2	3	4	5	6	7	8
WF-20	9	1	2	3	4	6	5	7	8
WF-30	9	1	3	2	4	5	7	6	8
WF-40	9	1	1	1	1	5	5	5	5

Quelle: Eigene Darstellung und Berechnungen.

Die Tabelle zeigt oben die Performancewerte $LZM^{MRAR}_{(10;\,1,5)}$ und unten die entsprechenden Ränge der amerikanischen Fonds und der zugehörigen Benchmarks. Bei den Rängen wurde jeweils ein Fonds mit all seinen zugehörigen Benchmarks verglichen. Für jeden Fonds wurden der maximal verfügbare Zeitraum und tägliche Daten ausgewertet. Bei den Aktien- und Anleihenindizes wurde eine ETF-Gebühr in Höhe von 0,2 % p. a. gleichmäßig abgezogen. Absolut am besten schneidet der Fonds BR-20 bzw. der Benchmark $BM^{us}_{1,1}$ mit Zieljahr 2030 und Zeitraum 1995–2016 ab. Im Vergleich zu den zugehörigen Benchmarks ist dies der Fonds Fid-15. Informationen zu den Fonds bzw. Benchmarks befinden sich in den Tabellen B.4 bzw. B.2 in Anhang B.3.

bei allen untersuchten Zieljahren und Zeiträumen und jeweils den entsprechenden Fonds (außer Fid-15) anhand $LZM^{MRAR}_{(10;\,1,5)}$; während es bei den anderen Benchmarks häufiger vorkommt, dass bei unterschiedlichen Zieljahren bzw. Zeiträumen unterschiedliche Ränge erreicht werden. Besonders zu beachten sind die Werte bzw. Ränge der Benchmarks mit Zieljahr 2040: Die Benchmarks mit dem Dow Jones Industrials als Aktienindex haben abhängig vom Untersuchungszeitraum – genauso wie die Benchmarks mit dem S&P 500 Composite als Aktienindex – den gleichen Performancewert. Das liegt daran, dass die Benchmarks wegen des späten Zieljahres noch in der Anfangsphase der Umschichtung stecken und daher noch zu 100 % in den jeweiligen Aktienindex investiert sind (vgl. Abbildung B.1).

Tabelle B.8 in Anhang B.3 zeigt die Ergebnisse ohne ETF-Gebühr für wöchentliche Daten und das Maß $LZM_{(10)}$ statt $LZM^{MRAR}_{(10;\,1,5)}$. Dadurch sind die absoluten Werte alle deutlich größer. Den absolut größten Performancewert der Fonds hat wieder BR-20 mit 5,35 % p. a. und insgesamt den höchsten Wert wieder $BM^{us}_{1,1}$ mit Zieljahr 2030 und Untersuchungszeitraum 1995−2016 in Höhe von 8,24 % p. a. Dieser Benchmark schneidet auch hier über alle Zieljahre und Zeiträume am besten ab. Nur der Fonds Fid-15 weist wieder einen höheren Performancewert auf und der ähnliche Benchmark $BM^{c}_{1,1}$ liegt marginal bei Zieljahr 2020 und Zeitraum 1998−2016 vorne. Da bei den Benchmarks keine Gebühr abgezogen wird, liegt nun auch der Fonds Fid-30 auf dem letzten Rang, während der Fonds Fid-20 immerhin noch die vier Benchmarks mit dem S&P 500 Composite als Aktienindex übertrifft. Damit können hier sogar 11 von 13 amerikanische Fonds keinen der zugehörigen Benchmarks schlagen.

Die Ergebnisse für die anderen Auswertungsvarianten unterscheiden sich nur wenig von den hier vorgestellten Varianten und es werden daher nur die Unterschiede kurz zusammengefasst. Die meisten Performancewerte sind größer als null. Nur der Fonds BR-40 weist bei der Verwendung täglicher und wöchentlicher Renditen einen Wert kleiner null bezüglich des Performancemaßes $LZM^{MRAR}_{(10)}$ auf. Die Rangfolgen sind ähnlich der vorgestellten Rangfolgen: Der Fonds Fid-15 ist bei seinen Rangfolgen jeweils mindestens auf Rang zwei. Dies trifft ebenfalls auf den Benchmark $BM^{c}_{1,1}$ zu. Die anderen Fonds landen bis auf wenige Ausnahmen (darunter vor allem die Fidelity-Fonds) hinter allen zugehörigen Benchmarks. Die Benchmarks mit dem S&P 500 Composite als Aktienindex schneiden schlechter als die Benchmarks mit dem Dow Jones Industrials ab.

Für das **Zieljahr 2020** sind in Tabelle 6.4 die Fonds WF-20, BR-20, DtA-20 und Fid-20 im Vergleich zueinander und zu den beiden Benchmarks $BM^{us}_{1,2}$ und $BM^{c}_{2,1}$ dargestellt. Der Benchmark $BM^{us}_{1,2}$ basiert auf Definition 5.8 und setzt sich aus dem S&P 500 Composite und den 3-Monats-T-Bills zusammen. Der Benchmark $BM^{c}_{2,1}$ basiert auf Definition 5.9 und setzt sich aus dem Dow Jones Industrials und dem US Total 1−3 Years DS Govt. Index zusammen. Im oberen Teil sind die absoluten Performancewerte der Fonds und Benchmarks für die Renditedatenfrequenzen täglich, wöchentlich und monatlich und die Maße $LZM_{(10)}$ und $LZM^{MRAR}_{(10)}$ angegeben. Im unteren Teil sind für diese unterschiedlichen Auswertungsvarianten die Rankings der Fonds und Benchmarks zu finden. Werden zunächst die absoluten Performancewerte betrachtet, so fällt auf, dass sich die Werte bei Verwendung unterschiedlicher Datenfrequenzen kaum unterscheiden (vgl. beispielsweise die oben hervorgehoben Werte zum Maß $LZM^{MRAR}_{(10;\,1,5)}$). Werden die Rankings betrachtet, so

Tabelle 6.4: Vergleich US-Fonds mit gleichem Zieljahr 2020 (lange Zeitreihe)

Daten-frequenz	Maß	WF-20	BR-20	DtA-20	Fid-20	$BM_{1,2}^{us}$	$BM_{2,1}^{c}$
täglich	$LZM_{(10)}^{MRAR}$	1,15 %	1,49 %	0,33 %	2,63 %	2,52 %	1,76 %
täglich	$LZM_{(10;\,1,5)}^{MRAR}$	1,33 %	1,72 %	0,62 %	2,89 %	2,92 %	2,16 %
täglich	$LZM_{(10)}$	3,14 %	3,50 %	2,31 %	4,66 %	4,55 %	3,77 %
täglich	$LZM_{(10;\,1,5)}$	3,33 %	3,73 %	2,61 %	4,92 %	4,95 %	4,18 %
wöchentlich	$LZM_{(10)}^{MRAR}$	1,06 %	1,44 %	0,23 %	2,47 %	2,53 %	1,80 %
wöchentlich	$LZM_{(10;\,1,5)}^{MRAR}$	1,25 %	1,66 %	0,54 %	2,75 %	2,90 %	2,17 %
wöchentlich	$LZM_{(10)}$	3,06 %	3,45 %	2,21 %	4,49 %	4,56 %	3,81 %
wöchentlich	$LZM_{(10;\,1,5)}$	3,25 %	3,67 %	2,52 %	4,78 %	4,94 %	4,19 %
monatlich	$LZM_{(10)}^{MRAR}$	1,20 %	1,63 %	0,50 %	2,73 %	2,76 %	2,07 %
monatlich	$LZM_{(10;\,1,5)}^{MRAR}$	1,35 %	1,82 %	0,79 %	2,98 %	3,06 %	2,35 %
monatlich	$LZM_{(10)}$	3,21 %	3,65 %	2,50 %	4,78 %	4,80 %	4,10 %
monatlich	$LZM_{(10;\,1,5)}$	3,37 %	3,84 %	2,79 %	5,03 %	5,10 %	4,38 %
Daten-frequenz	Maß	WF-20	BR-20	DtA-20	Fid-20	$BM_{1,2}^{us}$	$BM_{2,1}^{c}$
täglich	$LZM_{(10)}^{MRAR}$	5	4	6	1	2	3
täglich	$LZM_{(10;\,1,5)}^{MRAR}$	5	4	6	2	1	3
täglich	$LZM_{(10)}$	5	4	6	1	2	3
täglich	$LZM_{(10;\,1,5)}$	5	4	6	2	1	3
wöchentlich	$LZM_{(10)}^{MRAR}$	5	4	6	2	1	3
wöchentlich	$LZM_{(10;\,1,5)}^{MRAR}$	5	4	6	2	1	3
wöchentlich	$LZM_{(10)}$	5	4	6	2	1	3
wöchentlich	$LZM_{(10;\,1,5)}$	5	4	6	2	1	3
monatlich	$LZM_{(10)}^{MRAR}$	5	4	6	2	1	3
monatlich	$LZM_{(10;\,1,5)}^{MRAR}$	5	4	6	2	1	3
monatlich	$LZM_{(10)}$	5	4	6	2	1	3
monatlich	$LZM_{(10;\,1,5)}$	5	4	6	2	1	3

Quelle: Eigene Darstellung und Berechnungen.

Die Tabelle zeigt oben die Performancewerte und unten die entsprechenden Ränge der amerikanischen Fonds mit Zieljahr 2020 und der beiden Benchmarks $BM_{1,2}^{us}$ und $BM_{2,1}^{c}$ über den Zeitraum 1998–2016. Es wurden unterschiedliche Performancemaßvarianten und verschiedene Datenfrequenzen ausgewertet. Bei den Benchmarks wurde eine ETF-Gebühr in Höhe von 0,2 % p. a. gleichmäßig abgezogen. Vergleicht man die oben hervorgehobenen Werte zu den täglichen Daten bei unterschiedlichen Maßen miteinander, so fällt auf, dass sich die Werte kaum unterscheiden. Am besten abgeschnitten hat der Fonds Fid-20, der bei Verwendung von täglichen Daten und $\psi = 1$ auch den stärkeren Benchmark schlägt und sonst stets auf Rang 2 landet. Dies ist auch der einzige Unterschied bei den Rankings über die unterschiedlichen Maße und Datenfrequenzen. Informationen zu den Fonds bzw. Benchmarks befinden sich in den Tabellen B.4 bzw. B.2 in Anhang B.3.

fällt auf, dass sich die Rankings kaum unterscheiden. Die Fonds WF-20, BR-20 und DtA-20 landen unabhängig von Maß und Datenfrequenz auf den Rängen 5, 4 und 6. Auch der schwächere Benchmark $BM_{2,1}^c$ wird jeweils Dritter. Einzig der meist zweitplatzierte Fid-20 liegt bei der Verwendung täglicher Renditen anhand der Maße $LZM_{(10)}$ und $LZM_{(10)}^{MRAR}$ vorne.

Die Tabelle B.9 in Anhang B.3 zeigt für die anderen Zieljahre (nur) die Rangfolgen der Fonds untereinander und mit den beiden Benchmarks $BM_{1,2}^{us}$ und $BM_{2,1}^c$. Bei den Zieljahren 2015 und 2040 gibt es keinerlei Änderungen bei den Rangfolgen. Es spielt dabei also keine Rolle, ob tägliche, wöchentliche oder monatliche Renditen und ob die Performancemaße $LZM_{(10;1,5)}$, $LZM_{(10)}$, $LZM_{(10;1,5)}^{MRAR}$ oder $LZM_{(10)}^{MRAR}$ verwendet werden. Bei Zieljahr 2030 hängt der Rang des Fonds Fid-30 von der Wahl des Maßes und der Datenfrequenz ab. Mal liegt er vor und mal hinter dem Benchmark $BM_{2,1}^c$. Bei den anderen Fonds und Benchmarks gibt es keine Unterschiede. Wie bei Zieljahr 2020 liegen die Wells Fargo-, Deutsche Asset & Wealth Management- und BlackRock-Fonds WF-15, DtA-15, WF-30, BR-30, WF-40 und BR-40 immer auf den letzten Plätzen und der Benchmark $BM_{2,1}^c$ schneidet immer schlechter als der Benchmark $BM_{1,2}^{us}$ ab. Andererseits haben die Fidelity-Fonds je nach Zieljahr im Vergleich zu den beiden Benchmarks unterschiedliche Ränge: Der Fid-15 bzw. Fid-40 hat unabhängig von Datenfrequenz und Performancemaß Rang 1 bzw. Rang 3, während Fid-20 bzw. Fid-30 abhängig von Datenfrequenz und Performancemaß den Rang mit $BM_{2,1}^c$ bzw. $BM_{1,2}^{us}$ tauscht. Insgesamt weisen die Rangfolgen für die betrachteten Datenfrequenzen und Performancemaße kaum Unterschiede auf. Die genaue Wahl der Datenfrequenz bzw. des Performancemaßes nach Definition 5.6 scheint nicht wichtig zu sein. Außerdem fällt anhand dieses kleinen Datensatzes auf, dass Fonds gewisser Fondsgesellschaften unabhängig vom Zieljahr besser bzw. schlechter performen.

6.3.2   Zeitraum 2007–2016

Wie in Abschnitt 6.1 beschrieben eignen sich für diesen 10-Jahreszeitraum bei Verwendung wöchentlicher Renditen 105 amerikanische Fonds. Diese teilen sich wie in Tabelle 6.1 angegeben auf die (gebündelten) Zieljahre 2016, 2020, 2025, 2030, 2035, 2040 und 2045 auf. Für jedes Zieljahr messen sich die Fonds untereinander, mit dem jeweiligen Dow Jones Target Date-Index („U.S. Series") und mit den Benchmarks aus Kapitel 5.4 (vgl. Tabelle B.2). Als Performancemaße werden $LZM_{(10)}^{MRAR}$, $LZM_{(10;1,5)}^{MRAR}$, $LZM_{(10)}$ und $LZM_{(10;1,5)}$ herangezogen. Zunächst werden nun alle Performancewerte in einer Abbildung dargestellt und beschrieben, wobei bei den Aktien- und Anleihenindizes der Benchmarks und bei den Dow Jones Target Date-Indizes eine ETF-Gebühr in Höhe von 0,2 % p. a. gleichmäßig abgezogen wurde. Anschließend werden die Rangkorrelationen des Zieljahres 2016 bzgl. unterschiedlicher Maße bzw. mit oder ohne Gebühr betrachtet.

In Abbildung 6.2 sind alle Performancewerte des 10-Jahreszeitraumes (mit ETF-Gebühr) abgebildet. Auf der x-Achse wird nach Zieljahr und pro Zieljahr nach Performancemaß jeweils in der Reihenfolge $LZM_{(10)}^{MRAR}$, $LZM_{(10;1,5)}^{MRAR}$, $LZM_{(10)}$ und $LZM_{(10;1,5)}$ unterschieden. Die leicht nach links versetzten, roten Punkte stellen jeweils die Performancewerte der Dow Jones Target Date-Indizes dar. Ähnlich wie bei den europäischen Fonds erzielen diese unabhängig von Zieljahr und Performancemaß jeweils einen der vorderen Plätze – bei den Zieljahren bis einschließlich 2025 sogar jeweils den besten Performancewert. Bei den

Abbildung 6.2: Ergebnis US-Fonds im Zeitraum 2007−2016

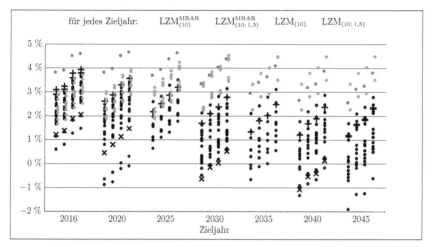

Quelle: Eigene Darstellung und Berechnungen.

Die Abbildung zeigt, nach Zieljahr aufgeteilt, die Performancewerte der US-Fonds (schwarz), der jeweiligen Benchmarks (grün, leicht nach rechts versetzt; vgl. Tabelle B.2) und des entsprechenden Dow Jones Target Date-Indizes (rot, leicht nach links versetzt). Für jedes Zieljahr sind die Performancewerte $LZM^{MRAR}_{(10)}$, $LZM^{MRAR}_{(10;1,5)}$, $LZM_{(10)}$ und $LZM_{(10;1,5)}$ nebeneinander dargestellt. Bei den Aktien- und Anleihenindizes der Benchmarks und den Dow Jones Target Date-Indizes wurde eine ETF-Gebühr in Höhe von 0,2 % p. a. gleichmäßig abgezogen. Die Fonds der Fondsgesellschaft „Vanguard Group Inc" sind als + und die Fonds der Fondsgesellschaft „MassMutual Life Insurance Company" als × dargestellt, wobei nicht zu allen Zieljahren solche Fonds vorhanden sind. Es ist erkennbar, dass die Vanguard-Fonds im Vergleich zu den Benchmarks und anderen Fonds unabhängig vom Zieljahr gut und die MassMutual-Fonds schlecht abschneiden.

späteren Zieljahren ist dabei zu beachten, dass die Benchmarks hauptsächlich bzw. komplett aus dem jeweiligen Aktienindex bestehen. Teilweise einen höheren Performancewert als die Dow Jones Target Date-Indizes haben nur die Benchmarks mit dem Dow Jones Industrials als Aktienindex, die wie bei der Untersuchung „langer Zeitraum" besser als die Benchmarks mit dem S&P 500 Composite als Aktienindex abschneiden. Außerdem sind die Performancewerte der Benchmarks aus Kapitel 5.4 pro Zieljahr und Performancemaß leicht nach rechts versetzt und in grün eingezeichnet. Im Gegensatz zu den europäischen Benchmarks liegen die Benchmarks aus Kapitel 5.4 hier nahe beieinander (unabhängig von Performancemaß und Zieljahr). So liegen zwischen dem jeweils besten Benchmark und dem schlechtesten Benchmark maximal 1,5 %.

Anders ist das Ergebnis bei den untersuchten Fonds (in Abbildung 6.2 schwarz). Diese liegen deutlich weiter auseinander. Wie auch schon bei den europäischen Fonds und bei der Untersuchung „lange Zeitreihe" schneiden dabei Fonds gewisser Fondsgesellschaften unabhängig von dem Zieljahr und betrachtetem Performancemaß besser bzw. schlechter ab: Mit + sind alle Fonds der Fondsgesellschaft „Vanguard Group Inc" markiert, deren

Lebenszyklusfonds bei allen Performancemaßen und Zieljahren[136] zu den besten Fonds gehören. Mit × sind alle Fonds der Fondsgesellschaft „MassMutual Life Insurance Company" markiert, deren Lebenszyklusfonds bei allen Performancemaßen und Zieljahren[137] deutlich schlechter abschneiden. Wie bei den EU-Fonds ist an der Abbildung erkennbar, dass die Performancewerte steigen, wenn die intertemporale Substitutionselastizität ψ von 1 auf 1,5 erhöht wird und wenn LZM statt LZM^{MRAR} (mit gleichen Parametern) als Performancemaß verwendet wird. Der Effekt ist bei der Änderung von LZM^{MRAR} zu LZM wieder stärker als bei der Änderung von ψ. Anders als bei der Untersuchung „langer Zeitraum" weisen bei Zieljahr 2020 und ab Zieljahr 2030 einige Fonds negative Performancewerte auf, während die Benchmarks weiterhin nur positive Werte haben. Im Vergleich zu den Benchmarks schneiden die Fonds (insbesondere bei den späteren Zieljahren) schlecht ab. Dies ist bei den europäischen Fonds – trotz der vielen negativen Performancewerte – nicht der Fall (vgl. Abbildung 6.1).

Tabelle B.10 in Anhang B.3 zeigt Spearmans Rangkorrelationskoeffizienten für die Fonds, die Benchmarks und den Dow Jones Target Date-Index mit Zieljahr 2016. Analog zu den europäischen Fonds werden Rankings auf Basis der verschiedenen, betrachteten Performancemaße (und mit bzw. ohne ETF-Gebühr) verglichen. Im oberen, linken Dreieck der Tabelle ist jeweils bei beiden Rankings die ETF-Gebühr enthalten. Diese Rangkorrelationskoeffizienten sind wie bei den europäischen Fonds alle größer als 0,98. Die Rangfolgen basierend auf den verschiedenen Maßen unterscheiden sich also ebenfalls kaum. Außerdem ändern sich die Rankings überhaupt nicht, wenn LZM statt LZM^{MRAR} (mit gleichen Parametern) als Performancemaß betrachtet wird. Im unteren, rechten Dreieck der Tabelle werden die Rangfolgen ohne ETF-Gebühr miteinander gegenübergestellt. Die Rangkorrelationskoeffizienten sind sogar alle größer als 0,99 (wegen Rundungen steht in der Tabelle nur 1,00) und, wenn Rankings auf Basis von LZM mit Rankings auf Basis von LZM^{MRAR} verglichen werden, genau gleich eins. Die Koeffizienten zwischen „mit ETF-Gebühr" und „ohne ETF-Gebühr" sind ebenfalls hoch und sogar größer als bei den europäischen Fonds (Quadrat unten links). Dies liegt daran, dass hier die Benchmarks recht ähnlich und besser als die Fonds abschneiden. Daher fällt es weniger ins Gewicht, dass nur bei den Benchmarks und dem Dow Jones Target Date-Index unterschiedliche Gebühren zugrunde gelegt werden. Insgesamt ändern sich die Rankings also kaum. Für die anderen Zieljahre sind die Rangkorrelationskoeffizienten in dieser Arbeit nicht dargestellt. Allerdings unterscheiden sich die Rangkorrelationstabellen kaum von den hier dargestellten: Der geringste Spearmansche Rangkorrelationskoeffizient beträgt 0,9772 und bei den Zieljahren 2040 und 2045 sind alle Korrelationskoeffizienten sogar gleich eins. Dort unterscheiden sich die Rangfolgen also gar nicht.

In diesem Kapitel wurde ein europäischer und ein amerikanischer Lebenszyklusfondsdatensatz mittels der in Kapitel 5.3 entwickelten Lebenszyklusfonds-Performancemaße ausgewertet. Der Datensatz ist dabei im Hinblick auf Anzahl an Fonds und verfügbarem Zeitraum je Fonds beschränkt, da die ersten Lebenszyklusfonds in den USA erst Mitte der 1990er Jahre und in Europa erst Anfang der 2000er Jahre aufgelegt wurden. Die

---

[136] Bei den Zieljahren 2016 und 2045 sind jeweils zwei Vanguard-Fonds enthalten, da die angegebenen Zieljahre mehrere Zieljahre bündeln.

[137] Nicht bei allen Zieljahren sind MassMutual-Fonds vorhanden.

Idee der Lebenszyklusfonds ist aber eine langfristige Anlage über mehrere Jahrzehnte mit Reduzierung des Risikos im Zeitablauf. Dies ist beim Betrachten dieses Kapitels und der Ergebnisse der Untersuchung zu berücksichtigen. Dennoch gibt die Untersuchung der EU- und US-Fonds und der dazu betrachteten Benchmarks ein Gefühl für die entwickelten Maße – insbesondere als anhand der Präferenz für frühe Auflösung von Unsicherheit über die Zeit geglättete, annualisierte Sicherheitsäquivalente von Renditen. Einige der europäischen Fonds weisen negative Performancewerte auf. Aber die Gesamtheit der europäischen Fonds schneidet ähnlich wie die Gesamtheit der Benchmarks ab, während bei den amerikanischen Daten die Benchmarks ähnliche Performancewerte aufweisen und besser als die meisten Fonds abschneiden. Allerdings sind die Performancewerte der amerikanischen Fonds bis auf wenige Ausnahmen positiv. Außerdem wurde festgestellt, dass Fonds gewisser Fondsgesellschaften bessere Performancewerte haben als vergleichbare Fonds anderer Fondsgesellschaften. Sowohl bei den europäischen als auch bei den amerikanischen Fonds und Benchmarks wurde festgestellt, dass die Rankings (weitestgehend) unabhängig von der Wahl der Maßvariante (LZM bzw. LZM^{MRAR}), der Maßparameter ($\gamma = 10$ mit $\psi = 1$ bzw. $\psi = 1{,}5$) und der Frequenz der Renditedaten (tägliche, wöchentliche bzw. monatliche Renditen) sind. Es scheint also nicht relevant zu sein, welche Datenfrequenz benutzt wird. Wegen des kleinen Datensatzes kann diese Vermutung nicht auf statistische Signifikanz untersucht werden. Intuitiv erscheint es aber sinnvoll, wöchentliche Renditen zu verwenden, da dadurch jeweils 52 Werte zur Schätzung der einzelnen Jahresverteilung benutzt werden. Im Gegensatz zu täglichen Renditen sind wöchentliche Renditen weniger anfällig gegenüber Rundungsungenauigkeiten beim Berechnen der Renditen.

Kapitel 7

Zusammenfassung

Das Ziel dieser Arbeit war die Entwicklung eines Performancemaßes, das in der Lage ist, Lebenszyklusfonds angemessen zu bewerten. Dabei wurden zunächst die beiden Fragen, was Lebenszyklusfonds sind und was in diesem Kontext „angemessen" heißt, beantwortet. Es wurde die Fondsgattung „Lebenszyklusfonds" vorgestellt: Die Aufgabe der Lebenszyklusfonds ist es, für die Anleger das Risiko im Hinblick auf die Rente mit steigendem Alter zu reduzieren. Die ersten amerikanischen Lebenszyklusfonds wurden erst Anfang der 1990er Jahre und die ersten deutschen Lebenszyklusfonds erst Anfang der 2000er Jahre aufgelegt. Die aus unterschiedlichen Fondsreihen abgeleiteten Gleitpfade in Abschnitt 2.2.1 und die dynamische Renditebasierte Stilanalyse ausgewählter Lebenszyklusfonds in Abschnitt 2.2.2 deuten darauf hin, dass die Lebenszyklusfonds im Zeitablauf die Aktienquoten reduzieren. Anhand dieser ersten Überprüfungen scheinen Lebenszyklusfonds ihrer (zumindest der betrachteten) Aufgabe gerecht zu werden. Um die Frage nach der „Angemessenheit" von Lebenszyklusfonds-Performancemaßen zu beantworten, wurden aus klassischen Anforderungen an Performancemaße und aus der besonderen Risikostruktur im Zeitablauf fünf Anforderungen an Lebenszyklusfonds-Performancemaße (PMLZ-1 bis PMLZ-5) gestellt, wobei insbesondere die letzte Anforderung wichtig für Lebenszyklusfonds ist:

- Vergleichbarkeit,

- Stetigkeit,

- höhere mittlere Rendite erhalte bessere Performance,

- niedrigere Volatilität über den Gesamtzeitraum erhalte bessere Performance,

- Risikoreduzierung im Zeitablauf erhalte bessere Performance.

Anschließend wurden vier traditionelle Performancemaße im Hinblick auf diese Anforderungen untersucht. Da diesen eine einperiodige Betrachtungsweise durch das CAPM zugrunde liegt, erkennen sie nicht, wann im Zeitablauf welches Risiko eingegangen wird. Diese genügen also nicht der Anforderung PMLZ-5 an Lebenszyklusfonds-Performancemaße. Um den Anforderungen gerecht zu werden, wird daher ein mehrperiodiges Konzept benötigt. Eine durch diese Arbeit angeführte Möglichkeit bilden die rekursiven EZ-Nutzenfunktionen. Diese besitzen für $\gamma > \frac{1}{\psi}$ die auf Kreps und Porteus (1978) basierende

© Springer Fachmedien Wiesbaden GmbH, ein Teil von Springer Nature 2019
M. Mergens, *Performancemessung von Lebenszyklusfonds*,
https://doi.org/10.1007/978-3-658-25266-3_7

Präferenz für frühe Auflösung von Unsicherheit. Dies wurde durch Korollar 4.9 bewiesen und in Abbildung 4.10 beispielhaft veranschaulicht. Diese Präferenz besitzt Ähnlichkeiten zu der Risikoreduzierung im Zeitablauf: Beidem liegt der Wunsch zugrunde, vorzeitig eine gewisse Sicherheit zu haben. Daher ist es naheliegend, die EZ-Nutzenfunktionen (insbesondere mit $\gamma > \frac{1}{\psi}$) für Lebenszyklusfonds-Performancemaße zu verwenden.

Es wurde festgestellt, dass die in Kapitel 5 vorgestellten Statischen Performancemaße[138] MRAR und SPM_V eine ähnliche Form wie die EZ-Nutzenfunktionen mit $\gamma = \frac{1}{\psi}$ besitzen bzw. mit dem Erwartungsnutzenkonzept in Zusammenhang stehen. Diese Maße sind nicht dynamisch manipulierbar und ihnen liegt eine einperiodige Betrachtungsweise zugrunde. Daher erfüllen sie Anforderung PMLZ-5 nicht. Es wurde der Begriff der *mehrperiodigen Renditezeitreihe* eingeführt, um die Maße zu *Rekursiven Performancemaßen*, die auch Parameter $\gamma \neq \frac{1}{\psi}$ zulassen, zu erweitern. Dass die Maße tatsächlich Erweiterungen sind, wurde bewiesen. Neben den Rekursiven Performancemaßen wurde auch, ähnlich wie bei Epstein und Zin (1989), die noch allgemeinere Klasse der *Generalisierten Performancemaße* eingeführt. Relevant für die Performancemessung von Lebenszyklusfonds ist die Teilklasse der Rekursiven Performancemaße mit $\gamma > \frac{1}{\psi}$, d. h. die Maße, die mit der Eigenschaft der Präferenz für frühe Auflösung von Unsicherheit zusammenhängen. Daher wurden zwei Formen dieser Teilklasse mit $\gamma > \frac{1}{\psi}$ als Lebenszyklusfonds-Performancemaße

$$LZM_{(\gamma,\psi)} \qquad \text{und} \qquad LZM_{(\gamma,\psi)}^{MRAR}$$

definiert. Die entwickelten Maße lassen sich als anhand der Präferenz für frühe Auflösung von Unsicherheit über die Zeit geglättete, annualisierte Sicherheitsäquivalente von Renditen interpretieren. Als sinnvolle Parameter eignen sich für diese Maße die Werte $\gamma = 10$ und $\psi = 1$ bzw. $\psi = 1,5$. Diese Parameter verwenden Bansal und Yaron (2004), um das Equity Premium Puzzle mittels des Long Run Risk Models und EZ-Nutzenfunktionen zu lösen. Diese Werte sind zudem konform mit den empirischen Schätzungen von Attanasio und Vissing-Jørgensen (2003). Um die Werte ohne andere Fonds zum Vergleich deuten zu können, wurden auf einfache Weise Benchmarkvarianten hergeleitet. Die eine basiert auf dem klassischen Modell von Merton (1969) und die andere auf den Erkenntnissen aus dem komplexeren Lebenszyklusmodell von Campbell et al. (2001).

Um nachzuweisen, dass die definierten Maße tatsächlich die Anforderungen PMLZ-1 bis PMLZ-5 erfüllen, wurde eine MC-Simulation mit verschiedenen Parameterpaaren (γ, ψ) und verschiedenen dreiperiodigen Renditeverteilungen durchgeführt. Dabei wurden pro Periode 1000 Renditen verwendet. Pro Parametertupel wurden 10.000 Wiederholungen durchgeführt. So wurde numerisch nachgewiesen, dass die Maße den Anforderungen PMLZ-3 bis PMLZ-5 genügen. Insbesondere honorieren diese entwickelten Maße die Risikoreduzierung im Zeitablauf durch einen höheren Performancewert. Die Anforderungen PMLZ-1 und PMLZ-2 folgen direkt aus der Definition der Maße.

---

[138] Das Manipulationssichere Maß von Goetzmann et al. (2007) ist eine Stetige-Rendite-Variante von MRAR.

Abschließend wurden die entwickelten Maße auf einen amerikanischen und einen europäischen Lebenszyklusfondsdatensatz, der auch eine Klasse von Benchmarks enthält, und die hergeleiteten Benchmarkvarianten angewandt. Allerdings liegt dabei der Fokus auf den entwickelten Maßen und nicht auf den Fonds, da die Datengrundlage (noch) nicht quantitativ und qualitativ ausreichend sein kann. Das liegt daran, dass der Anlagezeitraum von Lebenszyklusfonds mehrere Jahrzehnte umfasst und die ältesten Fonds erst 23 Jahre auf dem Markt sind. Die Auswertung wurde daher auf zwei Arten unter Verwendung der beiden Maße mit unterschiedlichen Parameterpaaren durchgeführt: Es wurden einerseits der 10-Jahreszeitraum 2007−2016 mit möglichst vielen Fonds (nach Zieljahr aufgeteilt) und andererseits die ältesten Fonds (insgesamt 21 Fonds) auf dem jeweiligen maximal verfügbaren Zeitraum untersucht. Auch wurden unterschiedliche Frequenzen der Daten (täglich − wöchentlich − monatlich) betrachtet. Sowohl die Datenfrequenz als auch die Wahl des genauen Lebenszyklusfonds-Performancemaßes scheinen (bedingt durch die schwache Datengrundlage) nur einen geringen Einfluss auf das Ranking der Fonds und der Benchmarks zu haben. Des Weiteren scheinen manche Fondsgesellschaften stets gut und manche Fondsgesellschaften stets schlecht abzuschneiden. Die wichtigste Erkenntnis der Untersuchungen ist, dass die Performancemaße von der Größenordnung her annualisierten Renditen entsprechen: Alle Performancewerte liegen in einem Bereich von -7 % bis 10 %. Dies liegt an der Form als anhand der Präferenz für frühe Auflösung von Unsicherheit über die Zeit geglättete, *annualisierte Sicherheitsäquivalente von Renditen*.

Zusammenfassend lässt sich festhalten, dass die entwickelten Lebenszyklusfonds-Performancemaße, die auf den manipulationssicheren Maßen von Goetzmann et al. (2007) und der Konsumnutzentheorie von Kreps und Porteus (1978) bzw. Epstein und Zin (1989) aufbauen, den Schwachpunkt der traditionellen Performancemaße beseitigen und in der Lage sind, Lebenszyklusfonds adäquat zu bewerten. Letztlich bleibt der Hinweis auf die in dieser Arbeit nicht detailliert beantworteten bzw. offenen Fragen, die ein Ansatzpunkt für weitere Forschung sein können: Bei der Wahl der Parameter wurde zwar auf Veröffentlichungen, die γ und ψ schätzen, zurückgegriffen, allerdings lag dabei nicht der Schwerpunkt auf optimalen Parametern zur Performancemessung von Lebenszyklusfonds. In diesem Kontext stellt sich auch die Frage, welcher Grad der Risikoreduzierung im Zeitablauf optimal ist. Ein anderer Punkt, auf dem nicht der Fokus der Arbeit lag, ist die Frage nach optimalen Benchmarks. Eine Möglichkeit könnten hier komplexere Lebenszyklusmodelle bieten. Einen weiteren Ansatzpunkt bietet die aktuell noch spärliche Datengrundlage. In einigen Jahren sollte aufgrund der aktuellen Förderung von amerikanischen Lebenszyklusfonds und der guten Wachstumsaussichten der Lebenszyklusfondsmärkte eine bessere Datengrundlage für ausführlichere empirische Untersuchungen zur Performance von Lebenszyklusfonds vorhanden sein.

Anhang A

Ergänzende Rechnungen und Beweise

A.1 Rechnungen zu Kapitel 3

Gegeben sind die monatlichen Renditen $(R^{\mathrm{m}}_{t,M})_{t=1,\dots,36}$ des Marktportefeuilles und die monatlichen risikolosen Zinssätze r^{m}_f, die in Tabelle B.1 im Anhang B.1 angegeben sind. Da die monatlichen risikolosen Zinssätze sicher und alle gleich sind, werden diese unter Berücksichtigung des Zinseszins annualisiert zu r_f (für alle drei Jahre und den Gesamtzeitraum $(1-3)$ gleich) durch

$$r_f = \left(1 + r^{\mathrm{m}}_f\right)^{12} - 1 = 1~\%~\text{p. a.}$$

Aus den monatlichen Renditen des Marktportefeuilles werden der Erwartungswert μ^{m}_M und die Standardabweichung σ^{m}_M bestimmt. Dabei wird hier unterstellt, dass die zwölf monatlichen Renditen die wahre Verteilung widerspiegeln, das heißt

$$\mu^{\mathrm{m}}_M = \frac{1}{12} \sum_{t=1}^{12} R^{\mathrm{m}}_{t,M} \qquad \sigma^{\mathrm{m}}_M = \sqrt{\frac{1}{12} \sum_{t=1}^{12} \left(R^{\mathrm{m}}_{t,M} - \mu^{\mathrm{m}}_M\right)^2}.$$

Für den Gesamtzeitraum $(1-3)$ erfolgt die Berechnung der (monatlichen) Verteilung analog:

$$\mu^{\mathrm{m}(1-3)}_M = \frac{1}{36} \sum_{t=1}^{36} R^{\mathrm{m}}_{t,M} \qquad \sigma^{\mathrm{m}(1-3)}_M = \sqrt{\frac{1}{36} \sum_{t=1}^{36} \left(R^{\mathrm{m}}_{t,M} - \mu^{\mathrm{m}(1-3)}_M\right)^2}.$$

Die Annualisierung wird (für alle drei Jahre und den Gesamtzeitraum $(1-3)$ gleich) wie in Cariño, Christopherson und Ferson (2009, S. 21 f. und S. 82) dargestellt durchgeführt, da es sich bei μ^{m}_M um ein arithmetisches Mittel und bei σ^{m}_M um die zugehörige Standardabweichung handelt:

$$\mu_M = 12 \cdot \mu^{\mathrm{m}}_M = 7~\%~\text{p. a.} \qquad \sigma_M = \sqrt{12} \cdot \sigma^{\mathrm{m}}_M = 15~\%~\text{p. a.}$$

$$\mu^{(1-3)}_M = 12 \cdot \mu^{\mathrm{m}(1-3)}_M = 7~\%~\text{p. a.} \qquad \sigma^{(1-3)}_M = \sqrt{12} \cdot \sigma^{\mathrm{m}(1-3)}_M = 15~\%~\text{p. a.}$$

© Springer Fachmedien Wiesbaden GmbH, ein Teil von Springer Nature 2019
M. Mergens, *Performancemessung von Lebenszyklusfonds*,
https://doi.org/10.1007/978-3-658-25266-3

Beispielhaft wird hier nur Portefeuille P_- betrachtet. Die Werte der anderen Portefeuilles berechnen sich analog. Gegeben sind die innerhalb der Jahre konstanten Portefeuillegewichte der einzelnen drei Jahre: der Anteil der risikolosen Anlagemöglichkeit $x_{r_f}^{(j)}$ in Jahr j und der Anteil des Marktportefeuilles $x_M^{(j)}$ in Jahr j. Daraus erhält man direkt für die einzelnen Monate die monatlichen Renditen $(R_{t,P_-}^{\mathrm{m}})_{t=1,\dots,36}$ als Linearkombination mit den monatlichen Zinssätzen und den monatlichen Marktrenditen. Die erwartete annualisierte Rendite $\mu_{P_-}^{(j)}$ in Jahr j und $\mu_{P_-}^{(1-3)}$ des Gesamtzeitraumes $(1-3)$ und deren Volatilitäten $\sigma_{P_-}^{(j)}$ bzw. $\sigma_{P_-}^{(1-3)}$ erhält man aus den monatlichen Renditen analog zum Marktportefeuille. Die Sensitivität bzgl. des Marktportefeuilles $\beta_{P_-}^{(j)}$ in Jahr j entspricht dem Anteil des Marktportefeuilles $x_M^{(j)}$ in Jahr j. Die Sensitivität bzgl. des Marktportefeuilles $\beta_{P_-}^{(1-3)}$ des Gesamtzeitraumes $(1-3)$ wird bestimmt durch

$$\beta_{P_-}^{(1-3)} = \frac{\frac{1}{36} \sum_{t=1}^{36} \left(R_{t,P_-}^{\mathrm{m}} - \mu_{P_-}^{\mathrm{m}\,(1-3)} \right) \cdot \left(R_{t,M}^{\mathrm{m}} - \mu_{M}^{\mathrm{m}\,(1-3)} \right)}{\frac{1}{36} \sum_{t=1}^{36} \left(R_{t,M}^{\mathrm{m}} - \mu_{M}^{\mathrm{m}\,(1-3)} \right)^2}.$$

Das unsystematische Risiko $\sqrt{\mathrm{Var}[\varepsilon_{P_-}]}$ des Portefeuilles P_- bzgl. des 3-Jahres-Zeitraumes [in % p. a.] — also die Standardabweichung des Residuums der Regressionsgleichung (3.3) — berechnet sich aus den Variablen:

$$\sqrt{\mathrm{Var}[\varepsilon_{P_-}]} = \sqrt{\left(\sigma_{P_-}^{(1-3)} \right)^2 - \left(\beta_{P_-}^{(1-3)} \right)^2 \left(\sigma_{M}^{(1-3)} \right)^2}.$$

A.2   Beweise zu Kapitel 5

A.2.1   Beweis zu Abschnitt 5.2

Beweis von Satz 5.5. Seien die mehrperiodige Renditezeitreihe $\mathcal{R}_1^T$ und die Zeitreihe risikoloser Zinssätze $\langle (r_{t,\tau,f})_{\tau=1}^{n_t} \rangle_{t=1}^T$ bzw. $(r_{t,f})_{t=1,\dots,n\cdot T}$ mit $r_{t,\tau,f} = r_{s,f}$, $s = \tau + \sum_{l=1}^{t-1} n_l$, für $t = 1, \dots, T$ gegeben und sei u = v, dann ist

$$\mathcal{M}^{\text{MRAR}}\left(\mathcal{R}_1^T\right) = \mathcal{M}_1^{\text{MRAR}}\left(\mathcal{R}_1^T\right)$$

$$= \mathrm{u}^{-1}\left(\frac{1}{n_1} \sum_{\tau=1}^{n_1} \mathrm{u}\left(\mathrm{u}^{-1}\left[\alpha_{1,T} \cdot \mathrm{u}\left[\frac{1+R_{1,\tau}}{1+r_{1,\tau,f}}\right] + \bar{\alpha}_{1,T} \cdot \mathrm{u}\left[\left(1+\mathcal{M}_2^{\text{MRAR}}\left(\mathcal{R}_2^T\right)\right)^{\Delta t}\right]\right]\right)\right)^{\frac{1}{\Delta t}}$$
$$- 1$$

$$= \mathrm{u}^{-1}\left(\frac{\alpha_{1,T}}{n_1} \sum_{\tau=1}^{n_1} \mathrm{u}\left[\frac{1+R_{1,\tau}}{1+r_{1,\tau,f}}\right] + \bar{\alpha}_{1,T} \cdot \mathrm{u}\left[\left(1+\mathcal{M}_2^{\text{MRAR}}\left(\mathcal{R}_2^T\right)\right)^{\Delta t}\right]\right)^{\frac{1}{\Delta t}} - 1$$

$$= \mathrm{u}^{-1}\left(\frac{\alpha_{1,T}}{n_1} \sum_{\tau=1}^{n_1} \mathrm{u}\left(\frac{1+R_{1,\tau}}{1+r_{1,\tau,f}}\right) + \frac{\bar{\alpha}_{1,T}\,\alpha_{2,T}}{n_2} \sum_{\tau=1}^{n_2} \mathrm{u}\left(\frac{1+R_{2,\tau}}{1+r_{2,\tau,f}}\right)\right.$$
$$\left. + \bar{\alpha}_{1,T}\,\bar{\alpha}_{2,T} \cdot \mathrm{u}\left(\left(1+\mathcal{M}_3^{\text{MRAR}}\left(\mathcal{R}_3^T\right)\right)^{\Delta t}\right)\right)^{\frac{1}{\Delta t}} - 1$$

$$\vdots$$

$$= \mathrm{u}^{-1}\left(\frac{\alpha_{1,T}}{n_1} \sum_{\tau=1}^{n_1} \mathrm{u}\left(\frac{1+R_{1,\tau}}{1+r_{1,\tau,f}}\right) + \frac{\bar{\alpha}_{1,T}\,\alpha_{2,T}}{n_2} \sum_{\tau=1}^{n_2} \mathrm{u}\left(\frac{1+R_{2,\tau}}{1+r_{2,\tau,f}}\right) + \dots\right.$$
$$\left. + \frac{\alpha_{T,T} \cdot \prod\limits_{t=1}^{T-1} \bar{\alpha}_{t,T}}{n_T} \sum_{\tau=1}^{n_T} \mathrm{u}\left(\frac{1+R_{T,\tau}}{1+r_{T,\tau,f}}\right)\right)^{\frac{1}{\Delta t}} - 1.$$

Wegen $n_1 = \dots = n_T = n$ und $\alpha_{t,T} = (T-t+1)^{-1}$ und damit $\alpha_{s,T} \cdot \prod\limits_{i=t}^{s-1} \bar{\alpha}_{i,T} = (T-t+1)^{-1}$ für $s = t+1, \dots, T$, ist

$$\mathcal{M}\left(\mathcal{R}_1^T\right) = \mathrm{u}^{-1}\left(\frac{1}{T} \sum_{t=1}^{T}\left[\frac{1}{n} \sum_{\tau=1}^{n} \mathrm{u}\left(\frac{1+R_{t,\tau}}{1+r_{t,\tau,f}}\right)\right]\right)^{\frac{1}{\Delta t}} - 1$$

$$= \mathrm{u}^{-1}\left(\frac{1}{n \cdot T} \sum_{t=1}^{n \cdot T} \mathrm{u}\left(\frac{1+R_t}{1+r_{t,f}}\right)\right)^{\frac{1}{\Delta t}} - 1 = \text{SPM}_{\text{V}}\left((R_t)_{t=1,\dots,n\cdot T}\right)$$

für die Renditezeitreihe $(R_t)_{t=1,\dots,n\cdot T}$ bzw. die zugehörige Zeitreihe $\mathcal{R}_1^T$.

qed

A.2.2   Beweis zu Abschnitt 5.3

An dieser Stelle wird die Aussage in Fußnote 112, dass die (punktweise) Grenzfunktion der CRRA-Nutzenfunktionen

$$v_\psi(x) = \frac{x^{1-\frac{1}{\psi}}}{1-\frac{1}{\psi}}$$

(bzw. Nutzenfunktionen mit gleichen Präferenzen) für $\frac{1}{\psi} \to 1$ die Funktion

$$\log(x)$$

ist, bewiesen.

Beweis. Für festes $0 < \psi \neq 1$ definieren die beiden Funktionen

$$v_\psi(x) = \frac{x^{1-\frac{1}{\psi}}}{1-\frac{1}{\psi}} \qquad \text{und} \qquad \tilde{v}_\psi(x) = \frac{x^{1-\frac{1}{\psi}} - 1}{1-\frac{1}{\psi}}$$

nach Satz 4.1 die gleiche Präferenzrelation, da $\tilde{v}_\psi$ lediglich eine positive lineare Transformation von v_ψ ist. Über die Regel von l'Hôpital folgt

$$\lim_{\frac{1}{\psi} \to 1} \tilde{v}_\psi(x) = \lim_{\frac{1}{\psi} \to 1} \frac{x^{1-\frac{1}{\psi}} - 1}{1-\frac{1}{\psi}} = \lim_{\frac{1}{\psi} \to 1} \frac{\frac{d}{d\frac{1}{\psi}}\left(x^{1-\frac{1}{\psi}} - 1\right)}{\frac{d}{d\frac{1}{\psi}}\left(1-\frac{1}{\psi}\right)} = \lim_{\frac{1}{\psi} \to 1} \frac{-\log(x) \cdot x^{1-\frac{1}{\psi}}}{-1}$$

$$= \log(x).$$

Also ist die Aussage bewiesen.   *qed*

Anhang B

Ergänzende Abbildungen und Tabellen

B.1 Tabelle zu Kapitel 3

Tabelle B.1: Monatliche Renditen von r_f und des Marktportefeuilles

Monat	Jahr 1 − 3	
	r_f	M
1	0,083 %	-1,1 %
2	0,083 %	4,7 %
3	0,083 %	3,9 %
4	0,083 %	4,3 %
5	0,083 %	6,1 %
6	0,083 %	-1,6 %
7	0,083 %	-4,3 %
8	0,083 %	3,0 %
9	0,083 %	-5,6 %
10	0,083 %	5,9 %
11	0,083 %	-5,6 %
12	0,083 %	-2,7 %

Quelle: Eigene Darstellung.

Die Tabelle zeigt die (diskreten) monatlichen Renditen des Marktportefeuilles M und der risikolosen Anlage r_f [in % pro Monat]. Diese werden für jedes der drei betrachteten Jahre als gleich angenommen. Annualisiert folgen daraus die jährlichen Verteilungen: risikoloser Zinssatz $r_f = 1$ % p. a. und erwartete Marktrendite $\mu_M = 7$ % p. a. bei einer Volatilität von $\sigma_M = 15$ % p. a. Zur Annualisierung siehe Anhang A.1.

© Springer Fachmedien Wiesbaden GmbH, ein Teil von Springer Nature 2019
M. Mergens, *Performancemessung von Lebenszyklusfonds*,
https://doi.org/10.1007/978-3-658-25266-3

B.2 Abbildungen und Tabellen zu Kapitel 5

B.2.1 Benchmarkgewichte im Zeitverlauf

Abbildung B.1: Benchmarkgewichte (Merton/CCGM) im Zeitablauf

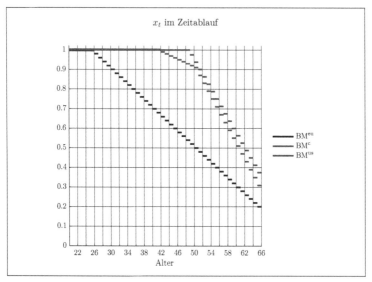

Quelle: Eigene Darstellung und Berechnungen.

Die Abbildung zeigt für die drei Benchmarks aus Kapitel 5.4 den Anteil der riskanten Anlage im Zeitablauf. Auf der x-Achse ist das Alter eines repräsentativen Investors abgetragen, der mit 25 Jahren anfängt sein Portefeuille umzuschichten. Dies tut er bis zur Rente mit 66 Jahren jährlich. Die risikolose Anlage bildet den restlichen Teil des Portefeuilles. Die untere Linie gehört zu dem Benchmark BM^{eu} aus Definition 5.8, der auf einer Erweiterung des Modells von Merton (1969) und den historischen, deutschen Renditeverteilungsschätzungen von Dimson, Marsh und Staunton (2008) basiert. Die obere Linie gehört zu dem Benchmark BM^{us}, der sich von BM^{us} darin unterscheidet, dass die historischen, amerikanischen Renditeverteilungsschätzungen von Dimson, Marsh und Staunton (2008) herangezogen werden. Die mittlere Linie gehört zu dem Benchmark BM^c aus Definition 5.9, der auf den Ergebnissen von Campbell et al. (2001) basiert. Dabei liegen die Gewichte des Benchmarks BM^c und BM^{us} recht nahe beieinander.

Abbildung B.2: Risikoaversion und Benchmarkgewicht (Merton) im Zeitablauf

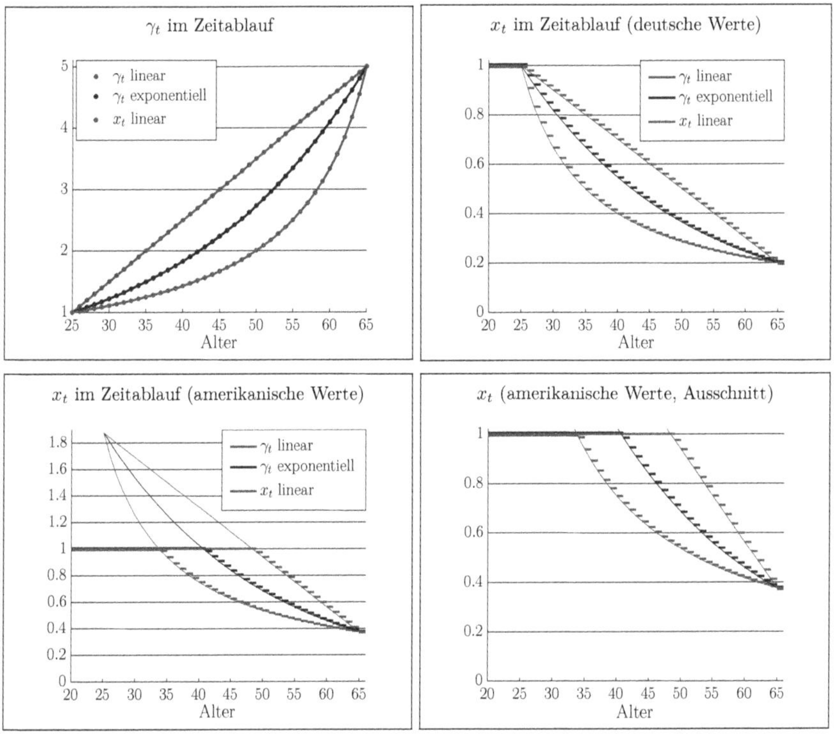

Quelle: Eigene Darstellung und Berechnungen.

Die Abbildung zeigt unterschiedliche Varianten, um die Risikoaversion im Zeitablauf (25.−65. Lebensjahr) ansteigen zu lassen. Dies geschieht, um eine geeignete Benchmark im Rahmen des Modells von Merton (1969) zu erhalten. In Abhängigkeit des Alters des Investors sind die Risikoaversion im Zeitablauf (oben, links) und das modelltheoretische Portefeuillegewicht der riskanten Anlage (in den anderen Grafiken) abgebildet – einerseits für deutsche; andererseits für amerikanische Verteilungsparameter. Die Risikoaverionen und die Gewichte sind innerhalb der Jahre konstant und die Gewichte sind maximal 100 %. Zusätzlich sind die nicht-konstanten, glatten Verläufe dünn eingezeichnet (ohne Rücksicht auf Portefeuillebeschränkungen). Die Variante „x_t linear" wird in der Arbeit verwendet. Diese ist so gewählt, dass das Portefeuillegewicht linear fällt. Bei der Variante „γ_t linear" steigt die Risikoaversion linear. Dies führt zu einem (ungewollten) konvexen Portefeuillegewichtsverlauf. Dies ist auch der Fall bei der letzten Variante, bei der die Risikoaversion exponentiell (5^s, $s = 0, \ldots, 1$) steigt. Es ist erkennbar, dass der deutsche Benchmark deutlich konservativer bzw. weniger riskant ist.

B.2.2 MC-Simulation: Einfluss der erwarteten Rendite

Abbildung B.3: Ergebnis im Hinblick auf α mit Standardabweichung

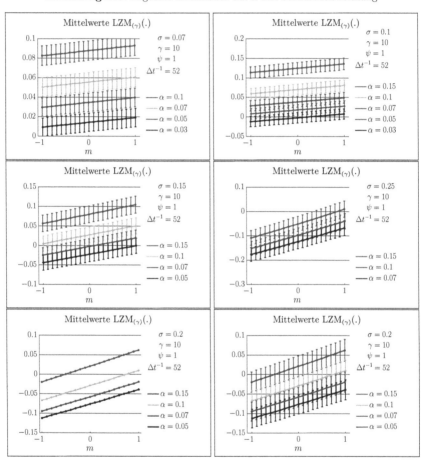

Quelle: Eigene Darstellung und Berechnungen.

Die Abbildung zeigt das Ergebnis der MC-Simulation mit 10.000 Wiederholungen im Hinblick auf den Einfluss des Erwartungswertparameters α der Renditeverteilung für unterschiedliche mittlere Standardabweichungsparameter σ (vgl. Abbildung 5.3). Allerdings wird der Fall $\psi = 1$ und zusätzlich der Parameter $\sigma = 0{,}2$ betrachtet. Dabei ist zusätzlich zu den Mittelwerten über die Wiederholungen ± eine Standardabweichung abgebildet. Der Parameter m auf der x-Achse beschreibt die Risikostruktur im Zeitablauf ($m = 1$ bedeutet höheres Risiko am Anfang und niedrigeres Risiko am Ende). Für alle σ-Werte steigt der Mittelwert des Performancemaßes sowohl mit steigendem α als auch mit steigendem m. Folglich wird sowohl eine höhere Rendite als auch eine Risikoreduzierung im Zeitablauf durch LZM honoriert.

Abbildung B.4: Ergebnis für $\gamma = 5$ im Hinblick auf α

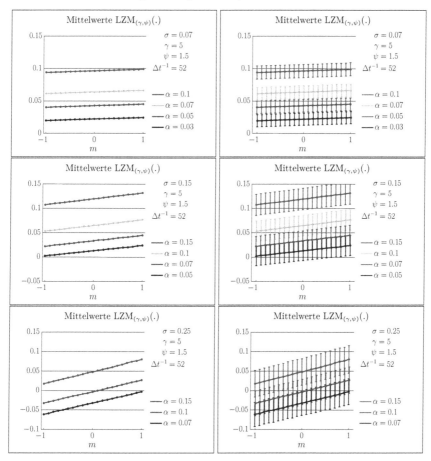

Quelle: Eigene Darstellung und Berechnungen.

Die Abbildung zeigt das Ergebnis der MC-Simulation mit 10.000 Wiederholungen im Hinblick auf den Einfluss des Erwartungswertparameters α der Renditeverteilung für unterschiedliche mittlere Standardabweichungsparameter σ (vgl. Abbildung 5.3). Dabei wird das Lebenszyklusfonds-Performancemaß mit $\gamma = 5$ betrachtet ($\psi = 1{,}5$). In den Grafiken auf der rechten Seite ist zusätzlich zu den Mittelwerten über die Wiederholungen $\pm$ eine Standardabweichung abgebildet. Der Parameter m auf der x-Achse beschreibt die Risikostruktur im Zeitablauf ($m = 1$ bedeutet höheres Risiko am Anfang und niedrigeres Risiko am Ende). Für alle σ-Werte steigt der Mittelwert des Performancemaßes sowohl mit steigendem α als auch mit steigendem m. Folglich wird sowohl eine höhere Rendite als auch eine Risikoreduzierung im Zeitablauf durch LZM honoriert.

Abbildung B.5: Ergebnis für $\gamma = 2$ im Hinblick auf α

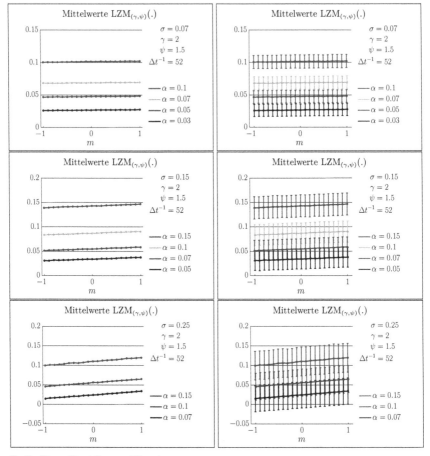

Quelle: Eigene Darstellung und Berechnungen.

Die Abbildung zeigt das Ergebnis der MC-Simulation mit 10.000 Wiederholungen im Hinblick auf den Einfluss des Erwartungswertparameters α der Renditeverteilung für unterschiedliche mittlere Standardabweichungsparameter σ (vgl. Abbildung 5.3). Dabei wird das Lebenszyklusfonds-Performancemaß mit $\gamma = 2$ betrachtet ($\psi = 1{,}5$). In den Grafiken auf der rechten Seite ist zusätzlich zu den Mittelwerten über die Wiederholungen $\pm$ eine Standardabweichung abgebildet. Der Parameter m auf der x-Achse beschreibt die Risikostruktur im Zeitablauf ($m = 1$ bedeutet höheres Risiko am Anfang und niedrigeres Risiko am Ende). Für alle σ-Werte steigt der Mittelwert des Performancemaßes sowohl mit steigendem α als auch mit steigendem m. Folglich wird sowohl eine höhere Rendite als auch eine Risikoreduzierung im Zeitablauf durch LZM honoriert.

Abbildung B.6: Ergebnis im Hinblick auf α und Δt^{-1}

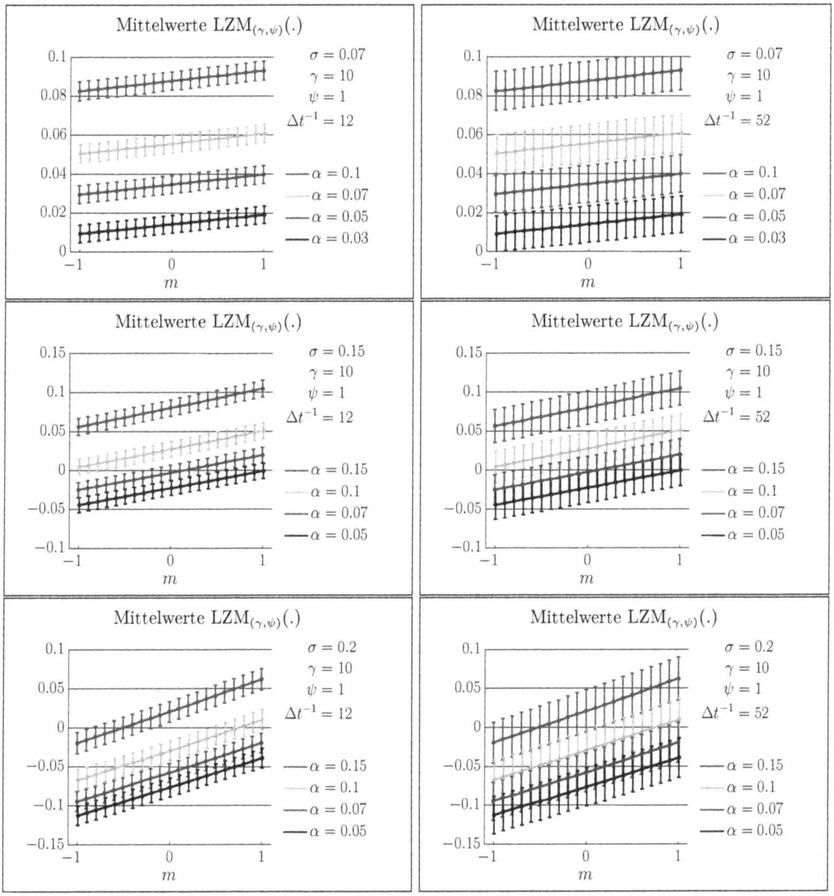

Quelle: Eigene Darstellung und Berechnungen.

Die Abbildung zeigt das Ergebnis der MC-Simulation mit 10.000 Wiederholungen im Hinblick auf den Einfluss des Erwartungswertparameters α der Renditeverteilung und der Länge der Renditeperioden für unterschiedliche mittlere Standardabweichungsparameter σ (vgl. Abbildung 5.3). In den Grafiken auf der linken Seite werden monatliche Renditen und auf der rechten Seite wöchentliche Renditen (wie zuvor) betrachtet. Die Länge der Renditeperioden beeinflusst nicht die Mittelwerte der MC-Simulation, sondern die Streuung um die Mittelwerte. Die Standardabweichung ist bei monatlichen Renditen kleiner als bei wöchentlichen Renditen. Der Parameter m auf der x-Achse beschreibt die Risikostruktur im Zeitablauf ($m = 1$ bedeutet höheres Risiko am Anfang und niedrigeres Risiko am Ende). Für alle σ-Werte steigt der Mittelwert des Performancemaßes sowohl mit steigendem α als auch mit steigendem m. Folglich wird sowohl eine höhere Rendite als auch eine Risikoreduzierung im Zeitablauf durch LZM honoriert.

B.2.3 MC-Simulation: Einfluss des Risikos

Abbildung B.7: Ergebnis im Hinblick auf σ mit Standardabweichung

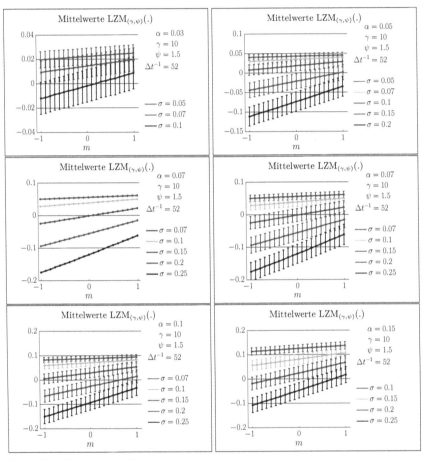

Quelle: Eigene Darstellung und Berechnungen.

Die Abbildung zeigt das Ergebnis der MC-Simulation mit 10.000 Wiederholungen im Hinblick auf den Einfluss des mittleren Standardabweichungsparameters σ der Renditeverteilung für unterschiedliche Erwartungswertparameter α (vgl. Abbildung 5.4). Dabei ist zusätzlich zu den Mittelwerten über die Wiederholungen $\pm$ eine Standardabweichung abgebildet. Allerdings wird der Fall $\psi = 1,5$ und zusätzlich der Parameter $\alpha = 0,07$ betrachtet. Der Parameter m auf der x-Achse beschreibt die Risikostruktur im Zeitablauf ($m = 1$ bedeutet höheres Risiko am Anfang und niedrigeres Risiko am Ende). Für alle α-Werte steigt der Mittelwert des Performancemaßes sowohl mit fallendem σ als auch mit steigendem m. Folglich wird sowohl ein niedrigeres mittleres Risiko als auch eine Risikoreduzierung im Zeitablauf durch LZM honoriert.

Abbildung B.8: Ergebnis für $\gamma = 5$ im Hinblick auf σ

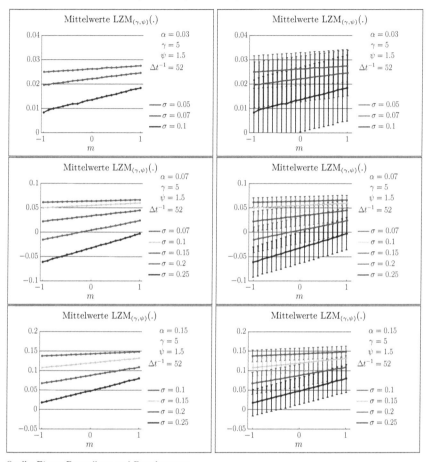

Die Abbildung zeigt das Ergebnis der MC-Simulation mit 10.000 Wiederholungen im Hinblick auf den Einfluss des mittleren Standardabweichungsparameters σ der Renditeverteilung für unterschiedliche Erwartungswertparameter α (vgl. Abbildung 5.4). Dabei wird das Lebenszyklusfonds-Performancemaß mit $\gamma = 5$ betrachtet ($\psi = 1{,}5$). In den Grafiken auf der rechten Seite ist zusätzlich zu den Mittelwerten über die Wiederholungen $\pm$ eine Standardabweichung abgebildet. Der Parameter m auf der x-Achse beschreibt die Risikostruktur im Zeitablauf ($m = 1$ bedeutet höheres Risiko am Anfang und niedrigeres Risiko am Ende). Für alle α-Werte steigt der Mittelwert des Performancemaßes sowohl mit fallendem σ als auch mit steigendem m. Folglich wird sowohl ein niedrigeres mittleres Risiko als auch eine Risikoreduzierung im Zeitablauf durch LZM honoriert.

Abbildung B.9: Ergebnis für $\gamma = 2$ im Hinblick auf σ

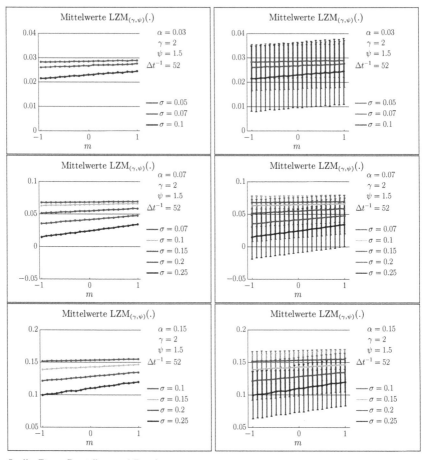

Quelle: Eigene Darstellung und Berechnungen.

Die Abbildung zeigt das Ergebnis der MC-Simulation mit 10.000 Wiederholungen im Hinblick auf den Einfluss des mittleren Standardabweichungsparameters σ der Renditeverteilung für unterschiedliche Erwartungswertparameter α (vgl. Abbildung 5.4). Dabei wird das Lebenszyklusfonds-Performancemaß mit $\gamma = 2$ betrachtet ($\psi = 1{,}5$). In den Grafiken auf der rechten Seite ist zusätzlich zu den Mittelwerten über die Wiederholungen $\pm$ eine Standardabweichung abgebildet. Der Parameter m auf der x-Achse beschreibt die Risikostruktur im Zeitablauf ($m = 1$ bedeutet höheres Risiko am Anfang und niedrigeres Risiko am Ende). Für alle α-Werte steigt der Mittelwert des Performancemaßes sowohl mit fallendem σ als auch mit steigendem m. Folglich wird sowohl ein niedrigeres mittleres Risiko als auch eine Risikoreduzierung im Zeitablauf durch LZM honoriert.

B.2.4 MC-Simulation: Präferenz bzgl. des Zeitpunktes der Auflösung von Unsicherheit

Abbildung B.10: Ergebnis im Hinblick auf zeitliche Auflösung von Unsicherheit

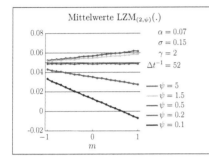 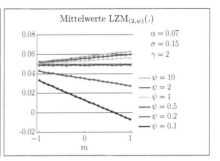

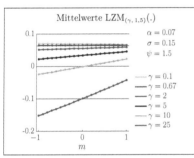 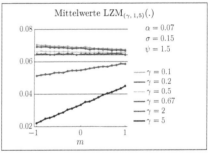

Quelle: Eigene Darstellung und Berechnungen.

Die Abbildung zeigt das Ergebnis der MC-Simulation mit 10.000 Wiederholungen im Hinblick auf den Einfluss des Verhältnisses der Performancemaß- bzw. EZ-Parametern ψ und γ. Es wird also der Zusammenhang zwischen der Präferenz bzgl. des Zeitpunktes der Auflösung von Unsicherheit und der Risikoänderung im Zeitablauf untersucht. Da der Zusammenhang zwischen Präferenz für frühe Auflösung von Unsicherheit und gewünschter Risikoreduzierung im Zeitablauf im Vordergrund dieser Arbeit steht und dieser auch bei den anderen Abbildungen und der MC-Simulation mit untersucht wird, werden nur die Verteilungsparameter $\alpha = 0{,}07$ und $\sigma = 0{,}15$ betrachtet.

In den oberen Grafiken ist $\gamma = 2$ und ψ wird variiert, während unten $\psi = 1{,}5$ ist und γ variiert wird. Die waagerecht verlaufenden Linien gehören zu dem Fall $\gamma = \frac{1}{\psi}$ – also Indifferenz bzgl. des Zeitpunktes der Auflösung von Unsicherheit. Alle Risikostrukturen im Zeitablauf werden dabei in etwa gleich bewertet. Die Linien oberhalb (oben) bzw. unterhalb (unten) dieser Linien entsprechen dem Fall $\gamma > \frac{1}{\psi}$ – d. h. Präferenz für frühe Auflösung von Unsicherheit. Die Linien steigen mit steigendem m – Risikoreduzierung im Zeitablauf wird also honoriert. Die Linien unterhalb (oben) bzw. oberhalb (unten) der waagerechten Linien entsprechen dem Fall $\gamma < \frac{1}{\psi}$ – d. h. Präferenz für späte Auflösung von Unsicherheit. Die Linien fallen mit steigendem m – Risikoerhöhung im Zeitablauf wird also honoriert. Daher ist dieser Fall bei dem Lebenszyklusfonds-Performancemaß LZM eigentlich auch nicht definiert.

B.3   Tabellen zu Kapitel 6

B.3.1   Tabellen Lebenszyklusfonds-Datensatz

Tabelle B.2: Übersicht Benchmarks (Auswertung Fonds)

Kürzel	Modellgrundlage	Aktienindex	risikoloser Index/Zinssatz
$BM_{1,1}^{eu}$	Merton (1969)	Euro Stoxx 50	iBoxx Euro Eurozone
$BM_{1,2}^{eu}$	Merton (1969)	Euro Stoxx 50	EBF Euribor 3M Delayed
$BM_{2,1}^{eu}$	Merton (1969)	Stoxx Europe 600 E	iBoxx Euro Eurozone
$BM_{2,2}^{eu}$	Merton (1969)	Stoxx Europe 600 E	EBF Euribor 3M Delayed
$BM_{1,1}^{c}$	Campbell et al. (2001)	Euro Stoxx 50	iBoxx Euro Eurozone
$BM_{1,2}^{c}$	Campbell et al. (2001)	Euro Stoxx 50	EBF Euribor 3M Delayed
$BM_{2,1}^{c}$	Campbell et al. (2001)	Stoxx Europe 600 E	iBoxx Euro Eurozone
$BM_{2,2}^{c}$	Campbell et al. (2001)	Stoxx Europe 600 E	EBF Euribor 3M Delayed
$BM_{1,1}^{us}$	Merton (1969)	Dow Jones Industrials	US Total 1-3 Years DS Govt. Index
$BM_{1,2}^{us}$	Merton (1969)	Dow Jones Industrials	US T-Bill SEC Market 3 Month
$BM_{2,1}^{us}$	Merton (1969)	S&P 500 Composite	US Total 1-3 Years DS Govt. Index
$BM_{2,2}^{us}$	Merton (1969)	S&P 500 Composite	US T-Bill SEC Market 3 Month
$BM_{1,1}^{c}$	Campbell et al. (2001)	Dow Jones Industrials	US Total 1-3 Years DS Govt. Index
$BM_{1,2}^{c}$	Campbell et al. (2001)	Dow Jones Industrials	US T-Bill SEC Market 3 Month
$BM_{2,1}^{c}$	Campbell et al. (2001)	S&P 500 Composite	US Total 1-3 Years DS Govt. Index
$BM_{2,2}^{c}$	Campbell et al. (2001)	S&P 500 Composite	US T-Bill SEC Market 3 Month

Quelle: Eigene Darstellung.

Die Tabelle zeigt die bei der Untersuchung des Lebenszyklusfondsdatensatzes verwendeten Benchmarks. Diese beruhen auf den drei Benchmarkvarianten aus Kapitel 5.4 und setzen sich jeweils dynamisch aus einem Aktienindex und einem Anleihenindex bzw. einem risikolosen Zinssatz zusammen (vgl. Definition 5.8 und Definition 5.9). Angeben sind jeweils die Indizes und auf welcher Art von Benchmark aus Kapitel 5.4 der jeweilige Benchmark beruht. Die ersten acht Benchmarks sind für die europäischen Fonds und die letzten acht für die amerikanischen Fonds. Die Änderung der Zusammensetzung im Zeitablauf ist in Abbildung B.1 dargestellt und erfolgt in Abhängigkeit des Zieljahres des jeweiligen Fonds.

Tabelle B.3: Untersuchte Lebenszyklusfonds EU (lange Zeitreihe)

Fonds	ISIN	Name	Fondsgesellschaft	Klasse (Thomson Reuters)	Auflagedatum	Startjahr	Zieljahr	TER
Esp-19	ES0138539038	FondEspana-Duero Horizonte 2019	Unigest, SGIIC, S.A.	Target Maturity MA EUR 2020	25.05.1999	2001	2019	0,84 %
HSBC-16	FR0000978751	HSBC Horizon 2016-2018 A	HSBC Global Asset Management SA	Target Maturity MA EUR 2020	25.10.2001	2002	2016	1,22 %
HSBC-19	FR0000971418	HSBC Horizon 2019-2021 A	HSBC Global Asset Management SA	Target Maturity MA EUR 2025	05.02.2001	2002	2019	1,48 %
HSBC-22	FR0000978801	HSBC Horizon 2022-2024 A	HSBC Global Asset Management SA	Target Maturity MA EUR 2025	02.11.2001	2002	2022	1,48 %
HSBC-25	FR0000978900	HSBC Horizon 2025-2027 A	HSBC Global Asset Management SA	Target Maturity MA EUR 2030	25.10.2001	2002	2025	1,57 %
HSBC-28	FR0000978934	HSBC Horizon 2028-2030 A	HSBC Global Asset Management SA	Target Maturity MA EUR 2030	05.11.2001	2002	2028	1,79 %
Lahi-20	FI0008801873	LahiTapiola 2020	FIM Asset Management Ltd	Target Maturity MA EUR 2020	23.04.1999	2000	2020	1,40 %
Lahi-25	FI0008801881	LahiTapiola 2025	FIM Asset Management Ltd	Target Maturity MA EUR 2025	18.06.1999	2000	2025	1,40 %

Quelle: Eigene Darstellung. (ISIN, Name, Fondsgesellschaft, Klassifikation, Auflagedatum und TER stammen von Thomson Reuters)

Die Tabelle zeigt Informationen über die untersuchten europäischen Fonds. In der ersten Spalte stehen die in der Arbeit verwendeten Kürzel, gefolgt von den ISINs und den Namen der Fonds und der Fondsgesellschaften. In der fünften Spalte befinden sich die Fondsklassen nach Thomson Reuters und in der sechsten Spalte die Auflagedaten. Anhand dieser und der Verfügbarkeit von Fondsdaten sind die frühesten Startjahre zur Untersuchung der Fonds bestimmt wurden. Es werden nur volle Kalenderjahre berücksichtigt. Das jeweilige Zieljahr, d. h. das Ende der Risikoreduzierung, eines Lebenszyklusfonds wurde anhand des Namens, der Klasse und der bei Thomson Reuters hinterlegten Beschreibung des Fondsanlageziels gewählt.

Tabelle B.4: Untersuchte Lebenszyklusfonds USA (lange Zeitreihe)

Fonds	ISIN	Name	Fondsgesellschaft	Klasse (Thomson Reuters)	Auflagedatum	Startjahr	Zieljahr	TER
BR-20	US0669228738	BlackRock LifePath 2020 Fund;Institutional	BlackRock Fund Advisors	Target Maturity MA USD 2020	01.03.1994	1995	2020	0,74 %
BR-30	US0669228571	BlackRock LifePath 2030 Fund;Institutional	BlackRock Fund Advisors	Target Maturity MA USD 2030	01.03.1994	1995	2030	0,71 %
BR-40	US0669228324	BlackRock LifePath 2040 Fund;Institutional	BlackRock Fund Advisors	Target Maturity MA USD 2040	01.03.1994	1995	2040	0,69 %
DtA-15	US25158W4033	Deutsche Multi-Asset Conservative Allocation	Deutsche Asset & Wealth Management	Target Maturity MA USD 2015	15.11.1996	1998	2015	0,27 %
DtA-20	US25158W8257	Deutsche Multi-Asset Global Allocation	Deutsche Asset & Wealth Management	Target Maturity MA USD 2020	15.11.1996	1998	2020	0,27 %
Fid-15	US31617R5063	Fidelity Freedom 2010 Fund	Fidelity Management & Research Co.	Target Maturity MA USD 2010	17.10.1996	1998	2015	0,64 %
Fid-20	US31617R6053	Fidelity Freedom 2020 Fund	Fidelity Management & Research Co.	Target Maturity MA USD 2020	17.10.1996	1998	2020	0,67 %
Fid-30	US31617R7044	Fidelity Freedom 2030 Fund	Fidelity Management & Research Co.	Target Maturity MA USD 2030	17.10.1996	1998	2030	0,75 %
Fid-40	US3157921012	Fidelity Freedom 2040 Fund	Fidelity Management & Research Co.	Target Maturity MA USD 2040	06.09.2000	2001	2040	0,77 %
WF-15	US94975C2729	Wells Fargo Dow Jones Tgt 2010 Fund;A	Wells Fargo Funds Management LLC	Target Maturity MA USD 2010	01.03.1994	1998	2015	0,83 %
WF-20	US94975G2315	Wells Fargo Dow Jones Tgt 2020 Fund;A	Wells Fargo Funds Management LLC	Target Maturity MA USD 2020	01.03.1994	1995	2020	0,86 %
WF-30	US94975G1812	Wells Fargo Dow Jones Tgt 2030 Fund;A	Wells Fargo Funds Management LLC	Target Maturity MA USD 2030	01.03.1994	1995	2030	0,87 %
WF-40	US94975G1408	Wells Fargo Dow Jones Tgt 2040 Fund;A	Wells Fargo Funds Management LLC	Target Maturity MA USD 2040	01.03.1994	1995	2040	0,88 %

Quelle: Eigene Darstellung. (ISIN, Name, Fondsgesellschaft, Klassifikation, Auflagedatum und TER stammen von Thomson Reuters)

Die Tabelle zeigt Informationen über die untersuchten US-Fonds. In der ersten Spalte stehen die in der Arbeit verwendeten Kürzel, gefolgt von den ISINs und den Namen der Fonds und der Fondsgesellschaften. In der fünften Spalte befinden sich die Fondsklassen nach Thomson Reuters und in der sechsten Spalte die Auflagedaten. Anhand dieser und der Verfügbarkeit sinnvoller Fondsdaten sind die frühesten Startjahre zur Untersuchung der Fonds bestimmt worden. Es werden nur volle Kalenderjahre berücksichtigt, d. h. das Ende der Risikoreduzierung, eines Lebenszyklusfonds wurde anhand des Namens, der Klasse und der bei Thomson Reuters hinterlegten Beschreibung des Fondsanlageziels gewählt. Dabei wurden die früheren Fondsnamen „Deutsche LifeCompass 2015 Fund" bzw. „Deutsche LifeCompass 2020 Fund" der Fonds DtA-15 und DtA-20 passend zur Klassifizierung verwendet. Bei den Fonds Fid-15 und WF-15 wurde nach Betrachtung der Fondsdaten zwischen 2010 und 2015 das Zieljahr 2015 festgelegt, da in den Zeitreihen keine Unregelmäßigkeiten festgestellt wurden.

B.3.2 Ergebnis EU-Fonds

Tabelle B.5: Ergebnis EU-Fonds mit langer Zeitreihe (mit Gebühr, wöchentlich)

Fonds	$\text{LZM}_{(10;\,1,5)}$	$\text{BM}_{1,1}^{eu}$	$\text{BM}_{1,1}^{c}$	$\text{BM}_{1,2}^{eu}$	$\text{BM}_{1,2}^{c}$	$\text{BM}_{2,1}^{eu}$	$\text{BM}_{2,1}^{c}$	$\text{BM}_{2,2}^{eu}$	$\text{BM}_{2,2}^{c}$
Esp-19	1,52 %	2,96 %	0,43 %	1,14 %	-0,54 %	3,75 %	2,09 %	1,92 %	1,10 %
HSBC-16	-0,25 %	4,00 %	2,48 %	1,93 %	1,10 %	4,55 %	3,66 %	2,47 %	2,26 %
HSBC-19	-0,01 %	3,77 %	1,81 %	1,87 %	0,77 %	4,45 %	3,31 %	2,54 %	2,25 %
HSBC-22	-0,20 %	3,48 %	0,96 %	1,76 %	0,21 %	4,31 %	2,75 %	2,58 %	1,98 %
HSBC-25	-0,38 %	3,14 %	0,10 %	1,60 %	-0,37 %	4,13 %	2,23 %	2,57 %	1,76 %
HSBC-28	-0,54 %	2,75 %	-0,55 %	1,39 %	-0,78 %	3,90 %	1,78 %	2,52 %	1,54 %
Lahi-20	2,09 %	2,69 %	-0,11 %	0,97 %	-0,94 %	3,35 %	1,33 %	1,62 %	0,48 %
Lahi-25	1,45 %	1,97 %	-1,52 %	0,53 %	-1,92 %	2,85 %	0,39 %	1,40 %	-0,02 %

Fonds	Rang	$\text{BM}_{1,1}^{eu}$	$\text{BM}_{1,1}^{c}$	$\text{BM}_{1,2}^{eu}$	$\text{BM}_{1,2}^{c}$	$\text{BM}_{2,1}^{eu}$	$\text{BM}_{2,1}^{c}$	$\text{BM}_{2,2}^{eu}$	$\text{BM}_{2,2}^{c}$
Esp-19	5	2	8	6	9	1	3	4	7
HSBC-16	9	2	4	7	8	1	3	5	6
HSBC-19	9	2	7	6	8	1	3	4	5
HSBC-22	9	2	7	6	8	1	3	4	5
HSBC-25	9	2	7	6	8	1	4	3	5
HSBC-28	7	2	8	6	9	1	4	3	5
Lahi-20	3	2	8	6	9	1	5	4	7
Lahi-25	3	2	8	5	9	1	6	4	7

Quelle: Eigene Darstellung und Berechnungen.

Die Tabelle zeigt oben die Performancewerte $\text{LZM}_{(10;\,1,5)}$ und unten die entsprechenden Ränge der europäischen Fonds und der zugehörigen Benchmarks. Bei den Rängen wurde jeweils ein Fonds mit all seinen zugehörigen Benchmarks verglichen. Für jeden Fonds wurden der maximal verfügbare Zeitraum und wöchentliche Daten ausgewertet. Bei den Aktien- und Anleihenindizes wurde eine ETF-Gebühr in Höhe von 0,2 % p. a. gleichmäßig abgezogen. Absolut am besten schneidet der Fonds Lahi-20 bzw. der Benchmark $\text{BM}_{2,1}^{eu}$ mit Zieljahr 2016 und Zeitraum 2002−2016 ab. Im Vergleich zu den zugehörigen Benchmarks sind dies die Fonds Lahi-25 und Lahi-15. Informationen zu den Fonds bzw. Benchmarks befinden sich in den Tabellen B.3 bzw. B.2.

Tabelle B.6: Ergebnis EU-Fonds mit langer Zeitreihe (ohne Gebühr, monatlich)

Fonds	$LZM_{(10)}$	$BM_{1,1}^{eu}$	$BM_{1,1}^{c}$	$BM_{1,2}^{eu}$	$BM_{1,2}^{c}$	$BM_{2,1}^{eu}$	$BM_{2,1}^{c}$	$BM_{2,2}^{eu}$	$BM_{2,2}^{c}$
Esp-19	1,48 %	3,06 %	0,77 %	1,17 %	-0,25 %	3,88 %	2,48 %	1,99 %	1,47 %
HSBC-16	-0,25 %	3,89 %	2,40 %	1,73 %	0,97 %	4,53 %	3,71 %	2,38 %	2,28 %
HSBC-19	0,05 %	3,66 %	1,86 %	1,68 %	0,77 %	4,45 %	3,52 %	2,47 %	2,43 %
HSBC-22	-0,10 %	3,39 %	1,17 %	1,59 %	0,38 %	4,34 %	3,16 %	2,54 %	2,37 %
HSBC-25	-0,23 %	3,09 %	0,52 %	1,47 %	0,03 %	4,20 %	2,88 %	2,59 %	2,39 %
HSBC-28	-0,31 %	2,74 %	0,12 %	1,31 %	-0,13 %	4,04 %	2,71 %	2,61 %	2,45 %
Lahi-20	2,18 %	2,77 %	0,25 %	0,98 %	-0,62 %	3,47 %	1,74 %	1,68 %	0,88 %
Lahi-25	1,74 %	2,12 %	-0,87 %	0,62 %	-1,30 %	3,05 %	1,14 %	1,56 %	0,71 %

Fonds	Rang	$BM_{1,1}^{eu}$	$BM_{1,1}^{c}$	$BM_{1,2}^{eu}$	$BM_{1,2}^{c}$	$BM_{2,1}^{eu}$	$BM_{2,1}^{c}$	$BM_{2,2}^{eu}$	$BM_{2,2}^{c}$
Esp-19	5	2	8	7	9	1	3	4	6
HSBC-16	9	2	4	7	8	1	3	5	6
HSBC-19	9	2	6	7	8	1	3	4	5
HSBC-22	9	2	7	6	8	1	3	4	5
HSBC-25	9	2	7	6	8	1	3	4	5
HSBC-28	9	2	7	6	8	1	3	4	5
Lahi-20	3	2	8	6	9	1	4	5	7
Lahi-25	3	2	8	7	9	1	5	4	6

Quelle: Eigene Darstellung und Berechnungen.

Die Tabelle zeigt oben die Performancewerte $LZM_{(10)}$ und unten die entsprechenden Ränge der europäischen Fonds und der zugehörigen Benchmarks. Bei den Rängen wurde jeweils ein Fonds mit all seinen zugehörigen Benchmarks verglichen. Für jeden Fonds wurden der maximal verfügbare Zeitraum und monatliche Daten ausgewertet. Bei den Aktien- und Anleihenindizes wurde keine Gebühr berücksichtigt. Absolut am besten schneidet der Fonds Lahi-20 bzw. der Benchmark $BM_{2,1}^{eu}$ mit Zieljahr 2016 und Zeitraum 2002–2016 ab. Im Vergleich zu den zugehörigen Benchmarks sind dies die Fonds Lahi-25 und Lahi-15. Informationen zu den Fonds bzw. Benchmarks befinden sich in den Tabellen B.3 bzw. B.2. Im Vergleich zu den Tabellen 6.2 und B.5 ist erkennbar, dass sich die Performancewerte größer werden. Dies liegt unter anderem an der Wahl eines anderen Performancemaßes $LZM_{(10;\,1,5)}^{MRAR}$ bzw. $LZM_{(10;\,1,5)}$. Allerdings gibt es bei den Rankings kaum Veränderungen.

Tabelle B.7: Rangkorrelationen EU-Fonds mit Zieljahr 2020 (ZR 2007−2016)

Rangkorrelationen		ETF-Gebühr				keine ETF-Gebühr		
		$\mathrm{LZM}^{\mathrm{MRAR}}_{(10)}$	$\mathrm{LZM}^{\mathrm{MRAR}}_{(10;1,5)}$	$\mathrm{LZM}_{(10)}$	$\mathrm{LZM}_{(10;1,5)}$	$\mathrm{LZM}^{\mathrm{MRAR}}_{(10)}$	$\mathrm{LZM}^{\mathrm{MRAR}}_{(10;1,5)}$	$\mathrm{LZM}_{(10)}$
ETF-	$\mathrm{LZM}^{\mathrm{MRAR}}_{(10)}$	**1,00**						
	$\mathrm{LZM}^{\mathrm{MRAR}}_{(10;1,5)}$	**0,99**	**1,00**					
Gebühr	$\mathrm{LZM}_{(10)}$	**1,00**	**0,99**	**1,00**				
	$\mathrm{LZM}_{(10;1,5)}$	**0,99**	**1,00**	**0,99**	**1,00**			
keine	$\mathrm{LZM}^{\mathrm{MRAR}}_{(10)}$	0,99	1,00	0,99	1,00	1,00		
	$\mathrm{LZM}^{\mathrm{MRAR}}_{(10;1,5)}$	0,96	0,99	0,96	0,99	0,98	1,00	
Gebühr	$\mathrm{LZM}_{(10)}$	0,99	1,00	0,99	1,00	1,00	0,98	1,00
	$\mathrm{LZM}_{(10;1,5)}$	0,96	0,99	0,96	0,99	0,98	1,00	0,98

Quelle: Eigene Darstellung.

Die Tabelle zeigt die Rangkorrelationskoeffizienten nach Spearman für die EU-Fonds mit Zieljahr 2020 und zugehörigen Benchmarks und Dow Jones Target Date-Index im Zeitraum 2007−2016. Die Rangfolgen sind dabei zu gegebenem Performancemaß auf Basis wöchentlicher Daten und mit bzw. ohne ETF-Gebühr erstellt. Wegen den Rangkorrelationen von 1 spielt es für die Rangfolgen keine Rolle, ob LZM oder $\mathrm{LZM}^{\mathrm{MRAR}}$ verwendet wird. Auch die Wahl des EIS-Parameters $\psi = 1$ oder $\psi = 1,5$ spielt kaum eine Rolle. Selbst das besser Stellen der Benchmarks durch Weglassen der ETF-Gebühr ändert die Rangfolgen kaum. Dies ist auch bei den weiteren untersuchten Zieljahren der Fall.

B.3.3 Ergebnis US-Fonds

Tabelle B.8: Ergebnis US-Fonds mit langer Zeitreihe (ohne Gebühr, wöchentlich)

Fonds	$LZM_{(10)}$	$BM^{us}_{1,1}$	$BM^{c}_{1,1}$	$BM^{us}_{1,2}$	$BM^{c}_{1,2}$	$BM^{us}_{2,1}$	$BM^{c}_{2,1}$	$BM^{us}_{2,2}$	$BM^{c}_{2,2}$
BR-20	5,35 %	8,00 %	8,00 %	7,82 %	7,77 %	7,25 %	7,30 %	7,07 %	7,08 %
BR-30	4,91 %	8,24 %	8,19 %	8,23 %	8,16 %	7,34 %	7,31 %	7,34 %	7,28 %
BR-40	4,70 %	8,21 %	8,21 %	8,21 %	8,21 %	7,29 %	7,29 %	7,29 %	7,29 %
DtA-15	2,27 %	4,67 %	4,58 %	4,28 %	4,14 %	3,90 %	3,84 %	3,51 %	3,39 %
DtA-20	2,21 %	4,93 %	4,93 %	4,73 %	4,68 %	3,95 %	4,02 %	3,75 %	3,77 %
Fid-15	4,72 %	4,67 %	4,58 %	4,28 %	4,14 %	3,90 %	3,84 %	3,51 %	3,39 %
Fid-20	4,49 %	4,93 %	4,93 %	4,73 %	4,68 %	3,95 %	4,02 %	3,75 %	3,77 %
Fid-30	3,83 %	5,20 %	5,15 %	5,19 %	5,11 %	4,06 %	4,02 %	4,05 %	3,98 %
Fid-40	1,74 %	4,06 %	4,06 %	4,06 %	4,06 %	2,77 %	2,77 %	2,77 %	2,77 %
WF-15	3,28 %	4,67 %	4,58 %	4,28 %	4,14 %	3,90 %	3,84 %	3,51 %	3,39 %
WF-20	4,64 %	8,00 %	8,00 %	7,82 %	7,77 %	7,25 %	7,30 %	7,07 %	7,08 %
WF-30	4,59 %	8,24 %	8,19 %	8,23 %	8,16 %	7,34 %	7,31 %	7,34 %	7,28 %
WF-40	4,60 %	8,21 %	8,21 %	8,21 %	8,21 %	7,29 %	7,29 %	7,29 %	7,29 %

Fonds	Rang	$BM^{us}_{1,1}$	$BM^{c}_{1,1}$	$BM^{us}_{1,2}$	$BM^{c}_{1,2}$	$BM^{us}_{2,1}$	$BM^{c}_{2,1}$	$BM^{us}_{2,2}$	$BM^{c}_{2,2}$
BR-20	9	1	2	3	4	6	5	8	7
BR-30	9	1	3	2	4	5	7	6	8
BR-40	9	1	1	1	1	5	5	5	5
DtA-15	9	1	2	3	4	5	6	7	8
DtA-20	9	2	1	3	4	6	5	8	7
Fid-15	1	2	3	4	5	6	7	8	9
Fid-20	5	2	1	3	4	7	6	9	8
Fid-30	9	1	3	2	4	5	7	6	8
Fid-40	9	1	1	1	1	5	5	5	5
WF-15	9	1	2	3	4	5	6	7	8
WF-20	9	1	2	3	4	6	5	8	7
WF-30	9	1	3	2	4	5	7	6	8
WF-40	9	1	1	1	1	5	5	5	5

Quelle: Eigene Darstellung und Berechnungen.

Die Tabelle zeigt oben die Performancewerte $LZM_{(10)}$ und unten die entsprechenden Ränge der amerikanischen Fonds und der zugehörigen Benchmarks. Bei den Rängen wurde jeweils ein Fonds mit all seinen zugehörigen Benchmarks verglichen. Für jeden Fonds wurden der maximal verfügbare Zeitraum und wöchentliche Daten ausgewertet. Bei den Aktien- und Anleihenindizes wurde keine Gebühr berücksichtigt. Absolut am besten schneidet der Fonds BR-20 bzw. der Benchmark $BM^{us}_{1,1}$ ab. Im Vergleich zu den zugehörigen Benchmarks ist dies der Fonds Fid-15. Informationen zu den Fonds bzw. Benchmarks befinden sich in den Tabellen B.4 bzw. B.2.

Tabelle B.9: Vergleich US-Fonds mit gleichem Zieljahr (lange Zeitreihe)

Zieljahr 2015 / Daten-frequenz	Maß	WF-15	DtA-15	Fid-15	$BM^{us}_{1,2}$	$BM^{c}_{2,1}$
täglich	$LZM^{MRAR}_{(10)}$	4	5	1	2	3
täglich	$LZM^{MRAR}_{(10;\,1,5)}$	4	5	1	2	3
täglich	$LZM_{(10)}$	4	5	1	2	3
täglich	$LZM_{(10;\,1,5)}$	4	5	1	2	3
wöchentlich	$LZM^{MRAR}_{(10)}$	4	5	1	2	3
wöchentlich	$LZM^{MRAR}_{(10;\,1,5)}$	4	5	1	2	3
wöchentlich	$LZM_{(10)}$	4	5	1	2	3
wöchentlich	$LZM_{(10;\,1,5)}$	4	5	1	2	3
monatlich	$LZM^{MRAR}_{(10)}$	4	5	1	2	3
monatlich	$LZM^{MRAR}_{(10;\,1,5)}$	4	5	1	2	3
monatlich	$LZM_{(10)}$	4	5	1	2	3
monatlich	$LZM_{(10;\,1,5)}$	4	5	1	2	3

Zieljahr 2030 / Daten-frequenz	Maß	WF-30	BR-30	Fid-30	$BM^{us}_{1,2}$	$BM^{c}_{2,1}$
täglich	$LZM^{MRAR}_{(10)}$	4	5	2	1	3
täglich	$LZM^{MRAR}_{(10;\,1,5)}$	4	5	2	1	3
täglich	$LZM_{(10)}$	4	5	2	1	3
täglich	$LZM_{(10;\,1,5)}$	4	5	2	1	3
wöchentlich	$LZM^{MRAR}_{(10)}$	4	5	2	1	3
wöchentlich	$LZM^{MRAR}_{(10;\,1,5)}$	4	5	3	1	2
wöchentlich	$LZM_{(10)}$	4	5	2	1	3
wöchentlich	$LZM_{(10;\,1,5)}$	4	5	3	1	2
monatlich	$LZM^{MRAR}_{(10)}$	4	5	3	1	2
monatlich	$LZM^{MRAR}_{(10;\,1,5)}$	4	5	3	1	2
monatlich	$LZM_{(10)}$	4	5	3	1	2
monatlich	$LZM_{(10;\,1,5)}$	4	5	3	1	2

Zieljahr 2040 / Daten-frequenz	Maß	WF-40	BR-40	Fid-40	$BM^{us}_{1,2}$	$BM^{c}_{2,1}$
täglich	$LZM^{MRAR}_{(10)}$	4	5	3	1	2
täglich	$LZM^{MRAR}_{(10;\,1,5)}$	4	5	3	1	2
täglich	$LZM_{(10)}$	4	5	3	1	2
täglich	$LZM_{(10;\,1,5)}$	4	5	3	1	2
wöchentlich	$LZM^{MRAR}_{(10)}$	4	5	3	1	2
wöchentlich	$LZM^{MRAR}_{(10;\,1,5)}$	4	5	3	1	2
wöchentlich	$LZM_{(10)}$	4	5	3	1	2
wöchentlich	$LZM_{(10;\,1,5)}$	4	5	3	1	2
monatlich	$LZM^{MRAR}_{(10)}$	4	5	3	1	2
monatlich	$LZM^{MRAR}_{(10;\,1,5)}$	4	5	3	1	2
monatlich	$LZM_{(10)}$	4	5	3	1	2
monatlich	$LZM_{(10;\,1,5)}$	4	5	3	1	2

Quelle: Eigene Darstellung und Berechnungen.

Die Tabelle zeigt die Ränge der amerikanischen Fonds mit Zieljahr 2015 bzw. 2030 bzw. 2040 und der beiden Benchmarks $BM^{us}_{1,2}$ und $BM^{c}_{2,1}$ über den Zeitraum 1998−2015 bzw. 1998−2016 bzw. 2001−2016 mit unterschiedlichen Datenfrequenzen basierend auf unterschiedliche Performancemaßvarianten. ETF-Gebühren wurden mit eingerechnet. Die Rankings unterscheiden sich nur bei Zieljahr 2030. Die Fidelity Fonds schneiden unter den Fonds am besten ab.

Tabelle B.10: Rangkorrelationen US-Fonds mit Zieljahr 2016 (ZR 2007−2016)

Rangkorrelationen		ETF-Gebühr				keine ETF-Gebühr		
		$LZM^{MRAR}_{(10)}$	$LZM^{MRAR}_{(10;1,5)}$	$LZM_{(10)}$	$LZM_{(10;1,5)}$	$LZM^{MRAR}_{(10)}$	$LZM^{MRAR}_{(10;1,5)}$	$LZM_{(10)}$
ETF-	$LZM^{MRAR}_{(10)}$	1,00						
	$LZM^{MRAR}_{(10;1,5)}$	0,99	1,00					
Gebühr	$LZM_{(10)}$	1,00	0,99	1,00				
	$LZM_{(10;1,5)}$	0,99	1,00	0,99	1,00			
keine	$LZM^{MRAR}_{(10)}$	0,99	0,98	0,99	0,98	1,00		
	$LZM^{MRAR}_{(10;1,5)}$	0,99	0,99	0,99	0,99	1,00	1,00	
Gebühr	$LZM_{(10)}$	0,99	0,98	0,99	0,98	1,00	1,00	1,00
	$LZM_{(10;1,5)}$	0,99	0,99	0,99	0,99	1,00	1,00	1,00

Quelle: Eigene Darstellung.

Die Tabelle zeigt die Rangkorrelationskoeffizienten nach Spearman für die US-Fonds mit Zieljahr 2016 und zugehörigen Benchmarks und Dow Jones Target Date-Index im Zeitraum 2007−2016. Die Rangfolgen sind dabei zu gegebenen Performancemaß auf Basis wöchentlicher Daten und mit bzw. ohne ETF-Gebühr erstellt. Wegen den Rangkorrelationen von 1 spielt es für die Rangfolgen keine Rolle, ob LZM oder LZM^{MRAR} verwendet wird. Auch die Wahl des EIS-Parameters $\psi = 1$ oder $\psi = 1,5$ spielt kaum eine Rolle. Selbst das besser Stellen der Benchmarks durch Weglassen der ETF-Gebühr ändert die Rangfolgen kaum. Dies ist auch bei den weiteren untersuchten Zieljahren der Fall.

Literaturverzeichnis

Acheson, L.; J. Holt; G. Rupp; K. Spica und J. Yang (2015): *2015 Target-Date Fund Landscape*. Morningstar Report, April 2015.

Admati, A. R. (1985): A Noisy Rational Expectations Equilibrium for Multi-Assets Securities Markets. *Econometrica 53*, S. 629–685.

Admati, A. R.; S. Bhattacharya; P. Pfleiderer und S. A. Ross (1986): On Timing and Selectivity. *Journal of Finance 41*, S. 715–730.

Admati, A. R. und S. A. Ross (1985): Measuring Investment Performance in a Rational Expectations Equilibrium Model. *Journal of Business 58*, S. 1–26.

Allianz Global Investors (2017a): *Factsheet: Allianz Fondsvorsorge 1977-1996 - AT - EUR*. Stand: 31.03.2017.

Allianz Global Investors (2017b): *Wesentliche Anlegerinformationen: Allianz Fondsvorsorge 1977-1996 - AT - EUR*. Stand: 16.02.2017.

Arrow, K. J. (1964): The Role of Securities in the Optimal Allocation of Risk-Bearing. *Review of Economic Studies 31*, S. 91–96.

Attanasio, O. P. und A. Vissing-Jørgensen (2003): Stock-Market Participation, Intertemporal Substitution and Risk-Aversion. *American Economic Review 93*, S. 383–391.

Ayres, I. und B. Nalebuff (2010): *Lifecycle Investing*. 1. Aufl., Basic books, New York.

Backus, D. K.; B. R. Routledge und S. E. Zin (2005): Exotic Preferences for Macroeconomists. In: M. Gertler und K. Rogoff (Hg.), *NBER Macroeconomics Annual 2004, Volume 19*, MIT Press, Cambridge, S. 225–318.

Bamberg, G. und S. Heiden (2015): Another Look at the Equity Risk Premium Puzzle. *German Economic Review 16*, S. 490–501.

Bansal, R. und A. Yaron (2004): Risks for the Long Run: A Potential Resolution of Asset Pricing Puzzles. *Journal of Finance 59*, S. 1481–1509.

Barras, L.; O. Scaillet und R. Wermers (2010): False Discoveries in Mutual Fund Performance: Measuring Luck in Estimated Alphas. *Journal of Finance 65*, S. 179–216.

Büning, H. und G. Trenkler (1994): *Nichtparametrische statistische Methoden*. 2. Aufl., de Gruyter, Berlin.

© Springer Fachmedien Wiesbaden GmbH, ein Teil von Springer Nature 2019
M. Mergens, *Performancemessung von Lebenszyklusfonds*,
https://doi.org/10.1007/978-3-658-25266-3

Brown, A. L. und H. Kim (2014): Do Individuals Have Preferences Used in Macro-Finance Models? An Experimental Investigation. *Management Science 60*, S. 939–958.

BVI (2017): *BVI Investmentstatistik.* Stand: 17.03.2017.

Campbell, J. Y. (1999): Asset Prices, Consumption and the Business Cycle. In: J. B. Taylor und M. Woodford (Hg.), *Handbook of Macroeconomics Volume 1C*, Elsevier B.V., Amsterdam, S. 1231–1303.

Campbell, J. Y.; J. F. Cocco; F. J. Gomes und P. J. Maenhout (2001): Investing Retirement Wealth − A Life-Cycle Model. In: J. Y. Campbell und M. Feldstein (Hg.), *Risk Aspects of Investment-Based Social Security Reform*, University of Chicago Press, Chicago, S. 439–482.

Campbell, J. Y. und R. J. Shiller (1988): The Dividend-Price Ratio and Expectations of Future Dividends and Discount Factors. *Review of Financial Studies 1*, S. 195–228.

Campbell, J. Y. und L. M. Viceira (2002): *Strategic Asset Allocation: Portfolio Choice for Long-Term Investors.* 1. Aufl., Oxford University Press, New York.

Carhart, M. M. (1997): On Persistence in Mutual Fund Performance. *Journal of Finance 52*, S. 57–82.

Cariño, D. R.; J. A. Christopherson und W. E. Ferson (2009): *Portfolio Performance Measurement and Benchmarking.* 1. Aufl., McGraw-Hill, New York.

Chen, Z. und P. J. Knez (1996): Portfolio Performance Measurement: Theory and Applications. *Review of Financial Studies 9*, S. 511–555.

Chew, S. H. (1989): Axiomatic Utility Theories with the Betweenness Property. *Annals of Operations Research 19*, S. 273–298.

Claus, B. (2014): Das Leben ist ein Fonds-Zyklus. Zugriff am 15.12.2016, 12:10 Uhr. URL http://www.morningstar.de/de/news/122766/das-leben-ist-ein-fonds-zyklus.aspx

Cremers, K. J. M. und A. Petajisto (2009): How Active is Your Fund Manager? A New Measure that Predicts Performance. *Review of Financial Studies 22*, S. 3329–3365.

Dekel, E. (1986): An Axiomatic Characterization of Preferences under Uncertainty: Weakening the Independence Axiom. *Journal of Economic Theory 40*, S. 304–318.

DiJoseph, M. A.; S. J. Donaldson; F. M. Kinniry; V. Maciulis und A. J. Patterson (2015): *Vanguard's Approach to Target-Date Funds.* Vanguard Research, Mai 2015.

Dimson, E.; P. Marsh und M. Staunton (2008): The Worldwide Equity Premium: A Smaller Puzzle. In: R. Mehra (Hg.), *Handbook of the Equity Risk Premium*, Elsevier B.V., Amsterdam, S. 467–514.

Dohmen, T.; A. Falk; B. Golsteyn; D. Huffman und U. Sunde (2017): Risk Attitudes Across the Life Course. *Economic Journal 127*, S. F95–F116.

Duffie, D. und L. G. Epstein (1992): Stochastic Differential Utility. *Econometrica 60*, S. 353–394.

Dybvig, P. H. und S. A. Ross (1985a): The Analytics of Performance Measurement Using a Security Market Line. *Journal of Finance 40*, S. 401–416.

Dybvig, P. H. und S. A. Ross (1985b): Differential Information and Performance Measurement Using a Security Market Line. *Journal of Finance 40*, S. 383–399.

Epstein, L. G. und S. E. Zin (1989): Substitution, Risk Aversion and the Temporal Behavior of Consumption and Asset Returns: A Theoretical Framework. *Econometrica 57*, S. 937–969.

Epstein, L. G. und S. E. Zin (1991): Substitution, Risk Aversion and the Temporal Behavior of Consumption and Asset Returns: An Empirical Analysis. *Journal of Political Economy 99*, S. 263–286.

Ferson, W. und J. Lin (2014): Alpha and Performance Measurement: The Effects of Investor Disagreement and Heterogeneity. *Journal of Finance 69*, S. 1565–1596.

Fidelity (2014): Fidelity legt neue Lebenszyklusfonds auf. Zugriff am 15.12.2016, 14:05 Uhr.
URL   https://www.fidelity.de/artikel/pressemitteilungen/2014-03-03-fidelity-legt-neue-lebenszyklusfonds-auf-1465454336878

Fidelity (2017): *Pocket Guide: Vorsorge*. Version: Februar 2017.

Goetzmann, W.; J. E. Ingersoll; M. Spiegel und I. Welch (2007): Portfolio Performance Manipulation and Manipulation-Proof Performance Measures. *Review of Financial Studies 20*, S. 1503–1546.

Grandmont, J.-M. (1972): Continuity Properties of a von Neumann-Morgenstern Utility. *Journal of Economic Theory 4*, S. 45–57.

Gul, F. (1991): A Theory of Disappointment Aversion. *Econometrica 59*, S. 667–686.

Havranek, T.; R. Horvath; Z. Irsova und M. Rusnak (2015): Cross-Country Heterogeneity in Intertemporal Substitution. *Journal of International Economics 96*, S. 100–118.

Herrmann, U.; M. Rohleder und H. Scholz (2016): Does Style-Shifting Activity Predict Performance? Evidence from Equity Mutual Funds. *Quarterly Journal of Economics and Finance 59*, S. 112–130.

Herrmann, U. und H. Scholz (2013): Short-Term Persistence in Hybrid Mutual Fund Performance: The Role of Style-Shifting Abilities. *Journal of Banking and Finance 37*, S. 2314–2328.

Heuser, H. (1993): *Lehrbuch der Analysis – Teil 1*. 10. Aufl., B.G. Teubner, Stuttgart.

Ingersoll, J. E. (1987): *Theory of Financial Decision Making*. 1. Aufl., Rowman & Littlefield Publishers, Savage.

Israelson, C. und J. Nagengast (2011): A Brief History of Target Date Funds. Zugriff am 15.12.2016, 13:45 Uhr.
URL   http://www.ucs-edu.net/cms/wp-content/uploads/2014/04/I_ABriefHistoryOfTargetDateFunds.pdf

Ju, N. und J. Miao (2012): Ambiguity, Learning and Asset Returns. *Econometrica 80*, S. 559–591.

Kirner, M. und H.-P. Schwintkowski (2017): Betriebsrentenstärkungsgesetz – Chance ohne Garantie. *Zeitschrift für Versicherungswesen 13*, S. 418–421.

Klenke, A. (2013): *Wahrscheinlichkeitstheorie*. 3. Aufl., Springer, Heidelberg.

Klibanoff, P.; M. Marinacci und S. Mukerji (2005): A Smooth Model of Decision Making under Ambiguity. *Econometrica 73*, S. 1849–1892.

Koopmans, T. C. (1960): Stationary Ordinal Utility and Impatience. *Econometrica 28*, S. 287–309.

Kraft, H. und F. T. Seifried (2010): Foundations of Continuous-Time Recursive Utility: Differentiability and Normalization of Certainty Equivalents. *Mathematics and Financial Economics 3*, S. 115–138.

Kraft, H. und F. T. Seifried (2014): Stochastic Differential Utility as the Continuous-Time Limit of Recursive Utility. *Journal of Economic Theory 151*, S. 528–550.

Kreps, D. M. und E. L. Porteus (1978): Temporal Resolution of Uncertainty and Dynamic Choice Theory. *Econometrica 46*, S. 185–200.

Leland, H. E. (1999): Beyond Mean-Variance: Performance Measurement in a Nonsymmetrical World. *Financial Analysts Journal 55*, S. 27–36.

Lintner, J. (1965): The Valuation of Risk Assets and the Selection of Risky Investment in Stock Portfolios and Capital Budgets. *Review of Economics and Statistics 47*, S. 13–37.

Lucas, R. E. (1978): Asset Prices in an Exchange Economy. *Econometrica 46*, S. 1426–1445.

Malkiel, B. G. (2015): *A Random Walk Down Wall Street*. 12. Aufl., W. W. Norton, New York.

Marketwire (2008): Industry's First Target-Date Fund Celebrates 15 Years since Groundbreaking Launch. Zugriff am 15.12.2016, 11:23 Uhr.
URL   http://www.marketwired.com/press-release/industrys-first-target-date-fund-celebrates-15-years-since-groundbreaking-launch-918094.htm

Mehra, R. und E. C. Prescott (1985): The Equity Premium: A Puzzle. *Journal of Monetary Economics 15*, S. 145–161.

Mehra, R. und E. C. Prescott (2003): The Equity Premium in Retrospect. In: G. M. Constantinides; M. Harris und R. Stulz (Hg.), *Handbook of the Economics of Finance*, Elsevier B.V., Amsterdam, S. 889–938.

Merton, R. C. (1969): Lifetime Portfolio Selection under Uncertainty: The Continuous-Time Case. *Review of Economics and Statistics 51*, S. 247–257.

Mossin, J. (1966): Equilibrium in a Capital Asset Market. *Econometrica 34*, S. 768–783.

Pratt, J. W. (1964): Risk Aversion in the Small and in the Large. *Econometrica 32*, S. 122–136.

Reichling, P. und S. Trautmann (1998): *External Performance Attribution with the Exponential Performance Measure.* Working Paper, Johannes Gutenberg-Universität Mainz, Version: September 1998.

Roll, R. (1978): Ambiguity when Performance is Measured by the Securities Market Line. *Journal of Finance 33*, S. 1051–1069.

Routledge, B. R. und S. E. Zin (2010): Generalized Disappointment Aversion and Asset Prices. *Journal of Finance 65*, S. 1303–1332.

Rubinstein, M. (1976): The Valuation of Uncertain Income Streams and the Pricing of Options. *Bell Journal of Economics 7*, S. 407–425.

Schlag, C.; J. Thimme und R. Weber (2017): *Implied Volatility Duration and the Early Resolution Premium.* Working Paper, Goethe-University Frankfurt, Version: Juni 2017.

Schmidt, U. (2004): Alternatives to Expected Utility: Formal Theories. In: S. Barberà; P. J. Hammond und C. Seidl (Hg.), *Handbook of Utility Theory, Volume 2: Extensions,* Kluwer Academic Publishers, Boston, S. 757–837.

Sharpe, W. F. (1964): Capital Asset Prices: A Theory of Market Equilibrium under Conditions of Risk. *Journal of Finance 19*, S. 425–442.

Sharpe, W. F. (1992): Asset Allocation: Management Style and Performance Measurement. *Journal of Portfolio Management 18*, S. 7–19.

S&P Dow Jones Indices (2015): *Dow Jones Target Date Indices Methodology.* Version: Juli 2015.

Trautmann, S. (2007): *Investitionen.* 2. Aufl., Springer, Heidelberg.

Viceira, L. M. (2009): Life-Cycle Funds. In: A. Lusardi (Hg.), *Overcoming the Saving Slump: How to Increase the Effectiveness of Financial Education and Saving Programs,* University Of Chicago Press, Chicago, S. 140–177.

Vissing-Jørgensen, A. (2002): Limited Asset Market Participation and the Elasticity of Intertemporal Substitution. *Journal of Political Economy 110*, S. 825–853.

Wachter, J. A. (2006): A Consumption-Based Model of the Term Structure of Interest Rates. *Journal of Financial Economics 79*, S. 365–399.

Weil, P. (1989): The Equity Premium Puzzle and the Risk-Free Rate Puzzle. *Journal of Monetary Economics 24*, S. 401–421.

Weil, P. (1990): Nonexpected Utility in Macroeconomics. *Quarterly Journal of Economics 105*, S. 29–42.

Kurzlebenslauf

Manuel Mergens

geboren am 01.11.1986 in Hermeskeil

seit 02.2017	Aktuar bei der R+V Allgemeine Versicherung AG in Wiesbaden

11.2011 – 09.2016   Wissenschaftlicher Mitarbeiter (Promovend)
am Lehrstuhl für Finanzwirtschaft
bei Prof. Dr. Siegfried Trautmann
an der Johannes Gutenberg-Universität Mainz

04.2009 – 10.2011   Master of Science-Studium in Mathematik
an der Johannes Gutenberg-Universität Mainz
Masterarbeit:
Prinzipien Großer Abweichungen für Vielfermionensysteme mit langreichweitigen Wechselwirkungen

04.2006 – 01.2009   Bachelor of Science-Studium in Mathematik
an der Johannes Gutenberg-Universität Mainz
Bachelorarbeit:
Drei topologische Beweise des Fundamentalsatzes der Algebra

bis 03.2006   Abitur am Staatlichen Gymnasium Hermeskeil

Lightning Source UK Ltd.
Milton Keynes UK
UKHW020600050219

336718UK00009B/213/P